KB154413

연속성과 교차성

연속성과 교차성

Permanence and Intersectionality

지은이	전지윤
펴낸이	조정환
주간	신은주
편집	김정연
디자인	조문영
홍보	김하은
프리뷰	김보섭 · 김치현 · 박서연
초판 인쇄	2022년 3월 20일
초판 발행	2022년 3월 23일
종이	타라유통
인쇄	예원프린팅 · 효성프린원
라미네이팅	금성산업
제본	바다제책
ISBN	978-89-6195-296-5 03300
도서분류	1. 정치학 2. 사회학 3. 경제학 4. 사회비평
값	20,000원
펴낸곳	도서출판 갈무리
등록일	1994. 3. 3.
등록번호	제17-0161호
주소	서울 마포구 동교로18길 9-13 2층
전화	02-325-1485
팩스	070-4275-0674
웹사이트	www.galmuri.co.kr
이메일	galmuri94@gmail.com

일러두기

1. 인명은 잘 알려진 경우를 제외하고는 본문에서 처음 제시되는 경우에 원어를 병기 했으며 인명 찾아보기에서도 원어를 확인할 수 있다.
2. 지명은 잘 알려지지 않은 경우에만 원어를 병기한다. 즉 뉴욕, 파리, 보스턴 등은 병기하지 않는다.
3. 외래어로 굳어진 외국어는 표준 표기대로 하고, 기타 고유명사나 음역하는 외국어는 발음에 가깝게 표기한다.
4. 단행본, 전집, 정기간행물, 보고서에는 겹낫표(『』)를, 기사, 논문, 논설, 기고문 등에는 홑낫표(「」)를 사용하였다.

차례

연속성과 교차성

저자는 열렬한 활동가의 신체성을 냉철한 이론가의 문장 안에 새겨 넣는 보기 드문 재능을 가졌다. 그의 문장을 접하는 사람들은 누구나 현실 안에서 진실을 보고, 그것을 통해 변혁을 상상할 수 있게 될 것이다. 책에서 강조되는 '교차성'은 그 현실 자체, 즉 계급, 젠더, 인종 그리고 생태의 착종상이다. 이론과 실천은 이 교차하고 중첩된 진실을 마주하는 것에서 시작한다. 그 와중에 우리는 저자와 더불어 가장 당대적인 혁명적 유물론의 맹아를 발견하게 된다. "투쟁과 쟁점의 결합"을 통해 "연속되고 교차하는 사회변혁"이 바로 그것이다.

박준영 | 서울과학기술대학교 외래교수

전지윤의 글은 아프다. 개별적 욕망을 '가치'라는 가면으로 가린 채 정치와 학문, 시민운동을 주도했던 많은 '가짜'들에게 성찰의 거울을 비춘다. 역사가 권력자의 서사임을, 정치가 권력 구조 재생산의 방편이었음을, 그럴싸한 이론이 위계질서 유지의 도구였음을 아프게 지적한다. 전지윤의 글은 따듯하다. 흑과 백, 죄와 벌, 적과 우리라는 이념적 이분법 밖에 있는 사람들, 어정쩡한 중간 지대에서 상처 입고 고통 받고 아파하는 사람들을 어루만진다. 증오와 분노, 냉소와 조롱이 아니라 연민과 공감, 사랑과 연대의 언어로 희망을 비춘다. 과거의 유령이 미래로 가는 길목을 틀어쥐고 있는 요즘, 미래를 식민화하고자 하는 시도에 어떤 저항도 무의미한 것처럼 여겨지는 요즘, 전지윤의 글은 대담하지만 겸손하게 말을 건넨다. 포기하지 말고 살아내자고.

이나영 | 중앙대 사회학과 교수

마르크스주의를 '낡았다'고 비판하는 사람들이 많다. 마르크스가 139년 전에 서거한 만큼, 마르크스주의 이론에서 '업데이트' 해야 할 부분이 적지 않다는 것은 사실이다. 이 책은 이와 같은 마르크스주의 '혁신' 작업을 훌륭하게 시도한다. 신자유주의적 상황으로 인해서 노동계급이 분열한 비정규직, 플랫폼 노동의 시대, 기후 위기 시대의 새로운 변혁 이론을, 고전 마르크스주의와 여성주의, 생태론의 '접목'을 통해서 창조해보는 것이다. 마르크스주의의 미래지향적인 재인식에, 그리고 억압·차별에 반대하는 운동에 관심을 갖는 모든 이들에게 이 책을 강력 추천하고 싶다.

박노자 | 오슬로대 교원 노동자

:: 머리말

여기에 엮은 글들은 지난 8년 동안에 내가 주로 고민하고 탐구했던 문제들을 정리해서 모아놓은 것이다. 그리고 이 기간은 나에게 매우 특별하고 의미 있는 시간이었다. 이 시기 이전으로 돌아가 보면, 나는 소위 '마르크스, 엥겔스, 레닌, 트로츠키, 룩셈부르크, 그람시로 이어져 온 고전적 마르크스주의 전통'에 충실하려고 노력해온 활동가였다.

나는 국제사회주의 경향International Socialist Tendency의 정치단체인 〈노동자연대〉의 운영위원이자 기관지 편집자 등으로 활동하면서 이런 정치적 입장을 고수했고 거기서 벗어나지 않으려고 노력해 왔다. 그런 기간이 18년 가까이 이어졌으니 꽤 긴 시간이었던 셈이다. 이 기간 동안에는 '전통'을 충실하게 고수하는 것에 강조점을 두었고, 그러다 보니 많은 것을 배운 시기이기도 했지만 이제 와서 돌아보면 생각의 발전이나 변화는 그렇게 많지 않았던 것으로 기억된다.

생각의 균열과 변화가 본격적으로 시작된 것은 2014년이다. 출발점은 당시 박근혜 정부의 종북몰이에 어떻게 대응하고 맞서 싸울 것인가의 문제였다. 5장으로 실린 「마녀사냥과 통합진보당 해산, 그리고 계급투쟁」은 그 과정에서 쓴 글이다. 이 글은 박근혜 정부의 핵심 무기였던 종북몰이 마녀사냥이 내란음모 사건 조작과 통합진보당 강제 해산 과정에서 어떻게 작동했는지를 다루고 있다. 나아가 그 뿌리가 2012년 소위 '진보당 경선 부정 사태'에 있었으며 그 과정에서 통합진보당 당권파에게 새겨진 누명과 부정적 낙인이 이후 마녀사냥에서 희생자들이 별다른 방어를 받지 못한 이유를 설명해준다고 분석하고 있다. 경선 부정의 진실은 다른 곳에 있었지만, 통합진보당의 탄생 과정에서 서로 다른 세력의 무리한 통합과 그 속에서 싹튼 불신과 갈등은 사태를 파국으로 이끌었다.

무원칙한 야권연대가 중요한 목적처럼 되면서 상황은 더욱 부정적인 방향으로 치달았다. 그때부터 지금까지 진보진영의 분열과 갈등은 개선되기보다는 더 악화하거나 지속되고 있다. 더구나 이 당시에 나타난 우파 정치세력과 기득권 카르텔의 공격 수법, 검찰과 언론의 유착과 협공, 민주당의 타협과 굴복, 진보·좌파 진영의 혼란과 분열은 지금까지도 유사한 패턴을 반복하고 있기에 이 글의 문제의식은 유효하다고 생각한다.

박근혜 정부의 종북몰이 마녀사냥에 좌파가 더욱더 철저하고 일관되게 맞서 싸워야 한다는 문제의식, 그리고 편견과 정치적 고려를 떠나서 오로지 무엇이 진실이고 정의인지를 봐야 한다는 강조 속에 쓰인 이 글의 초안을 쓸 당시만 해도 내 사상적 기조는 근본적인 점에서 변화가 없었다. 그런데 나는 이런 견해를 제시하는 과정에서 주변의 선후배, 동료들과 생산적인 토론보다는 파괴적 결별에 이르게 되었다. 매우 안타깝고 쓰라린 경험과 기억이었다. 그 과정에서 나는 오류를 인식하거나 교정하지 못한 채 계속 정당화하려고 한다면, 그것은 정치적·이론적 문제점들에서 비롯되었을 수 있다는 고민을 시작하게 되었다. 이렇게 시작된 고민은 다른 여러 쟁점으로 더욱 확장되어 가기 시작했다.

나는 전통의 충실한 고수가 아니라 이론적·정치적 혁신을 주요한 방향으로 설정하게 되었다. 변화하는 현실을 더 효과적으로 이해하고 그것을 변혁하려면 정치적·이론적 혁신이 중요하다는 문제의식이었다. 비록 지난 오랜 시간 동안에 내가 기존의 전통에서 많은 것을 배웠지만, 그것은 비판적 평가를 필요로 하고, 평가는 더 나은 발전의 동력이 된다는 생각이었다. 돌아보기와 비판적 재평가를 통한 혁신이 매우 중요해진 것이다.

나는 정치적 혁신의 주요 쟁점 중 하나로 먼저 '억압과 차별' 문제를 꼽았다. 자본주의가 낳는 끔찍한 억압의 양상과 정도가 갈수록 심각해지고 있기 때문이었다. 게다가 나는 지난 활동과 경험 속에서 '억압과 차별에 대한 기존의 전통적 관점이 경직되어 있고 현실과 잘 맞지 않다'는 것을 느껴왔다.

특히 운동사회 성폭력 사건들을 직간접적으로 지켜보고 관여하게 되면서 그런 생각은 더욱 강해지게 되었다. 이 책의 1장에 실린 「마르크스주의와 여성 억압 — 모순의 교차와 투쟁의 결합」은 바로 이런 고민과 경험, 토론과 탐구의 결과로 나올 수 있었다. 여기서 나는 '생산 현장에서의 착취가 가장 중요하고, 따라서 조직 노동자들의 산업 행동이 중심이 되어야 한다'라는 기존의 전통적 논리를 비판적으로 검토한다. 그런 논리가 마르크스주의와 페미니즘의 공통점보다는 차이점을 크게 보고, '착취의 우선성'을 일면적으로 강조하면서 억압과 차별에 대해서도 둔감한 태도를 낳았다는 문제의식을 던지는 것이다.

대안의 모색을 위해서 먼저 여성 억압의 물질적 토대를 이해하는 데 도움을 주며 중요한 통찰을 제공하는 고전적 마르크스주의 전통의 합리적 핵심들을 추출했다. 이어서 그런데도 왜 억압과 차별을 과소평가하고 내부적 억압과 폭력에 눈을 감는 태도가 나왔는지 그 한계와 약점을 검토했다. 생산과정에서의 착취가 중심이고 우선이라는 태도가 실상은 착취와 억압에 대한 통합적 분석을 어렵게 했던 것이다.

따라서 나는 상품, 노동력, 사회적 관계의 생산과 재생산을 통일적으로 분석하는 사회적 재생산social reproduction 이론에 주목하고 그것이 이원론의 함정에 빠지지 않으면서 마르크스주의를 혁신할 무기가 될 수 있다고 주장한다. 나아가 억압과 차별에 대한 더 철저하고 일관된 반대를 위해서 상호교차성intersectionality 이론의 장점을 받아들이고, 착취와 억압이 교차하면서 만들어내는 구체성을 바탕으로 전력과 전술을 발전시켜야 한다고 제안한다. 무엇이 더 우선이고 중심인지에 대한 기존의 관점에서 벗어나 연속적이면서도 교차하는 과정으로서 사회변혁을 구상하자는 것이 이 장의 결론이다.

2장 「생태 사회적 변혁 이론의 재구성, 하나의 시론」은 우선 오늘날 인류가 직면한 기후 위기가 얼마나 심각한 상황인지를 확인하고, 마르크스주의의 창시자들이 남긴 생태학적 유산들을 검토한다. 노동을 매개로 한 인간과 자연의 신진대사에 대한 통찰은 매우 유용한 것이 분명하지만, 이런 통찰이 자본주의 분석과 유기적으로 통일되어 있지 않고 인간중심적 해석의 가능성을 담고 있는 것도 사실이라고 보았다.

이어서 나는 마르크스의 단편적 언급과 통찰을 실마리 삼으면서도 생태사회주의 이론을 재구성하고 확장하려는 시도들에 주목하면서, 마르크스주의 생태학에 대한 여러 이론을 검토했다. 마르크스의 약점과 한계에 더 주목하면서 2차 모순론을 주장한 1단계 생태사회주의, 마르크스의 생태학적 잠재력이 풍부하다는 것을 강조하며 신진대사 균열의 이론을 더욱 발전시킨 2단계 생태사회주의가 그것이다.

이 이론들의 장점과 약점에 대한 검토는, 그것들을 모두 포괄하는 변증법적 종합의 시도로서 세계생태론에 대한 검토로 나아간다. 그리고 자본-권력-자연의 통일체로서 자본주의에 대한 세계생태론의 구상은 분명 효과적인 분석 틀을 제시한다고 보았다. 페미니즘, 생태주의, 탈식민주의의 문제의식을 개방적으로 종합하려는 시도도 매력적이다. 그러나 세계생태론 또한 그 공백을 더 실천적인 방향으로 보강할 필요가 있고, 이러한 이론적 혁신은 임박한 기후 위기와 생태 사회적 변혁의 과제를 위해 더욱 중요할 것이다.

3장 「신자유주의와 노동운동 — 새로운 투쟁의 도약을 위해」에서 고찰한 것은 신자유주의가 자본주의에 가져온 변화와 노동운동이 나가야 할 새로운 방향이다. '자본주의는 1970년대 중반부터 시작된 위기에서 벗어난 적이 없고 곧 조직 노동자들의 대대적인 투쟁이 부활할 것'이라는 일부 좌파들의 분석이 현실을 설명하지 못하고 있다는 것을 거듭 느껴왔기 때문이다.

여기서 나는 우선 착취율 강화, 산업 구조조정, 시공간적 재배치, 강탈적 축적, 금융화와 신제국주의, 경찰국가화 등 신자유주의가 추진한 변화를 분석하고 그것이 낳은 이윤율의 회복과 돌아오는 위기를 검토한다. 문제는 노동조합과 노동운동이 이러한 변화에 대응하는 데 실패하면서 위기를 겪어온 것에 있고, 이런 신자유주의 공세와 노동운동의 대응 실패는 국제적으로만이 아니라 한국에서도 벌어져 온 일이다.

나는 특히 한국에서 1987년 이후의 자유민주주의로의 변화가 신자유주의화와 맞물려 온 과정을 분석하면서 현재 한국 노동운동이 어디에 도달해 있는지 보려고 했다. 노동조합의 울타리 안에 있는 소수의 노동자와 울타리 밖에 있는 다수의 노동자 사이의 격차와 단절이 중요한 걸림돌이 되고 있는 상황에서 어떤 방향과 과제가 필요한지 제시해보고자 했다. 아래로부터의 민주주의와 소통, 노동계급 중심성의 확장, 차별과 억압에 맞서는 진정성의 정치 등이 그것이다. 여기서도 내가 강조하는 것은 무엇이 중심이고 우선인지 미리 정해놓고 고집하는 것이 아니라 요구와 투쟁을 연결하고 결합하려는 노력 속에서 구체적인 전략·전술의 강조점을 찾아 나가는 것이다.

한편, 지난 몇 년간 내가, 어쩌면 가장 중요하게 주목한 것은 사회변혁과 민주주의의 관계, 러시아 혁명의 역사적 경험과 '레닌주의'에 대한 재평가, 사회운동과 변혁조직의 민주적인 건설과 운영이 어떻게 가능할 것인가의 문제였다. 2014년에 내 생각의 균열이 본격적으로 시작된 것도, 그에 앞선 지난 오랜 활동과 고민을 격렬하고 고통스럽게 되돌아보게 된 것도 바로 이것과 연결되어 있었기 때문이다.

이것은 내가 사회운동과 변혁조직에 참여하게 되면서 가장 매력을 느끼고 중요하다고 생각했던 문제와 직결되어 있었다. 그것은 사회변혁은 아래로부터 노동대중 자신의 집단적이고 자주적인 행동을 통해서 이뤄지는 최대의 민주적인 자기해방 과정이어야 한다는 관점이다. 더불어 변혁조직이 오류를 인식하고 극복하기 위해서, 이견을 소통하고 토론하기 위해서, 대중의 경험에서 배우고 그것을 일반화하기 위해서, 무엇이 필요한지에 대한 고민이었다.

지난 8년 동안 내가 가장 오랜 시간 고민했던 이런 쟁점과 그 결과를 담은 글이 바로 4장 「사회변혁과 민주주의 — 재평가와 혁신을 위한 시도」이다. 여기서 나는 먼저 민주주의의 기원,

자본주의와 민주주의, 한국사회에서 민주주의의 등장과 발전 과정 등을 살펴본다. 1987년의 대투쟁이 전환점이 되면서 일어난 권위주의에서 불완전한 자유민주주의로의 변화를 검토하고, '민주정부' 10년이 남긴 유산과 그것이 어떻게 다시 '이명박근혜' 10년으로 뒤집혔는지를 돌아본다.

2016년 촛불의 반격과 문재인 정부의 등장 배경과 전망에 이어서 현 상황에서 진보좌파에게 필요한 방향이 무엇인지도 간단히 점검한다. 그러면서 사회주의적 대안의 여전한 필요성을 제시한다. 그러나 이 글에서 내가 더 주력한 것은 그러한 변혁의 전통적 모델로 제시되어 왔던 러시아 혁명과 '레닌주의'에 대한 재검토이다.

그동안 많은 좌파들은 주로 러시아 혁명이 보여 준 가능성에 주목하면서 그 변질의 책임을 스탈린주의에 돌리며 '레닌주의'를 이상화해 왔다. 기존의 현실 사회주의는 진정한 사회주의가 아니었다면서 철저한 돌아보기를 회피했다. 하지만 나는, 러시아 혁명의 역사를 철저히 재평가하면서 '레닌주의'의 신화를 해체하는 새로운 역사학적 연구 성과들에 기대어 여기에 도전했다. 러시아 혁명은 단지 레닌의 놀라운 지도력을 보여주는 과정이 아니었고, 1917년부터 이미 볼셰비키 스스로가 혁명의 변질을 낳는 선택을 해 왔다는 것이다.

후퇴와 변질 속에서 나타난 모습들이 '레닌주의'라는 하나의 전통으로 만들어지면서 얼마나 좌파의 전통을 뒤틀어 왔는

지도 솔직하게 직시했다. 이를 바탕으로 레닌주의를 넘어서는 새로운 정치적, 조직적 대안의 실마리를 제시하고자 했다. 여기서 나는 '러시아 혁명과 레닌주의'에 대해서 그 어떤 성역이나 금기도 없이 신화를 해체해 온 선구자들인 라스 리Lars T. Lih, 에릭 블랑Eric Blanc 등의 작업에서 크게 도움을 얻었다.

마지막으로 이 모든 장을 마무리하는 '결론'의 장 「플랫폼 자본주의와 코로나 시대의 변혁 이론」에서 나는 최근에 두드러지는 몇 가지 현실적 변화를 추가적으로 분석하면서 앞서 수행한 이론적 혁신이 여기에 부합하고 적용 가능한 것인지를 살펴보고자 했다. 그래서 먼저 신자유주의적 자본주의의 '플랫폼 자본주의'로의 변화 경향부터 검토했다. 플랫폼 자본주의는 신자유주의적 자본주의의 부조리를 더 격화시키며 우리에게 심각한 위협이 되고 있다는 것을 확인했다.

나아가 코로나19 팬데믹의 시대가 어디서 비롯되었고 어떠한 문제들을 보여 주는지를 설명하고자 했다. 코로나19 팬데믹이 사그라들어도 새로운 변종 바이러스가 이어질 수 있고, 다가오는 기후 위기의 위험은 이 모든 것을 뛰어넘는 재앙일 수 있다는 점도 살펴보았다. 더구나 한국은 물론 전 세계적으로 제기되고 있는 혐오, 낙인찍기, 마녀사냥을 무기 삼은 극우파와 파시즘의 위험은 걱정과 우려를 키우고 있다.

팬데믹이 우리에게 확인시켜준 돌봄의 중요성과 팬데믹 이전부터 진행되어 온 새로운 계급투쟁의 물결에도 주목했다. 사회적 재생산의 위기가 그 바탕이 되어 여성, 소수자, 청년, 다인종 노동자들이 주도한 이 새로운 투쟁 물결은 전통적인 정당과 조직들로 포괄되지 못하고 있다. 버니 샌더스와 제레미 코빈이 보여준 가능성도 더 확장되지는 못하고 있다. 이런 상황에서 기존의 정치적 전통에 대한 성역 없는 철저한 재평가, 대담하고 끝없는 이론적 혁신은 더욱더 중요하다는 것을 재확인하면서 결론의 장도 마무리된다.

앞서서 거듭 이야기했듯이 8년 전부터 나의 강조점은 전통의 충실한 고수가 아니라 끊임없는 이론적·정치적 혁신에 있었다. '정통'에 대한 집착과 강조보다는 모든 경계를 넘어서는 '이단'적 상상력과 접근 방식이 더욱 필요하다는 문제의식이었다. 이것을 통해서 나는 투쟁과 쟁점의 분리, 단절이 아니라 그것의 연속과 교차를 추구하는 것이 중요하다는 고민에 이르렀다.

사회변혁은 민주주의적 과제와 사회주의적 과제를 연속적으로 수행해 나가는 과정일 뿐 아니라, 착취와 억압과 소외로부터의 해방을 교차시키며 해결해나가는 과정이 되어야 한다는 것이다. 즉, 연속적이면서도 교차하는 과정으로서 사회변혁을 구상하자는 것이다. 이것은 민주주의적(또는 민족주의적) 과제와 사회주의적 과제를 분리시키고 단계적으로 사고하는 것에 대한 비판적 문제의식뿐 아니라, 착취와 억압과 소외를 기계적으로 구분하고 위계를 설정하면서 '먼저와 나중', '중요와 부차'를 나누는 것에 대한 비판적 문제의식 속에서 발전하게 된 고민이다. 그러한 경직된 접근은 투쟁의 결합과 연대의 확장을 가로막을 뿐 아니라 좌파를 자족적 고립으로 내몰았다.

여기에 실린 글들은 따라서 그러한 고민과 혁신을 시도한 결과물이자 또한 과정이기도 하다. 이 글들이 마치 스냅사진처럼 내 생각과 사상의 변화를 담고 있지만, 그것은 결국 그 시기의 반영이고 그 후로도 또 앞으로도 계속 변화해 왔고 또 변화할 것이다. 그러나 이후의 변화도 결국 거기서 이어질 것이기에, 그 순간과 과정을 담는 것도 의미가 있을 것이다. 이 글을 책으로 묶어 펴내기 위해 다시 읽어보면서, 지금의 시점에서 볼 때 변화된 내 생각을 충분히 반영하지 않은 측면들이 일부 발견되더라도 굳이 글에 큰 변화를 주지 않은 것은 이 때문이다.

종북몰이 마녀사냥, 억압과 차별, 민주주의에 대한 내 관심과 고민은 여러 개인적인 아픈 경험들과 맞물려서 이제 혐오의 정치와 메커니즘에 대한 더 깊이 있는 추적과 탐구 쪽으로 옮겨가고 있다. 이 문제에서도 손에 잡히는 결과들이 나오게 된다면 다음 기회에 또 정리된 글을 써보고 싶지만, 그것은 나중의 일로 기약할 수밖에 없다.

누구에게든 그렇겠지만, 여기 실린 글들은 결코 개인의 성과물이 아니다. 먼저 〈노동자연대〉에서의 오랜 활동과 함께했던 동지들 또한 긍정적이든 부정적이든 간에 나에게 큰 영향을 주었음은 분명하다. 그러나 무엇보다 지난 8년여 동안 나는 많은 분들과 모임, 세미나, 회의, 토론, 활동, 교류를 했고 그 속에서 얻은 영감, 조언, 반론들이 없었다면 이 글들은 나오지 못했을 것이다.

나는 어떤 성역이나 금기도 없는 자유롭고 열린 토론, 서로 다른 의견의 존중과 우호적인 토론 자세를 가장 중요하게 여겼고 다양한 많은 분들이 그것을 공감하고 함께 토론과 의견 교환에 응해 주었다. 나는 그 과정에서 내가 배우고 알게 된 것들을 부족하게나마 최대한 잘 정리해보려고 노력했다. 따라서 이러한 토론과 의견 교환에 함께하고 많은 가르침을 준 모든 분들에게 고마움과 감사의 마음을 전하고 싶다.

나에게 생각의 균열과 변화가 찾아왔을 때, 긍정적인 반응과 토론으로 큰 용기를 불어넣어 주었던 이상수 동지와 권오현 동지, 김영재 동지, 새로운 시야와 고민으로 항상 지적 자극을 보내 준 미래 동지, 내가 억압과 차별에 대해 적극적 관심을 두도록 추동해 준 이한 동지, 나의 소중한 버팀목인 〈다른세상을향한연대〉의 모든 동지들과 같은 실행위원으로서 협력과 토론을 아끼지 않으며 중요한 고비마다 큰 힘을 준 박철균 동지와 최태규 동지에게 감사하다.

또 이론적인 혁신의 선구적인 방향을 보여주며, 중요한 조언과 도움도 주셨던 정성진 교수님과 박노자 선생님, 조정환 선생님에게도 감사하다. 부족한 책을 다듬고 편집하고 출판하는 데 너무나 고생하신 갈무리 출판사와 김정연 선생님, 그리고 미리 원고를 읽고 교정과 유용한 지적들을 해주신 박서연 님, 김보섭

님, 김치현 님에게도 깊이 감사드린다.

취업이나 생계는 팽개치고, 감옥에서나 소식을 보내던 나 때문에 마음고생을 하면서도 선택을 존중해 준 부모님과 가족들에게도 항상 죄송함과 감사함을 느낀다. 무엇보다 오랫동안, 내가 현실의 압력에 굴복하지 않고 정치적 용기를 내도록 항상 추동하고, 따뜻한 마음과 지혜를 나눠주면서, 많은 중요하고 골치 아픈 문제들에 대한 최상의 토론 상대까지 되어 준 현정 씨에게 큰 사랑과 고마움을 전하고 싶다.

2022년 3월 10일

전지윤

1장

마르크스주의와 여성 억압

—

모순의 교차와 투쟁의 결합

마르크스주의는 변화된 현실을 더 효과적으로 이해하고 또 변혁할 수 있도록 끊임없이 혁신해야 한다. 이러한 마르크스주의 혁신의 주요 쟁점 중 하나로 '억압과 차별'[1] 문제를 꼽는 것은 아주 자연스럽다. 자본주의는 착취뿐 아니라 끔찍한 억압을 낳는 체제이며 그 양상과 정도는 갈수록 심각해지고 있기 때문이다. 게다가 나는 사회변혁을 위한 다양한 활동 속에서 '억압과 차별에 대한 기존 좌파들의 관점이 경직되어 있고 현실과 잘 맞지 않는다'는 것을 느껴왔다.

물론 많은 좌파들이 자본주의가 낳는 여성 차별과 억압에 대해 굳건히 반대해 왔고, 투쟁에 연대해 왔다. 하지만 동시에 구체적인 쟁점들에서 일부 혼란스러운 태도를 보이거나, 특히 자신들 내부에서 여성 차별적 태도가 나타났을 때 제대로 대처하지 못하는 모습을 보여 온 것이 사실이다. 나는 이것이 정치적·이론적 불분명함에서 비롯되었을지 모른다는 고민을 해 왔다. 여성 억압과 차별에 대해서 마르크스주의자들이 어떤 태도를 취할 것인가는 매우 중요한 문제인데 말이다. 이 글에서 나는 기존 급진좌파들의 주장들을 비판적으로 검토하는 것에서

---

1. 자본주의는 인종, 성적 정체성, 국적, 종교에 따라서 어느 집단을 다른 집단보다 우월·열등하거나 정상·비정상이라고 보게 하며 반목·분열시키는 경향이 있다. 이것을 차별(discrimination)이라고 하는데, 이런 차별은 보통 계급을 넘어서 나타나지만 결국 계급사회의 착취 질서와 지배를 유지하는 데 이바지한다. 따라서 사상, 법률, 국가기구 등을 통해서 체계적으로 차별을 조장하고 유지하는 것을 억압(oppression)이라고 봐야 한다.

출발하며 이 문제에 대해서 다루고자 한다.[2] 이것은 물론 앞으로도 충분히 더 토론하고 검증하며 보완해야 할 의견일 것이다.

페미니즘과 선을 그으며 억압에 둔감한 태도

먼저 나는 일부 급진좌파들이 페미니즘의 한계에 대해 부정적 인식을 강조해 왔던 것에 주목하고자 한다. 예컨대 좌파적 사회운동단체인 〈노동자연대〉의 지도부는 그동안 "분리주의 페미니즘"과 "급진 페미니즘"을 주로 겨냥하며 '페미니스트와 혁명적 사회주의 정치' 사이의 "근본적 차이"를 강조해 왔다.

> 노동계급의 자기해방을 통한 여성해방이라는 전략에 대해 페미니스트들은 동의하지 않는다. 남성 노동계급이 여성 차별로부터 진정한 이득을 얻지도 않으며, 노동계급의 남성과 여성은 함께 단결해야만 서로를 해방시킬 수 있다는 점도 페미니스트들은 전적으로 동의하지는 않는다. 페미니스트들은 여성 차별이 계급 적대로부터 비롯했다고 보지 않기 때문에, 여전히 가부장제가 문제라고 본다.[3]

---

2. 이러한 급진좌파들은 이 나라 변혁운동에 많은 기여를 했고 또 여성 억압과 차별에 맞서는 데서도 기여를 했지만, 동시에 변화된 현실에 맞지 않는 점이 있기에 동지적 토론을 제기하는 것이다.
3. 최미진, 「한 성추문 사건에 대한 이서영 동지의 글을 읽고」, 『2014년 노동자연대다함께 대의원 협의회 자료집3』, 2014.

이런 페미니즘 정치에 따르면 "계급투쟁에서 거리 두는 게 당연한 논리적 귀결이 될 것"이고 "남녀 노동계급의 단결이 아니라 분열을 일으키는" 결과를 낳을 것이기에 "이런 전략으로는 결코 여성 해방을 쟁취할 수 없다"는 것이다.[4] 심지어 "근본적 여성주의 사상은 그 과도함과 순수주의, 개인주의 때문에 노동자 계급 운동 안에서 끊임없이 분란의 소지를 만들어 내는 트로이의 목마"[5]라는 규정까지 한다. 특히 이 점을 강조한다.

> '남성이 여성 차별로 득을 보는가'에 마르크스주의자들은 단연코 '아니오'라고 대답한다. … 많은 가정에서 남녀 간 불평등이 존재한다는 점은 부정할 수 없는 사실이다. 그러나 이 문제에서조차 남성 노동자가 얻는 이익은 그리 대단하다고 할 수 없다. … 남성 노동자는 여성 노동자보다 더 오래 일하고, 또 더 먼 곳으로 직장을 다니는 경향이 있다. 그래서 맞벌이 부부의 하루 24시간을 살펴보면, 남성 노동자는 휴식을 취하고 여가를 즐기는 데에 여성 노동자보다 고작 하루에 한 시간 정도만 더 쓴다(통계청). … 1시간가량의 추가적 여가 시간은 대단한 이득이라고 할 수 없고, 또 남성 노동자가 지금의 상황을 유지하는 데 사활을 걸 만한 물질적 기초도 되지 못한다.[6]

---

4. 이현주, 「마르크스주의는 여성 차별을 어떻게 설명하는가?」, 『노동자연대』 143호, 2015.
5. 최일봉, 「'성폭력' 용어와 마르크스주의 언어관」, 『노동자연대』 140호, 2014.

〈노동자연대〉의 자매조직인 영국 〈사회주의노동자당〉Socialist Workers Party, SWP의 지도적 활동가였던 크리스 하먼이 이런 주장의 발원지였던 것 같다.

> 여성 억압에서 노동계급 남성들이 얻는 이익은 정말로 적은 것이다.… 노동계급 남성들이 아내의 노동으로부터 직접 얻는 것은… 하루에 한두 시간을 넘지 않을 수 있다.… 대단히 큰 이득은 아니다.… 그것은 기성 체제가 혁명적으로 바뀔 때 그가 얻을 수 있는 것에 비하면 아무것도 아니다.[7]

따라서 "여성과 남성 노동자들이 단결해 투쟁하는 경험에서 배우고 이런 단결을 실천에서 구현하려고 집단으로 노력하는 활동이야말로 가장 중요하다"는 것이 거듭 강조된다.[8] 이런 주장은 추상적으로 보면 틀린 것은 아니다. 하지만 여기서 몇 가지 두드러지는 특징을 볼 수 있다. 먼저 '여성 억압에 반대하는 다양한 이론과 운동'으로 볼 수 있는 페미니즘에 공감과 지지를 하기보다는 선을 긋는 태도이다. 나는 좌파 내에서, 여성 문제에 대한 토론이 대개 페미니즘의 한계에 대한 비판에서 출발하

---

6. 이현주, 「마르크스주의는 여성 차별을 어떻게 설명하는가?」.
7. 크리스 하먼, 『여성해방과 맑스주의』, 최일붕 옮김, 다함께, 2007, 63~66쪽.
8. 〈노동자연대〉 낙인찍기에 대처하기 위한 TF, 「노동자연대를 마치 강간범 비호 단체인 양 고의로 비쳐지게 만드는 짓을 중단하라」, 『노동자연대』 139호, 2014.

는 것을 자주 보아 왔다. "분리주의 페미니즘", "급진 페미니즘" 등이 주로 표적이 되어 왔다.

미국의 사회주의자 샤론 스미스는 이처럼 "가장 부르주아적인 형태에 기반한 '페미니즘'이라는 허수아비를 세워서 이를 무너뜨리고는 우리가 할 일을 다 했다고 생각하는 것은 여성 억압에 맞서 싸우는 데 도리어 해가 된다"[9]고 지적한다. 이어지는 또 하나의 특징은 여성 억압과 차별의 현실에 대해 공감하는 데 서투른 태도다. 이것은 '여성 억압에서 남성 노동자가 이득을 얻는가'라는 잘못 던져진 질문에서 드러난다. 이 질문이 문제인 이유는, 그것이 차별받는 여성의 처지를 공감하기보다, 과소평가하도록 만들기 때문이다.

가사와 육아를 여성에게 떠넘겨서 남성 노동자가 얻는 여가가 "고작" 하루 1시간에 불과하고 "대단한" 게 아니라는 언급을 보라. 이런 주장은 신빙성도 없다. 현실은 훨씬 심각해 보인다. '한국 여성(20~49세)의 가사노동 시간은 남성(20~49세)의 약 8배다. 평일 기준으로 남성은 33.5분, 여성은 276.1분을 가사노동에 쓰고 있다. 취업자 기준으로 봐도 남성의 평일 가사노동시간은 29.3분, 여성은 178.6분으로 6배 이상이다. 맞벌이 여부에 상관없이 대부분의 가사노동을 여성이 전담하고 있다.'[10] 남성이

---

9. 샤론 스미스, 「맑스주의, 페미니즘 그리고 여성해방」, 『다른세상을향한연대』, 2014년 11월 29일 입력, 2021년 2월 8일 접속, https://bit.ly/3cViUVK.
10. 박종서, 「남녀의 경제활동 특성별 가사노동시간의 차이」, 『보건복지 Issue &

"더 오래 일하고, 또 더 먼 곳으로 직장을 다니는" 것 때문이라는 변호도 그렇다. 여성이 가사와 육아를 전담하는 게 당연한 사회구조 속에서 여성에게 '집 근처의 불안정한 부업 일자리'만 주어진다는 문제의식은 찾기 어렵다. 피곤함에 절은 채 퇴근해서 몇 시간이나 더 가사와 육아를 도맡아야 하는 여성 노동자들이 과연 그것을 "고작"이라 생각할까? 샤론 스미스도 1980년대 중반 국제사회주의 경향IST 내에서 벌어진 논쟁을 돌아보며 이것을 지적한다.

> 노동계급 여성 억압의 경험을 축소하는 경향이 있었고, 그것은 여성 억압에서 남성이 '이익'을 보는가라는 질문의 잘못된 이론적 리트머스 테스트로 이어졌다.… 논쟁이 진행되면서 하먼이 처음 주장했던 것, 즉 남성이 보는 이익은 "미미하다"는 것에서 노동계급 남성은 여성 억압에서 아무런 이익을 보지 않는다는 주장으로 입장이 변했다. 심지어 가족 내에서 남성이 여성에 비해 갖는 이점들이 "실질적"이지 않다는 주장과 함께.… 이런 식의 주장을 제기하는 것이 여성 억압의 심각함을 과소평가하고 노동계급 내에서의 여성 억압에 맞서 싸워야 할 필요성을 간과하는 경향으로 나타났다.[11]

Focus』 156호, 한국보건사회연구원, 2012. 2020년에 다시 찾아본 통계에서도 일부 개선은 있었지만 큰 변화는 없었다.

11. 스미스, 「맑스주의, 페미니즘 그리고 여성해방」.

이것은 단지 "마르크스주의는 경제 문제나 노동자 문제에만 관심 있지, 여성 차별 문제를 무시하고 설명하지도 못한다는 오해가 많다"[12]고 말하며 넘어갈 문제가 아니다. 따라서 나는 기존의 많은 급진좌파들이 옹호해 온 고전적 마르크스주의 전통의 장점을 계승하면서도 그것의 부족함을 메우려는 새로운 접근이 필요하다고 생각한다. 이제부터 그것에 대해 살펴보자.

고전적 마르크스주의 전통에서 배울 것

먼저 여성 억압과 차별을 분석하기 위해 고전적 마르크스주의 전통에서 계승해야 할 합리적 핵심이 무엇인지 살펴보도록 하자. 그것은 먼저 유물론적 접근이다. 마르크스와 엥겔스는 자신들의 사상을 발전시켜 나가는 초기부터 이것을 분명히 했다.

> 우리는 모든 인간의 실존 및 모든 역사의 첫 번째 전제, 즉 '역사를 만들 수 있기' 위해서는 인간이 살 수 있어야만 한다는 전제를 확립하는 것으로부터 출발해야만 한다.… 최초의 역사적 행위는 그래서 이 욕구들의 충족을 위한 수단들의 창출, 물질적 생활 그 자체의 생산이며, 게다가 이는… 모든 역사의 근본

---

12. 이현주, 「마르크스주의는 여성 차별을 어떻게 설명하는가?」.

조건이다.…두 번째 전제는 충족된 최초의 욕구 자체, 즉 충족 행위 및 이미 획득되어 있는 충족의 도구는 새로운 욕구들로 귀착된다는 것이다.—그리고 이 새로운 욕구의 창출이야말로 최초의 역사적 행위인 것이다.…그 세 번째 계기는 위와 마찬가지로 처음부터 역사적 발전에 포함되는 것인데, 자신의 생활을 나날이 새롭게 만드는 인간이 다른 인간을 만들고 번식하기 시작한다는 것이다.[13]

물질적 생활을 위한 생산 활동과 인류의 번식이야말로 "역사의 근본 조건"이라는 것이다. 말년의 엥겔스는 이것을 다시 강조했고, 생산력의 발전이 낳는 변화도 설명했다.

유물론적 관점에 따르면, 역사를 규정하는 결정적 계기는 궁극적으로 직접적 생활의 생산 및 재생산이다. 그러나 이것 자체가 다시 두 가지로 나누어진다. 그 하나는 생활 수단, 즉 의식주의 대상과 이에 필요한 도구의 생산이며, 다른 하나는 인간 그 자체의 생산, 즉 종족의 번식이다. 특정한 역사 시기 및 특정한 지역의 인간들이 그 속에서 생활하고 있는 사회 조직은 이 두 가지 종류의 생산에 의해, 즉 하나는 노동의 발전 단계에 의

13. 칼 맑스·프리드리히 엥겔스, 「독일 이데올로기」, 『칼 맑스 프리드리히 엥겔스 저작선집 1권』, 김세균 감수, 박종철출판사, 2005, 208~209쪽.

해, 다른 하나는 가족의 발전 단계에 의해 규정된다. 노동의 발전이 미약할수록, 그 생산물의 양이 제한될수록, 따라서 사회의 부가 제한될수록 사회제도는 혈연적 유대에 대한 의존도가 더욱 높아진다. 그런데 혈연적 유대에 기초한 이 사회구조 속에서도 노동생산성은 계속 증대된다. 이와 함께 사적소유 및 교환, 빈부의 차이, 타인의 노동력에 대한 이용 가능성이 생기며, 따라서 계급적 적대의 기초가 점차 형성된다.[14]

엥겔스는 이런 변화가 어떻게 계급 적대만이 아니라 여성 억압으로 이어졌는지 큰 그림을 그려냈다.

목축, 농업, 가내수공업 등 모든 부분에서 생산이 늘어나자 인간의 노동력은 자기를 유지하는 데 필요한 것보다 더 많은 양의 생산물을 생산할 수 있게 되었다. … 새로운 재부의 출현과 더불어 가족 내에서 혁명이 일어났다. … 가축을 길들이고 다음에는 그것을 사육 관리했는데, 이것은 남자의 일이었다. 그러므로 가축은 남자의 것이며, 가축과 교환해 얻은 상품과 노예들 역시 남자의 것이었다. 이제 획득한 모든 잉여는 남자의 것이었다. … 여자의 가사노동은 이제 남자의 생활필수품 획득

14. 프리드리히 엥겔스, 『가족, 사유재산, 국가의 기원』, 김대웅 옮김, 두레, 2012, 9쪽.

에 비해 그 의미를 상실했다. 남자의 노동이 전부였고, 이제 여자의 가사노동은 보잘것없는 부차적인 것으로 변했다.[15]

재부가 증대함에 따라 가족 내에서 한편으로는 아내보다도 남편이 더 유력한 지위를 차지하게 되었으며… 모계에 의한 혈통의 결정과 모권 상속은 폐지되고, 부계에 의한 혈통의 결정과 부권 상속이 도입되었다.… 모권의 전복은 여성의 세계사적 패배였다. 남자는 가정에서도 지배권을 장악하게 되어 여자는 자신의 존귀한 지위를 상실하고 노비로, 남자의 정욕의 노예로, 순전한 산아 도구로 전락했다.[16]

따라서 엥겔스는 여성 억압에서 가족이 하는 구실을 특히 강조했고, 강력하게 비판했다.

개별 가족이란 문명기 초기에 계급으로 분열된 이후부터, 사회가 해결할 수도 없고 극복할 수도 없었던 사회적 대립과 모순의 축소판에 불과하다.[17]

현대의 개별 가족은 아내의 공공연한 또는 은폐된 가내 노예

15. 같은 책, 280~282쪽.
16. 같은 책, 92~94쪽.
17. 같은 책, 115쪽.

제에 기초하고 있으며 … 가정에서 남편은 부르주아지이고 아내는 프롤레타리아트이다.[18]

또 여성이 가사·육아를 전담하는 게 아니라 사회적 노동에 참가하도록 사회구조를 변혁하는 게 여성 해방의 출발점이 되어야 한다고 지적했다.

여성의 해방, 남녀의 평등은 여자가 사회적 노동에서 배제되어 사적인 가사노동에만 종사하고 있는 한 불가능하며, 또 앞으로도 불가능할 것이라는 것이 이미 여기서 명백해진다.[19]

물론 당시의 인류학적 성과에 바탕을 둔 엥겔스의 주장은 오늘날 새로운 인류학적 발전에 따라서 보완되어야 할 것이다. 하지만 엥겔스 주장의 기본적 줄기는 여전히 타당하다. 일부 사람들은 엥겔스가 "생활 수단의 생산"과 "인간 그 자체의 생산"을 구분했다는 것을 근거로 '이원론'을 정당화하기도 한다. 계급 착취를 낳는 자본주의와 여성 억압을 낳는 가부장제라는 '두 가지 생산양식'에 맞선 각각의 투쟁이 필요하다는 것이다.[20]

그러나 위의 인용문에 나와 있듯이 엥겔스는 "직접적 생활

18. 같은 책, 126쪽.
19. 같은 책, 282쪽.
20. 사회주의 페미니스트인 하이디 하트만(Heidi Hartman)이 대표적이다.

의 생산과 재생산"을 '역사의 근본 조건'이라고 전제한 뒤에 그것을 두 가지로 구분했다. 더구나 생산력 발전에 따라서 두 가지가 어떻게 상호작용하며 결국 "계급적 적대의 기초"로 나아가는지를 분석하고 있다. 따라서 생활수단과 인간(노동력)의 생산·재생산은 서로 칼같이 분리될 수 없다. 또 "계급 사회에 대한 투쟁과 가부장제에 대한 투쟁이 따로 있는 것이 아니다. 모든 형태의 착취와 억압의 원인에 대항하는 단 하나의 투쟁이 있을 뿐"이다.[21]

이것이 여성 차별 문제를 계급 문제로 '환원'해야 한다는 뜻은 아니다. 고전적 마르크스주의 전통은 항상 여성 억압에 맞서 투쟁하는 것의 중요성을 강조해 왔다. 트로츠키는 "삶의 조건을 변혁하기 위해서 우리는 여성의 눈을 통해 그 조건을 보는 법을 배워야 한다"고 강조한 바 있다. 더 억압받고 차별받는 사람의 눈으로 세상을 보고, 그것에 맞서 앞장서 싸우는 것이 사회주의자와 노동계급의 의무라는 것이다. 레닌도 그 점을 분명히 했다.

> 노동자들이 모든 종류의 압제·폭력·학대 – 어떤 계급이 당했건 간에 – 에 대응하는 훈련을 받지 않는다면, 더욱이 사회민주주의[혁명적 사회주의] 관점으로 대응하는 훈련을 받지 않는다면

---

21. 하먼, 『여성해방과 맑스주의』, 54쪽.

노동계급의 의식은 진정한 정치의식이 될 수 없다.[22]

레닌의 이런 관점은 러시아 혁명 후에도 계속되었고, 투쟁에서만이 아니라 일상생활과 의식에서도 철저한 변화를 강조했다.

여성이 가사노동처럼 사소하고, 지루하고, 힘과 시간을 뺏기는 일에 진이 빠져 사기가 저하되고 지루해하며, 심장 박동이 약해지고, 의지가 느슨해지는 것을 남성이 가만히 바라보기만 하는 흔한 광경보다 더 [여성 억압이 계속되고 있다는 것의] 명백한 증거가 있을 수 있을까요? 대부분의 남편들이, 심지어 프롤레타리아 남편들조차도, 그들이 "여성의 일"에 도움의 손길을 뻗치기만 한다면 아내들의 부담과 근심을 얼마나 많이 줄여 줄 수 있는지, 또는 완전히 해방시켜 줄 수 있는지를 생각하지 않습니다. 아니, 그것은 "남성의 특권과 위엄"을 거스르는 일일 겁니다. 그들은 편안히 쉬어야 한다고 주장합니다. … 우리는 [이런] 낡은 노예 소유주의 관점을 당과 대중 사이에서 반드시 뿌리 뽑아야 합니다.[23]

레닌의 동료였던 알렉산드라 콜론타이는 더 나아가 노동계

---

22. 토니 클리프, 『당 건설을 향하여』, 최일봉 옮김, 북막스, 2004, 125쪽에서 재인용.

23. 스미스, 「맑스주의, 페미니즘 그리고 여성해방」에서 재인용.

급 내에서 서로의 고통과 상처를 공감하며 함께 해결하려는 자세를 강조했다.

> 새로운 공산주의 사회는 동지애와 연대의 원리에 의해 구성되고 있다. 연대는 공통의 이해관계에 대한 자각뿐만 아니라 집합 구성원들의 지적이고 감성적인 관계들에 의해 구성된다. 사회체계가 연대와 협동에 의해 건설되기 위해서는 사람들이 사랑과 따뜻한 감정을 지니는 것이 필수적이다. 그러므로 프롤레타리아 이데올로기는 노동자 계급으로 하여금 같은 계급 내의 동료들이 가지는 고통과 요구를 감당할 수 있는 능력과 다른 이들을 이해할 수 있는 민감함 그리고 집단에서 개인 간의 관계가 가지는 의식을 통찰할 수 있도록 교육하고 독려해야 한다. 이런 모든 "따뜻한 감정" – 감성, 연민, 공감 그리고 책임감 – 은 한 가지 원천에서 파생된다; 이것은 사랑의 좁은 의미에서의 성적인 무엇이 아니라 단어의 넓은 의미에서의 사랑의 양상이다.[24]

더 나아가 콜론타이는 이런 "사랑"이 결코 부차적이거나 사사로운 것이 아니라고 주장했다.

---

24. 알렉산드라 콜론타이, 「날개 달린 에로스의 길을 열자」, 『사회진보연대』, 여성위(준) 옮김, 2003.7-8.37호, https://bit.ly/3tr8oLJ.

본질적으로 사랑은 뿌리 깊은 사회적인 감정이다. 인류 발전의 각 단계들에서 사랑은 (각기 다른 방식으로) 문화의 없어서는 안 될 필수적인 부분이다. 사랑을 "사적인 문제"라고 보는 부르주아들조차도 계급적인 관심사로 사랑을 연결시켜왔다. 노동계급 이데올로기는 사랑의 중요성에 대해 더욱 큰 주의를 기울여야만 하는데, 사랑은 다른 심리적이거나 사회적인 현상들처럼 집단적인 이익으로 연결될 수 있는 요소가 있기 때문이다. 사랑은 절대 사랑하는 두 당사자들만의 "사적인" 문제가 아니다. 사랑은 한 집단에 가치 있는 요소들을 결합하게 해준다.[25]

고전적 마르크스주의 전통에 채워야 할 것

지금까지 봤듯이 고전적 마르크스주의 전통은 여성 억압의 물질적 토대를 이해하고 그것에 맞서 투쟁하며 해방을 쟁취하기 위한 유용한 통찰을 제공한다. 그리고 그것은 새롭게 제기되는 물음과 현실의 변화에 맞추어 모든 방향으로 발전시켜야 할 전통이다. 하지만 그 전통을 계승한다고 자처하던 사람들과 심지어 그 전통 자체도 결코 완전무결할 수 없다. 이에 대한 문제 제기들이 있어 왔다.

25. 같은 글.

누구나 어떤 남성 "마르크스주의자"가 성차별주의나 인종주의와 같은 "사소한" 골칫거리는 "혁명 이후" 해결될 것이고, 따라서 그동안 우리 모두는 우리의 계급투쟁에 달라붙어 활동해야 한다고 말하는 것을 들었다고 하는 사람을 알고 있을 것이다. 또한 불행히도 남성 마르크스주의자가 범한 성희롱 사건들은 과거나 현재의 모두 좌파 조직들에서 보기 드문 일은 아니다. 성희롱이 실제 범해지지 않았다 하더라도, 여성은 조직 안에서 기각되고, 침해받고, 제도적으로 제외되는 느낌을 열거해 왔다.[26]

이에 대해 흔히 많은 사회주의자는 방어적 태도를 취해 왔다. '이것은 중상비방이며, 우리가 여성 억압에 맞서 얼마나 열심히 투쟁해 왔는지 아느냐'는 답변이 이어지곤 했다.[27] 여성 해방을 위한 투쟁에 앞장섰던 좌파의 자랑스러운 역사도 제시된다. 더 생산적인 논의를 위해서는 부족함을 인정하는 게 나을 텐데 말이다. 사실 그런 부족함은 놀라울 것도 없는 일이다. 철저하

---

26. Tithi Bhattacharya, "What is social reproduction theory?", 2013년 9월 10일 입력, 2012년 2월 4일 접속, https://bit.ly/3cB4bPP.
27. '계급 환원론'적인 경향이 있었다는 비판에 대한 SWP의 알렉스 캘리니코스(Alex Callinicos)의 이런 반응을 보라. "[샤론] 스미스의 주장은 중상모략이다. SWP가 낙태권 옹호 운동에서 한 일을 아는 사람이라면 그 말이 완전한 어불성설임을 알 것이다."(알렉스 캘리니코스, 「급진좌파의 성장과 모순, 혁명가들이 가져야 할 덕목」, 『노동자연대』 131호, 2014.)

게 여성 억압적인 이 체제와 사회에서 아무리 사회주의자와 혁명적 조직이라고 해도 완전히 자유로울 수는 없는 것은 당연하다. 마르크스주의는 여전히 여성 억압의 물질적 토대를 분석하는 중요한 도구이지만, 여기에도 채울 점이 있다. 마르크스주의가 분석하듯이 자본주의에서 가치의 원천은 노동이다. 노동만이 생산과정에서 새로운 가치를 만들어낸다. 마르크스주의는 이 생산과정에서 일어나는 노동력 착취에 대해 철저한 분석을 제시해 왔다. 그런데,

> 만약 노동력이 가치를 생산한다면, 노동력 자체는 어떻게 생산되는가? 확실히 노동자들은 시장에 가서 자본가에게 자신의 노동력을 판매할 준비가 된 건강한 상태로 땅에서 솟아난 것이 아니다.[28]

즉, 노동력(인간)의 생산과 재생산 과정에 대해서는 주목과 분석이 충분치 못해왔다. 크리스 하먼도 "마르크스는… 자본가가 신체 건강하고 기술이 좋은 노동자를 구할 때 겪는 문제는 사실상 무시했다"[29]고 지적했다. 그런데 이 과정이야말로 여성 억압과 차별이 발생하는 핵심적인 근원지다. 자본가들은 노동

---

28. Bhattacharya, "What is social reproduction theory?".
29. 크리스 하먼, 『좀비 자본주의』, 이정구·최용찬 옮김, 책갈피, 2012, 176쪽.

력 재생산을 개별 가족에 떠넘기고, 여성은 그 과정에서 가사·육아를 도맡게 되며 이것이 여성 억압의 물질적 토대가 된다.

이처럼 생활수단에서 '자유로워진' 노동자와 그 가족에게, 지배계급이 노동력 재생산 부담을 떠넘기는 과정을 나는 자본주의 초기의 '본원적·강탈적 축적'의 연장으로서 이해해야 한다고 생각한다.[30] 이 지점에서 마르크스주의 전통은 생산과정에서의 (계급) 착취를 노동력 재생산 과정에서의 (여성) 억압보다 더 우위에 놓는 경향이 있다. 이것은 '경제적 토대'의 규정성을 먼저 보는 유물론적 접근법과 무관치 않다. 생산 현장에서 벌어지는 계급적 착취가 우선적이고, 여기서 억압과 소외가 비롯된다고 보기 때문이다. 여성 억압의 기반인 자본주의 가족제도는 생산이 이뤄지는 경제적 토대가 아니라 상부구조라는 것이다.

대표적으로 크리스 하먼은 가족이 토대가 아니라 "상부구조의 일부"[31]라는 점을 강조한다. 린지 저먼 또한 이런 분석에 따라서 "억압에 맞선 투쟁과 착취에 맞선 투쟁을 동등하게 여기"는 것은 틀렸다고 본다.[32] 경제적 토대에서 착취에 맞서는 것이

---

30. "무엇보다 획기적인 것은, 많은 인간이 돌연히 그리고 폭력적으로 그들의 생존수단으로부터 분리되어 무일푼의 자유롭고 의지할 곳 없는 프롤레타리아로서 노동시장에 투입되는 순간이었다."(마르크스, 『자본론』 1권(하), 900쪽.) 마르크스는 '자신의 노예를 먹여 살려야 할 부담을 떠넘긴다는 점에서 자본가는 노예주보다도 못하다'고 꼬집은 바 있다.
31. 하먼, 『여성해방과 맑스주의』, 48쪽.
32. 린지 저먼, 『여성과 마르크스주의』, 이나라 옮김, 책갈피, 2007, 112쪽.

더 중요하다는 것이다. 크리스 하먼은 조직된 노동자들이 작업장에서 투쟁하는 것에 대해 큰 강조점을 둔다.

> 비교적 강력한 노동자 집단이 투쟁에 성공하면, 그것은 다른 모든 노동자 집단의 투쟁에 자극이 된다. 노동자들 가운데 가장 강한 집단이 주로 남성이고 약한 집단이 여성이라고 하더라도 말이다.[33]

하먼은 계급투쟁의 침체기였던 1980년대의 시점에서 "투쟁의 부활은 1960년대와 마찬가지로 공장이나 사무실에서 일하는 노동계급의 핵심에서부터 시작할 것"[34]이라고 보았다. 여성억압 등에 맞서는 투쟁의 운명 또한 이 "투쟁의 성패에 달려"있음으로, 사회주의자들은 그 운동을 향해 "노동자 대중과 연대해 투쟁하지 않고서는 자신의 요구를 쟁취할 수 없다고 주장해야 한다"[35]는 것이었다. 동의 여부와 무관하게, 이런 주장은 분석의 우선성만이 아니라, 투쟁의 출발점, 투쟁의 중심성을 여성억압보다 계급 착취에 두고 있다는 것을 알 수 있다. 일부 페미니스트들이 마르크스주의 접근법을 '성에 눈 감은'sex-blind 것이라고 비판하는 것은 이런 접근법과 상관있다.

---

33. 하먼, 『여성해방과 맑스주의』, 56~57쪽.
34. 같은 책, 87쪽.
35. 같은 책, 80쪽.

그래서 일부 사회주의 페미니스트들은 마르크스주의의 이런 측면을 보완하며 혁신하기 위한 시도를 해 왔다. 마르크스주의의 장점을 계승하면서도 여성주의적 문제의식을 수용할 수 있는 길을 모색한 것이다. 사회주의 페미니스트인 줄리엣 미첼은 이것을 "우리는 여성주의적 질문들을 해야 한다. 그러나 마르크스주의적 답변을 찾아내기 위해 노력해야 한다"고 표현한 바 있다. 만일 마르크스주의가 여성 억압을 규명하고 여성 해방을 위한 대안을 제시하는 데 결함이 있다면, 마르크스주의의 강점을 계승하면서도 이런 약점을 보완하며 혁신을 이루는 것은 어떻게 가능할까?

상품, 노동력, 사회적 관계의 생산과 재생산

'사회재생산 이론'[36]이 이 과제를 수행하는 데 매우 유용해 보인다. 사회재생산 이론을 거칠게 요약하자면 '마르크스주의적 분석과 방법을 통해 재화, 서비스, 노동력, 사회적 관계 및 이데올로기의 생산과 재생산을 통합적으로 설명'하려는 이론이라고 할 수 있다.[37] 사회재생산 이론은 마르크스와 엥겔스가 발

36. 나는 이 책에서 '사회재생산'과 '사회적 재생산' 두 용어를 모두 사용했다.
37. 더 자세한 것은 Bhattacharya, "What is social reproduction theory?" ; 윤자영, 「사회재생산과 신자유주의적 세계화」, 『마르크스주의 연구』 제9권 제3호, 2012 ; 정성진, 「가사노동 논쟁의 재발견」, 『마르크스주의 연구』 제10권 제1호, 2013 등을 참고할 수 있다.

전시킨 주장, 즉 '생산력 발전 속에 생겨난 잉여를 소수가 통제하고 여성이 사회적 생산에서 배제되어 가사·육아를 주로 맡으면서 계급 적대와 여성 억압이 비롯되었다'는 것에서 출발한다. 그런데 여기서 멈추지 않고 더 나아가 주로 여성이 가정에서 가사·육아를 통해서 노동력을 재생산하는 과정을 분석하려 한다. 이처럼 사회재생산 이론은 그동안 많은 마르크스주의적 분석이 상품 생산과정보다 상대적으로 소홀히 다루었던 노동력 재생산[38] 과정에 대해서도 주목하고 분석을 확장하려고 한다는 점에서 의미가 있다. 마르크스주의의 통찰과 방법론을 토대로 삼았다는 점에서 조너선 닐은 사회재생산 이론을 단지 사회주의 페미니스트들이 발전시킨 이론이라고 보지 않고 고전적 마르크스주의 전통의 일부라고 규정한다.

> 사회재생산 이론은 린지 저먼, 크리스 하먼, 샤론 스미스 등 여러 사람들이 국제사회주의자 전통 내에서 발전시켜온 분석법이다.[39]

---

38. '생산'과 '재생산'이라는 용어에 대해 한 가지 언급하자면, 나는 이것이 자본주의를 분석하는 과정에서 마르크스가 구분한 하나의 '추상'이라고 생각한다. 따라서 논의의 편의를 위해 상품 '생산'과 확대 '재생산', 노동력 '재생산' 등의 개념적 구분을 취할 것이다. 하지만 그 두 가지를 완전히 구분할 수는 없다고 본다. 마르크스도 "어떠한 사회적 생산과정도 그것을 연속된 전체로서, 끊임없는 갱신의 흐름으로서 고찰할 때에는, 그것은 동시에 재생산 과정이다. 생산의 조건은 동시에 재생산의 조건"이라고 지적했다.(마르크스, 『자본론』 1권(하), 717쪽.)

그뿐만 아니라 사회재생산 이론은 '계급적 착취를 낳는 자본주의'와 '여성 억압을 낳는 가부장제'라는 이원론적 접근과도 다르다. 노동력 재생산 과정을 상품 생산과정에 대한 분석과 통합시키려고 하는 것이다. 나아가 사회적 관계와 이데올로기의 생산·재생산 과정을 모두 연결시켜서 종합적으로 분석하려고 시도한다.

> 사회적 재생산 이론의 가장 중요한 통찰은 자본주의가 비록 불균등할지라도 재생산 영역과 생산 영역을 성공적으로 결합할 수 있는 단일unitary 체제라고 하는 점이다.[40]

사실 이원론은 이론적으로도 혼란스러울 뿐 아니라, 노동계급 남성과 여성의 단결보다는 분리를 낳을 여지를 허용한다. 그 점에서 사회재생산 이론은 이원론보다 더 우월하다. 물론 일부 사람들은 상품 생산과 노동력 재생산, 계급 착취와 여성 억

---

39. 조너선 닐, 「사회재생산 이론이 여성 억압을 잘 설명하는가?」, 『다른세상을향한연대』, 2015년 3월 9일 입력, 2021년 2월 8일 접속, https://bit.ly/36Vqrjz. 동시에 닐은 "사회재생산 이론의 핵심에는 남성과 여성이 생물학적으로 다르기 때문에 구별된 영역이 존재한다는 생각이 자리 잡고 있다. 이러한 생각은 항상 남성과 여성이 본질적으로, 신체적으로 다르다는 주장이 나올 수 있는 여지를 준다"고 비판하며 이 이론을 기각한다. 하지만 나는 이런 비판이 타당하지 않다고 생각한다. 생물학적 차이와 그에 따른 분업은 있을 수 있으며 그것 자체가 억압과 차별을 낳는 것은 아니다. 특정한 생산관계에서만 그렇게 되며, 마르크스주의와 사회재생산 이론은 그것을 분석하는 것이다.
40. Bhattacharya, "What is social reproduction theory?".

압, 착취에 맞선 투쟁과 억압에 맞선 투쟁을 구분하는 것 자체가 이원론이라며 사회재생산 이론을 비판한다.[41] 하지만 나는 이런 비판은 설득력이 없다고 생각한다. 다양한 요소들이 복잡하게 얽혀있는 현실을 분석하기 위해서 그런 구분들은 불가피하다. 물론, 그런 구분이 현실에 대한 파편화된 인식과 분리된 실천을 정당화하는 경우라면 문제가 생길 수 있다. 그러나 사회재생산 이론은 상품 생산과정 밖으로까지 마르크스주의적 분석을 확장해서 현실에 대한 통합적 인식과 단결된 실천으로 나아가려는 시도다. 사회재생산 이론에서는 작업장 바깥과 노동력 재생산 과정 또한 분석이 필요하며 가능하다.

> 노동자 계급은 일터에서 일만 하는 것이 아니다. 여성 노동자는 또한 자기 집에서 잠을 자고, 그녀의 아이들은 공원에서 놀고 지역의 학교에 간다. 그리고 때때로 그녀는 그녀의 은퇴한 어머니에게 요리를 도와달라고 요청한다. 다시 말해, 노동자 계급을 재생산하는 주요 기능들은 일터 외부의 장소에서 일어난다.[42]

이 과정은 좀 더 세분화된 접근과 분석이 가능하다.

---

41. 일부 페미니스트들이 사회재생산 이론을 가부장제 이론과 별다르지 않은 것처럼 해석하는 것이 이런 비판을 가능하게 하는 측면도 있어 보인다.
42. Bhattacharya, "What is social reproduction theory?".

노동력은 주로 다음의 세 가지 상호 연관된 과정들에 의해 재생산된다.

1. 생산과정 외부에서 노동자들을 [그들의 기력을] 회복시키고 노동자들이 생산과정에 되돌아오게 하는 활동들에 의하여. 이것은 다른 많은 것 중에서도, 식량, 잠잘 침대를 포함하지만, 육체적으로 한 인간 전체를 유지하는 돌봄도 포함한다.

2. 생산과정 외부에서 비노동자 — 즉 아이, 그리고 노령, 장애, 실업 등 여러 이유로 노동인구에서 빠진 성인들처럼 과거나 미래의 노동자인 사람들 — 를 유지, 재생하는 활동을 통하여.

3. 신규 노동자의 재생산을 통하여. 이것은 출산을 의미한다.

이러한 활동들은 노동자를 재생산한다는 점에서 자본주의의 토대 자체를 형성하지만, 체제에는 전혀 아무런 비용도 들이지 않으며 가구와 공동체 내부의 여성과 남성에 의해 이루어진다.[43]

가사(육아) 노동은 이처럼 "체제에는 전혀 아무런 비용도 들이지 않으며 가구와 공동체 내부의 여성과 남성에 의해 이루어"진다. 주로 여성이 수행하는 이 노동의 성격을 어떻게 볼 것인가? 마르크스주의 전통에서는 그동안 가사노동을 별로 주목하지 않거나 부차적으로 보는 인식이 우세했다. '가사노동은 임노동

---

43. 같은 글.

이 아니라 무급 노동이자 비생산적 노동이며, 자본축적에 필수적이기보다는 보조적'이라는 주장들이 대표적이었다. 가사노동이 이뤄지는 가족은 '자본주의에서 생산단위가 아니라 소비단위'라는 전제도 이런 주장을 뒷받침해 왔다.

좀 더 깊은 노동가치 이론의 측면에서도 비슷한 점들이 제기되어 왔다. 가사노동은 사용가치는 생산하지만, 자본주의의 핵심 특징인 교환가치를 생산하지는 않으며, 따라서 서로 다른 '구체적 유용 노동'을 '추상적 인간노동'으로 측정해서 비교하기 어렵다는 것이다. 결국 가사노동은 시장교환을 통해서 그 가치를 실현할 수 없다는 주장이다.[44] 하지만 1970년대 초 서유럽 마르크스주의와 여성해방 운동 진영 내에서 진행된 '가사노동 논쟁'과 근래 사회재생산 이론의 발전 속에 이에 대한 새로운 접근 방식이 제기되어 왔다.[45] 이에 힘입어 우리는 가사노동에 대한 관점을 새롭게 혁신할 필요가 있다.

노동력 재생산을 위한 노동을 어떻게 볼 것인가

44. 즉 A의 엄마가 A에게 밥을 차려주고 옷을 빨아주는 것은 A가 생활을 하는 데 필수적이지만, 그것을 얼마어치라고 계산해 내기는 어렵고 시장에서 'A의 엄마가 A에게 밥하고 빨래해주는 능력'과 'B의 엄마가 B에게 밥하고 빨래해주는 능력'을 상품으로 내놓고 서로 가격을 비교해서 구입하는 일은 벌어지지 않는다는 것이다.

45. 정성진, 「가사노동 논쟁의 재발견」.

먼저 마르크스가 지적한 "자유로운 노동자"의 의미에 대해서 다시 분명히 해야 한다.

> 여기에서 자유롭다는 것은 이중의 의미를 가진다. 즉, 노동자는 자유인으로서 자기의 노동력을 자신의 상품으로서 처분할 수 있다는 의미와 다른 한편으로는 그는 노동력 이외에는 상품으로서 판매할 다른 어떤 것도 전혀 가지고 있지 않으며, 자기의 노동력의 실현에 필요한 일체의 물건으로부터 해방되어 있다는 의미이다.[46]

이처럼 생산수단뿐 아니라 생활수단으로부터도 '자유'롭기 때문에 노동자는 노동력을 팔아서 생활수단들을 마련해야 한다. 그리고 노동력 상품을 팔려면 그것을 생산·재생산해야 한다. 마르크스는 "노동력의 생산이란 이 개인 자신의 재생산, 즉 그의 생명의 유지"[47]라고 지적했다. 노동력 상품의 가치에 관해서도 설명했다.

> 노동력의 가치는 다른 모든 상품과 마찬가지로 이 특수한 상품의 생산에, 따라서 또 그 재생산에 필요한 노동시간에 의하

---

46. 칼 마르크스, 『자본론』 1권(상), 김수행 옮김, 비봉, 1991, 214쪽.
47. 같은 책, 216쪽.

여 규정된다. … 노동력의 생산에 필요한 노동시간은 결국 이 생활수단의 생산에 필요한 노동시간으로 귀착된다. 다시 말하면, 노동력의 가치는 노동력 소유자의 생명을 유지하는 데 필요한 생활수단의 가치이다.[48]

마르크스는 여기에 "노동자의 자녀들의 생활수단들"과 "일정한 훈련 또는 교육"에 필요한 비용까지 포함한다. 특히 "노동력의 가치 규정에는 역사적 및 정신적 요소가 포함된다"고 지적한다. 결국 노동력 상품은 노동력 소유자의 생명을 유지하고 자녀를 양육하고 교육·훈련해야만 재생산될 수 있고, 단지 물질적 요소들뿐 아니라 정신적 요소들까지 포함되는 것이다. 이것이 바로 가족에서 주로 여성이 가사(육아, 돌봄) 노동을 통해 제공하는 것이다. 게다가 자본주의는 "가치의 원천으로 되는 독특한 속성을 가진 한 상품", 즉 노동력 상품이 없으면 존재할 수 없다. 그 점에서 가족이 소비 단위일 뿐이라는 지적은 일면적이다. 자본주의에서 가족은 노동력 상품을 생산하는 매우 중요한 구실을 한다. 따라서 가족은 단지 이데올로기적·정치적 상부구조가 아니라 경제적 토대이기도 하다.

'토대'는 생산력과 생산관계들을 포함하는 것인데, 가족은 생산력의 핵심인 노동력을 재생산한다는 점에서, 자본주의 생

48. 같은 곳.

산관계의 필수적 일부라는 점에서도 단순히 상부구조라고 보기 어렵다. 나아가 가사노동은 단지 자본 축적을 보조하는 게 아니라 자본 축적에 필수적인 노동이다. 가사노동의 가치는 노동력 상품을 만들어내는 데 소요된 사회적 필요노동 시간으로 측정될 수 있을 것이다. 나아가 노동력 상품에 반영된 가사노동의 더 많은 가치는 결국 생산과정에서 그 노동력이 더 많은 잉여가치를 만들어내는 것으로 나타날 것이다. 린지 저먼도 비슷한 점을 지적한 바 있다. "여성의 가사노동은 노동력 재생산에 기여하며, 따라서 노동력의 가치를 낮춤으로써 자본가 계급에게 돌아가는 잉여에 간접적으로 기여"하는 것이고, "가사노동은 노동력을 직접 생산하는 것을 통해 잉여가치를 간접적으로 생산한다"는 것이다.[49]

이 점에서 가사노동을 '비생산적 노동'이라고 규정하는 것도 일면적이다. 먼저 '생산적 노동'과 '비생산적 노동'에 대한 마르크스주의의 해석은 통일되어 있지 않다. 마르크스 자신부터 이에 대해 모순된 진술을 했다. 마르크스는 한편으로 애덤 스미스의 구별을 어느 정도 받아들여서 개별 자본가의 관점에서 무엇이 '생산적'인가를 보려 했다.

자본주의적 생산에서 생산적 노동은 자본의 가변 부분과 교

49. 저먼, 『여성과 마르크스주의』, 117쪽.

환되어, 자본의 이 가변 부분을 재생산할 뿐만 아니라 자본가를 위한 잉여가치까지 생산하는 임금노동을 의미한다.[50]

반면, 가변자본이 아니라 임금이나 이윤과 직접 교환되는 하인과 국가 공무원 등의 노동은 비생산적이라는 것이다. 그런데 이런 구분은 자본주의의 발전 속에서 부적절해지는 경우가 생긴다. 무기를 제조하는 사기업 노동자는 생산적 노동자로 구분되는 반면, 국가 공교육을 위해 일하는 교사는 비생산적 노동자가 되는 것이다. 개별 자본가의 이윤 획득에 기여한다는 점만 보면, 마르크스가 지적했듯 이미 생산된 잉여가치를 이전시킬 뿐인 유통비용도 상인자본에게는 '생산적'이다.

상인에게는 유통비용은 자기의 이윤의 원천으로서 나타나며… 그러므로 상업자본에 관한 한, 유통비용을 위한 지출은 생산적 투자[51]

반면 마르크스에게서 좀 더 다른 구분도 볼 수 있다고 크리스 하먼은 지적한다.

---

50. Karl Marx, *Theories of Surplus Value,* vol, 1, Moscow, 1963. p. 152. [칼 마르크스, 『잉여가치 학설사1』, 아침, 1991.]
51. 칼 마르크스, 『자본론』 3권(상), 김수행 옮김, 비봉, 2006, 365쪽.

『자본론』에서 마르크스는 생산적 노동과 비생산적 노동의 구별을 다른 맥락, 즉 자본주의 생산 전체에 우연적인가 필수적인가 하는 맥락에서 다시 논의해야만 했다.[52]

그러면서 마르크스는 생산과정에 다양한 방식으로 기여하는 '사회적으로 결합된 노동'을 보려고 했다.

날이 갈수록 전반적 생산과정이 진정한 지렛대는 개별 노동자가 아니게 된다. 그 대신, 사회적으로 결합된 노동력과 전체 생산기구를 함께 구성하는 여러 경쟁하는 노동력들이 상품을 만드는 직접적 생산과정에 매우 다른 방식으로 참여한다.… 꾸준히 늘어나는 노동유형들의 수는 생산적 노동이라는 직접적 개념 속에 포함되어 있다.[53]

결국, 그것이 자본주의 생산에 필수적이며 생산과정에 직간접적으로 기여하는 사회적으로 결합된 노동의 일부라면 '생산적 노동'으로 보는 게 더 타당해 보인다. 즉 개별 자본가에게 이윤을 가져다주느냐가 아니라 체제 전체에 이윤을 창출하느냐

---

52. 하먼, 『좀비 자본주의』, 163쪽.

53. Karl Marx, "Results of the Immediate Process of Production". *Capital,* vol. 1., Harmondsworth, 1976, pp. 1039~1040. [마르크스, 『자본론』 1권(하), 김수행 옮김, 비봉, 1995.]

가 핵심이다. 그렇게 볼 때 가사노동은 '생산적 노동', 적어도 '간접적으로 생산적인 노동'으로 구분하는 게 적절하다. 노동력 재생산에 기여하는 가사노동은 자본축적에 필수적이며, 생산과정에 기여하는 '사회적 노동'의 중심이기 때문이다. 이 때문에 자본주의 체제가 발전하고 확대될수록 보육, 교육, 복지, 의료 서비스를 단지 개별 가족에 맡기지 않고 자본가 단체와 국가가 직접 지원하는 움직임이 나타나 왔다. 노동력을 공급·관리하는 문제가 자본 축적에 갈수록 중요해졌기 때문이다. 이미,

> 19세기에 이런 문제들을 해결하고자 다양한 임시방편 들이 생겨났다. … 시간이 지나면서 이런 임시방편들로는 부족하다는 것이 분명해졌고, 사적 자본가와 자선단체가 하던 임무를 국가가 떠맡아야 했다. … 20세기 첫 10년 동안 국가는 지난 70년간의 다양한 임시방편들을 연결해 실업자, 노인, 병자에게 최소한의 사회보장 혜택을 제공하는 전국적 체계를 구축하기 시작했다. … 노동력을 공급하고 훈련하고 재생산하는 국가의 구실은 20세기 내내 강화되어 1940년대 중반부터 1970년대 중반까지 지속된 장기호황 때 정점에 달했다가 그 후의 새로운 경제 위기 시대에도 유지되었다.[54]

---

54. 하먼, 『좀비 자본주의』, 176~179쪽.

이런 사회복지에 드는 비용은 노동력 재생산에 지불되는 '사회적 임금'이라고 보는 게 옳다. 물론 이 '사회적 임금'은 임금과 마찬가지로 대부분 격렬한 계급투쟁의 성과로 얻어졌다. 그리고 자본주의는 위기에 직면하고 이윤이 쪼그라들면 임금을 삭감하듯이, '사회적 임금'도 공격해 왔다.

> 국가는 한편으로는 가장 경쟁력 있는 기업들이 자기 노동자들을 공격하는 것처럼 국가의 복지 부문 노동자의 노동조건과 임금을 공격한다. 다른 한편으로는 자본축적에 필요한 노동력 공급이 원활해지도록 복지를 최대한 억제하고 삭감한다. 그래서 이 노동력을 제공하는 사람들이 자본가가 주는 임금을 군소리 없이 받아들이게 한다.[55]

자본 축적에 필수적인 노동력 재생산에 드는 수고와 비용을 노동계급 가족에게 떠넘기며, 이를 통해 자신들의 이윤을 높이려는 시도는 일종의 강탈[56]이라고도 볼 수 있다. 이제 노동계

---

55. 같은 책, 183쪽.
56. 자본주의에서 생산수단을 소유 통제하는 지배계급이 생산 과정에서 임금노동을 수행하는 직접 생산자에게 임금으로 지급한 것 이상의 가치를 얻어내는 것을 착취(exploitation)라고 한다. 반면 지배계급의 일부가 타자의 자산이나 공동체의 토지, 천연자원 등을 강제적으로 탈취·몰수함으로써 가치를 취득하는 것을 강탈(dispossession)이라고 한다. 자본주의는 착취를 통한 축적이 기반이지만, 강탈을 통한 축적이 그것을 보완한다고 봐야 한다.

급 가족은 스스로 이런 서비스(보육, 돌봄, 간병 등)를 해결하거나, 이것을 돈을 지불하고 구입하게 되었다. 자본가들은 이에 필요한 비용을 절감하게 될 뿐 아니라 새로운 돈벌이 기회로도 삼을 수 있게 된다. 데이비드 하비는 이렇게 주장한다.

> 수년간의 어려운 계급투쟁을 통해서 획득된 공유 재산적 권리들(국가연금, 복지, 그리고 국가의 의료보건에 대한 권리)의 사적 영역으로의 반전은 신자유주의적 정설이라는 이름으로 추구된 모든 강탈 정책에서 가장 괘씸한 것들 가운데 하나이다.[57]

이 상황에서 노동력 재생산을 수행하는 노동계급 가족과 여성에게 체제가 가하는 압력들은 더욱 극심해질 수밖에 없다. 결국 가족, 노동력 재생산, 여성 억압과 차별은 오늘날 자본주의의 갈수록 격화되는 모순과 적대가 첨예하게 표출되는 공간이며 쟁점인 것이다.

억압과 차별에 대한 철저하고 일관된 반대

마르크스주의는 이처럼 변화해 온 현실을 설명하기 위한 이론적 혁신을 수행하고 투쟁의 방향을 제시할 수 있어야 한다.

---

57. 데이비드 하비, 『신제국주의』, 최병두 옮김, 한울, 2005, 145쪽.

혁명적 사회주의자의 출발점은 먼저 여성 억압 등 모든 억압에 가장 일관되고 철저하게 반대하는 것이다. 레닌이 말했듯이 "어느 계급이 영향을 받는지에 상관없이 모든 압제, 억압, 폭력과 학대에 대응"해야 하는 것이다. 레닌은 특히 '억압에 대해서 혁명적 사회주의의 관점에서 대응하도록 개입'하는 게 중요하다고 강조했다.

현실에서 노동계급의 다수가 그런 관점을 갖고 있지 않기 때문에 이것은 더욱 중요하다. 많은 남성 노동자들이 여성 억압과 차별에 무관심하거나 여성 차별적 편견을 받아들이고 남성 우월주의에 휘둘린다. 자본주의에서 '지배적인 사상은 지배계급의 사상'이기에 이것은 놀라울 게 없는 일이다. 또한 많은 여성들은 노동계급 남성들도 여성 차별적 구조를 유지하는 것에 동조하고 있다고 볼 것이다. 윌리엄 두 보이스W.E.B. Du Bois는 미국의 흑인 차별을 통해서, 이처럼 노동계급이 더 억압받는 집단과 덜 억압받는 집단으로 분열된 것의 효과를 분석했다.

> 백인 노동자 집단은 비록 낮은 임금을 받을지라도 일종의 공적이며 심리학적인 임금으로 보상받는다는 점이 기억되어야 한다. 그들은 백인이기 때문에 공적으로 존중되고 경칭이 붙여진다.… 그 결과 흑인노동에 의한 직업 상실을 두려워하는 백인과 항상 백인노동으로 대체될 위협을 받고 있는 흑인, 양쪽 모두의 임금이 낮게 유지될 수 있었던 것이다.[58]

이를 통해 "동일한 이해관계를 가지고 있으면서도… 너무나 먼 거리를 두고 있어서 서로의 이익에 대해서는 전혀 생각해보지도 않는 두 개의 집단"이 만들어진다는 것이다. 남성 노동자와 여성 노동자의 분열에서도 우리는 비슷한 측면을 볼 수 있다. 이 상황에서 사회주의자들의 대응은 무엇이어야 하는가? 한 가지 방안은 기존의 일부 급진좌파들처럼 '남성 노동자와 여성 노동자의 이해관계는 동일하다'는 점을 반복해서 설명하는 것이다. '여성 노동자들에게 그들의 진정한 적은 남성이 아니라 지배계급'이라고 설명하는 일도 반복된다. '페미니즘과 가부장제 이론 등 남성과 여성을 분리하는 사상'에 대한 강력한 비판이 항상 뒤따르곤 한다. 하지만 샤론 스미스는 이런 대응이 별로 효과적이지 못하다고 지적한다.

> [이런 대응은] 노동계급 내에서의 성차별에 어떻게 맞서 싸울 것인가라는 어려운 물음에 답하지 않고 여성 억압을 없애는 데 있어서의 남성의 객관적인 계급이해를 되풀이해서 말할 뿐이다.[59]

사실 '동일한 이해관계' 문제는 단순치가 않다. 분명 우리는 노동계급 남성과 여성이 이해관계가 달라서 단결할 수 없다는

---

58. W.E.B. Du Bois, *Black Reconstruction in America 1860-1880*, New York, 1969, pp. 700~701.
59. 스미스, 「맑스주의, 페미니즘 그리고 여성해방」.

주장에 반대해야 한다. 하지만 '계급의 이해'와 '개인의 이해'를 구분해야 하며, 덜 억압받는 노동계급 남성이 여성에 비해 갖는 상대적 이점도 봐야 한다. 예컨대 맞벌이 노동자 부부 중에 남편은 퇴근 후 집에서 TV를 보고 있고, 부인은 온갖 집안일을 하는 상황은 적지 않다. 이 상황에서 '전체로서 노동계급의 이해는 동일하고, 저 남성의 개인적 이득은 중요하지 않다'고 강변해야 할까? '장차 혁명을 통해 함께 얻을 이익에 비하면 이건 아무것도 아니다'란 주장도, 이런 일을 겪는 여성에게 별로 설득력이 없을 것이다. 이것을 우리는 편의상 '근본적 장기적 이해'와 '부차적 단기적 이해'로 구분해 볼 수 있다. 노동계급 남성과 여성은 지배계급에 맞서 단결할 근본적 이해를 공유한다. 하지만 여성이 더 억압받는 현실에 타협하는 남성과 여성 사이에는 단기적 이해 대립이 있을 수 있다.

단지 남성이 가족에서 가사·육아를 분담해야 한다는 단순한 결론을 말하고자 하는 것이 아니다. 이런 구체적 인식과 분석이 여성 억압과 그것에서 여성 노동자가 느끼는 정서에 대한 구체적인 이해와 남성, 여성 노동자의 단결을 위한 더 효과적인 전술로 이어질 수 있다. 왜냐하면, 여성 차별적 현실에서 남성과 여성 노동자들에게 그들의 남녀 분리적 생각을 바꾸라고 강변하는 것은 한계가 분명하기 때문이다. 먼저 필요한 것은 여성차별적 현실과 그것에 고통받는 여성에 대한 공감과 이해이다. 무엇보다 중요한 것은 남성 노동자들이 그런 여성차별적 현실에 앞장서 맞서도록 만드는 것이다. 그래서 남성 노동자들이 '개인적·단기적·부차적' 이해가 아니라 '계급적·장기적·근본적' 이해를 추구한다는 것을 현실의 실천에서 입증하는 것이다. 그럴 때 여성 노동자들은 남성 노동자들이 '남성 지배의 공모자'라는 생각을 떨칠 수 있을 것이다.[60]

> 억압에 저항하는 정치 투쟁의 중요성은 아무리 말해도 지나치지 않다. 억압은 노동 계급을 분열시키고 우리를 약하게 만든다. 바로 그런 이유로, 흑인이든 백인이든 여성이든 남성이든 성전환자이든 아니든, 동성애자이든 이성애자이든, 양성애자이든 모두 자본주의에 저항하는 싸움에 함께 할 수 있도록 하기 위해서 우리는 억압에 대항하는 최고의 투사들로 보여야 한다.[61]

이 점에서 페미니즘에 대한 우리의 태도는 일차적으로 선 긋기와 그 한계에 대한 비판보다는 공감과 방어가 되어야 한다.

지난 40여 년간 페미니즘이 끊임없는 공격의 대상이 되고 있

60. 제국주의 강대국(러시아)의 노동계급이 피억압 민족 노동계급(폴란드)의 자결권을 지지하며 연대해 싸워야 진정한 단결이 가능하다는 레닌의 전술에서 비슷한 통찰을 얻을 수 있다. 이것은 러시아와 폴란드 노동계급의 '동일한 이해관계'를 강조하던 로자 룩셈부르크의 입장과 달랐다.

61. 샤니스 맥빈, 「억압과 착취, 마르크스주의와 '상호교차성'」, 『다른세상을향한연대』, 2015년 2월 17일 입력, 2021년 2월 8일 접속, https://bit.ly/2N6YiPN.

는 상황에서 우리도 페미니즘을 공격해야 한다고 생각하지 않는다. 그와 반대로, 우리는 성차별주의에 반대하고 여성해방에 대한 방어로서 페미니즘을 원칙상 방어해야 한다.[62]

대개 페미니즘은 계급사회에서도 상대적으로 더 억압받는 집단의 처지와 목소리를 반영하는 사상과 운동이다.[63] 신자유주의적 공격과 우파 집권이 계속되어 온 한국 사회에서도 페미니즘에 대한 공격은 가속화되어 왔다. "개똥녀", "된장녀", "김치녀"으로 이어져 온 여성 비하는 근래 '일베'가 여성 혐오를 주된 쟁점으로 삼으면서 더 분명해지고 있다.[64] 이 상황에서 사회주의자들은 성차별적 사회와 우파에 맞서서 우선적으로 페미니즘을 방어하고, 억압에 맞서 그들이 발전시켜 온 구체적 분석에서 배우려고 해야 한다. 마르크스주의는 닫힌 체계가 아니며 어떤 사상과 이론에서도 합리적 핵심을 흡수해 그 자신을 더욱 풍부하게 강화할 수 있는 열린 체계이기 때문이다.[65]

---

62. 스미스, 「맑스주의, 페미니즘 그리고 여성해방」. 물론 샤론 스미스는 노골적으로 지배계급을 편드는 우파적 페미니즘이나, 심각하게 분리주의적인 페미니즘은 지지할 수 없다고 분명히 하고 있다.
63. 여기서도 우리는 '강대국의 억압적 민족주의'와 '피억압 민족의 민족주의'를 구분해서 후자를 비판적으로 방어했던 레닌의 태도에서 배울 수 있다.
64. 전혜원·천관율, 「'김치녀'은 어떻게 탄생하게 되었을까」, 『시사IN』 392호, 2015년 3월 24일 발행.
65. 마르크스 자신도 아담 스미스, 리카르도, 헤겔 같은 부르주아 사상가들이 발전시킨 이론을 흡수해서 더욱 발전시키는 데 아무런 주저함이 없었다.

나는 여기서 '상호교차성 이론'에 주목한다. 이 이론은 "노동계급 성원들이 직면하고 있는 억압의 [구체적] 특수성에 대해" 주목한다. 물론 "상호교차성은 왜 억압이 존재하는가를 설명하기 위한 것이 아니다." 마르크스주의는 이미 계급 착취가 어떻게 억압과 소외를 낳게 되는지 분석해 왔다. 그런데 더 나아가 착취·억압·소외가 어떻게 구체적으로 결합하는지, 착취·억압·소외의 구체적 양상들이 어떤 상이한 효과를 낳는지, 이런 구체적 양상들에 사회주의자들이 어떻게 대처해야 하는지도 매우 중요하다. 상호교차성 이론이 유용한 것은 이 때문이다.

> 한 형태의 억압이 다른 형태의 억압에 의해 규정되거나 또는 다른 형태의 억압을 규정할 수 있다는 것이다. 예를 들어, 인종차별이 성차별적으로 나타날 수 있고, 또는 여성 억압이 인종차별적으로 나타날 수 있다. 이런 현상들에서는 서로 다른 억압을 따로 떼어서 보는 것이 불가능하게 된다. … 상호교차성은 더 나아가서, 예를 들면 흑인 여성이 한편으로는 성차별주의를 경험하고 다른 한편으로는 성차별주의와는 별개인 인종차별주의를 경험한다고 할 수 없다고 주장한다. 현실에서, 흑인 여성이 겪는 성차별주의는 종종 그들의 피부색에 의해 규정되고, 그들이 겪는 인종주의는 그들의 성에 의해 규정된다.[66]

66. 맥빈, 「억압과 착취, 마르크스주의와 '상호교차성'」.

이처럼 착취·억압·소외가 상호교차하며 만들어내는 구체성에 주목하는 것은 우리가 계급사회의 복잡한 현실을 이해하고 적절하게 대처하는 데 도움이 된다. 결혼 이주여성이 겪는 억압과 소외, 조선족 가사도우미가 겪는 차별과 착취, 트랜스젠더 여성이 겪는 소외와 불평등 등은 각각 다르고 매우 구체적일 것이다. 레닌이 말했듯이 "진리는 언제나 구체적"이며 우리에게 필요한 것은 "구체적 상황에 대한 구체적 분석"이다. 이런 구체적 분석과 이해는 우리가 구체적 억압과 착취를 경험하는 사람들의 고통·정서를 이해하고 공감할 수 있게 해줄 것이다. 이것은 우리가 그들과 접촉하며 더 효과적인 저항과 연대를 건설하는 데 결정적 도움이 될 것이다.

투쟁의 과제와 전술은 어떤 도식에 따라 자동 도출되는 것이 아니기 때문에, 투쟁의 과제와 전술은 무엇보다 대중의 정서와 감정에 들어맞아야 한다. 트로츠키도 "혁명 지도부의 기예 가운데 10분의 9는 대중의 감정mood을 포착하는 법을 아는 것"이라고 했다.[67] 자본주의가 낳은 불의와 부조리에 분노하며 그것을 변혁하고자 하는 사회주의자들은 억압받는 사람들의 신음소리를 누구보다 잘 듣고 함께 아파할 줄 알아야 한다. 그것은 사회주의자들이 피억압 민중 속에 단단히 뿌리내릴 수 있도

67. 토니 클리프, 『당 건설을 향하여 : 레닌 1893~1914』, 최일붕 옮김, 북막스, 2004, 364쪽.

록 도와줄 것이며, 강력한 단결과 저항을 건설하는 첫걸음이 될 것이다.

> 그들이 처한 억압의 특수성에 관해 이야기하면서 가능한 많은 사람들과 관련지으려고 하는 건 좋은 시도이다.… 상호교차성은 연대에 대한 호소이다. 억압에 관심 있는 모든 이들은 자연스럽게 다른 사람들의 억압에 존재하는 미묘한 차이들에 관심을 가져야 한다는 것이다. 이것은 파편화가 아니다. 연대를 구성하는 기본 단위이다.[68]

연속되고 교차하는 사회변혁을 향하여

이를 위해서 또 중요한 것은 노동운동과 좌파 진영 내에서 벌어지는 억압과 차별에 대해 민감하고 철저한 태도를 취하는 것이다. 자본주의 내에서 그것에 맞서 싸우는 사람들도 자본주의가 가하고 만들어내는 온갖 압력과 편견들에서 완전히 자유로울 수 없다. 또 인간은 누구나 불완전하고 잘못을 범하기 마련이다. 그러므로 노동운동과 좌파 진영 내에서도 성차별적 언행이 나타나고 성폭력 사건들이 벌어지는 것이 안타깝지만 불가피한 현실이다. 문제는 그런 일이 벌어지는 것 자체가 아니라,

68. 같은 책.

그것에 제대로 대처하지 못하는 것이다. 체제의 억압·불의에 맞서 그토록 강력하고 헌신적으로 투쟁하던 사람들이, 막상 이런 일에 민감하지 못하거나 문제 해결을 외면하는 경우가 많다. 그런 일을 겪은 개인이 받은 고통과 상처보다 조직이 받을 타격을 우선시하는 경우가 많다.

바로 그런 경우에 체제의 모순과 불의에 맞선 운동과 조직 속에서 희망을 찾던 사람들이 실망하고 냉소에 빠지게 된다. 노동운동과 좌파 진영에 신뢰를 잃고 멀어지게 된다. 불신과 분열 속에 운동과 조직이 약화하고 만다. 따라서 노동운동과 좌파 진영은 우리 내부에서 벌어지는 억압과 차별적 언행에 누구보다 민감하고 철저한 잣대를 들이대야 한다. 그런 일을 겪은 사람들의 고통에 공감하고 상처를 들여다봐야 한다. 그 목소리에 귀를 기울이고, 상처의 치유를 도와야 한다. 문제 해결 과정에서의 상처나 재발 가능성이 최소화될 수 있도록 다양한 대비와 조처를 해야 한다. 당사자들에게 떠넘기는 게 아니라 책임지고 함께 토론·평가하며 교훈을 배워야 한다. 그래서 운동과 조직이 함께 배우고 성장하는 기회로 삼아야 한다. 샤론 스미스도 이 같은 태도의 중요성을 강조했다.

> 볼셰비키적 전통에서 그것은, 모든 면에서의 혁명적 과정을 통해 혁명가들이 위로부터의 억압뿐 아니라 노동계급 내에서의 억압에도 맞서 싸우는 데 핵심적인 역할을 하는 데 있다.…만

약 혁명가의 구실이 필수 불가결하다면 우리는 노동계급 내의 성차별주의에 맞서 싸우는 데 있어 부딪히는 도전을 과소평가해선 안 된다. 그것을 인정하고 그에 기반해 여성해방을 위해 노동계급 전체의 힘을 모으는 전략을 세우는 것이 가장 효과적일 것이다.[69]

마지막으로 계급 착취와 그것에 맞선 투쟁, 조직된 노동계급과 작업장에서의 투쟁을 과도하게 강조하는 일면적 태도를 버려야 한다. 물론 인간은 역사를 만들기 위해서도 우선 의식주를 해결해야 하고, 따라서 경제적 토대에 대한 분석은 매우 중요하다. 경제적 토대인 생산관계에서 어떻게 착취가 벌어지고, 계급 적대가 생겨나는지를 분석하는 것도 말이다. 이런 계급 적대와 생산에 대한 소수의 통제, 이윤을 위한 경쟁과 축적은 온갖 모순과 부조리, 억압과 소외를 낳을 수밖에 없다. 따라서 계급 착취는 이 세계에 대한 분석의 출발점이 되어야 한다.[70] 이

69. 스미스, 「맑스주의, 페미니즘 그리고 여성해방」. 그런데 이렇게 강조했던 샤론 스미스는 2019년에 자신이 속한 미국의 급진좌파 단체인 〈국제사회주의조직〉(International Socialist Organization, ISO)에서 성폭력 사건을 은폐한 지도부 중의 일원이었던 것이 드러났다. 그리고 ISO는 그동안의 잘못된 관행에 대한 철저한 반성을 진행하는 과정에서 총투표를 통해 조직을 스스로 해산했다. 이것은 좌파가 스스로 성찰하고 혁신하는 것이 얼마나 중요하고 어려운 일인지를 보여 주었다.

70. 마르크스가 『자본론』에서 '자본의 생산과정'부터 분석을 시작했던 것은 이 때문이다.

런 분석은 자본주의의 근본적 변혁이 나아가야 할 대안과도 연결된다. 사회주의자들은 궁극적으로 직접 생산자들이 민주적이고 집단적인 방식으로 생산수단을 소유·통제하는 방향으로 가야 한다고 주장한다. 그럴 때 계급과 착취가 사라지고 평범한 노동대중이 생산과 사회를 운영하게 될 것이다. 억압과 소외, 온갖 모순과 부조리들이 해결될 실마리도 마련될 수 있을 것이다.

이처럼 계급 착취는 분석의 출발점이면서, 변혁의 대안을 모색할 때도 중요하다. 로자 룩셈부르크도 "자본주의의 사슬이 벼려진 곳에서 반드시 이 사슬이 끊어져야 한다"[71]며 이 점을 강조했다. 하지만 이것이 우리가 주목해야 할 쟁점에서도, 투쟁의 고리로서도, 투쟁의 방식과 과제에서도 착취와 착취에 맞선 투쟁, 조직된 노동계급과 작업장에서의 투쟁이 좀 더 중요하거나 중심이 되어야 한다는 것을 뜻할까? 억압에 맞선 투쟁과 미조직된 노동계급·피억압 민중의 투쟁, 작업장 밖에서의 투쟁은 어느 정도 부차적이라는 것을 뜻할까? 많은 좌파가 이렇게 주장해 왔다. 이윤이 만들어지는 곳은 작업장이고, 노동자들은 그것을 멈출 힘을 가지고 있고, 작업장에서 가장 효과적으로 조직될 수 있으며, 그렇게 조직된 노동자들이 고유의 의제와 방식(파업 등)으로 행동할 때 가장 효과적으로 이윤에 타격을 가

---

71. 로자 룩셈부르크, 「독일공산당 창당대회 연설」, 『패배한 혁명』, 임성윤 옮김, 풀무질, 2007, 468쪽.

할 수 있다는 논리들이 이것을 뒷받침해 왔다. 물론 작업장 밖에서의 투쟁에 연대하고 정치적 요구를 결합할 필요도 제기되어 왔지만, 중심과 강조점은 크게 변하지 않았다.

나는 이것이 경제적 토대에 대한 분석에서 거의 곧바로 정치적 과제와 전술을 이끌어낸다는 점에서 기계적이라고 생각한다. '기계적 경제결정론'의 대표적 사례는 제2인터내셔널의 특징이었다. 제2인터내셔널의 주요한 마르크스주의자들은 독일 등 선진국 노동자들이 가장 규모도 크고 잘 조직되어 있고, 주요 산업과 국가의 생산을 타격할 힘을 가지고 있다는 점을 주목했다. 따라서 "사회주의 혁명은 영국과 다른 선진국들에서 먼저 일어나야 한다. 러시아는 그다음이라고 생각했다."[72] 반면 트로츠키는 그것을 넘어서는 사고와 방향을 제시했다.

> 권력이 노동계급의 손으로 넘어가는 정확한 시간은 직접적으로는 생산력의 수준이 아니라 계급투쟁에서 여러 관계들, 국제적 상황, 그리고 궁극적으로는 노동자들의 전통과 선제 주도력(이니셔티브)과 투쟁 각오 등의 수많은 주관적인 요인들에 달려 있다.[73]

---

72. 레온 트로츠키, 『연속혁명 – 평가와 전망』, 정성진 옮김, 책갈피, 2003, 190쪽.
73. 같은 책, 246~247쪽.

트로츠키는 러시아에서 생산의 후진성과 취약한 상부구조들을 오히려 세계 자본주의의 '약한 고리'로 봤고, 노동자가 인구의 소수이고 노동조합조차 충분히 등장하지 못한 러시아가 국제적 변혁의 출발 고리가 될 수 있다고 보았다. 나는 이런 연속혁명의 문제의식이 창조적으로 계승되어야 한다고 생각한다. 가치가 어디서 생산되고 있는가, 어느 부문의 노동자들이 가장 잘 조직되어 있거나 생산에 큰 타격을 가할 수 있는가 등이 반드시 우선 고려사항이 될 필요는 없다는 뜻이다. 우리가 주목해야 할 쟁점에서도, 투쟁의 출발점과 고리로서도, 투쟁의 방식과 과제에서도 착취와 착취에 맞선 투쟁, 조직된 노동계급과 작업장에서의 투쟁이 반드시 가장 중요하거나 중심이 될 필요는 없다는 뜻이다. 억압에 맞선 투쟁과 미조직된 노동계급·피억압 민중의 투쟁, 작업장 밖에서의 투쟁도 그 못지않게 중요하며, 심지어 더 중요하고 중심이 될 수 있다는 뜻이다. 로자 룩셈부르크와 안토니오 그람시의 주장에서 이미 비슷한 통찰을 볼 수 있다.

> 운동은 한 방향으로만, 즉 경제투쟁에서 정치투쟁으로만 나아가는 것이 아니라 반대 방향으로도 움직인다.… 이 두 가지 투쟁 사이에는 상호작용이 존재한다.… 여기서 원인과 결과는 끊임없이 자리를 바꾼다.[74]

현실에서 사람들은 투쟁만을 '과학적으로' 예측할 수 있을 뿐이지 지속적인 운동 속에서 대립하는 세력들의 결과일 수밖에 없는 투쟁의 구체적 계기들을 예측할 수는 없다.[75]

오늘날 조너선 닐과 티티 바타차리아도 비슷한 점을 지적한다. 어디서 투쟁이 시작될지, 무엇이 계급투쟁의 중심 고리가 될지는 미리 정해져 있지 않다는 것이다. 생산 영역의 조직된 노동자들이 중요하다는 점도 정해진 것이 아니라는 것이다.

모든 사람들이 던지는 질문이 있다. 어디서 투쟁이 시작될까? 누구도 모른다. 어쩌면 공무원 노동자, 어쩌면 패스트푸드 노동자, 쇼핑몰 노동자, 콜센터. 어쩌면 대학 강사들이 될 수도 있다. 누구도 알 수 없다. 결정적 전투가 시작되면, 역사가들은 왜 바로 거기서 시작되었는지 분명히 알게 될 것이다.[76]

노동자계급 역사의 주요 투쟁 중 일부는 생산 영역 외부에서 시작하였다. 근대 세계의 가장 중요한 두 혁명인 프랑스 혁명과 러시아 혁명은 여성이 이끄는 식량 소요로 시작하였다. 자본

---

74. 로자 룩셈부르크, 『대중파업론』, 최규진 옮김, 풀무질, 1995, 57~58쪽.
75. Antonio Gramsci, *Selections from the Prison Notebook*, London, 1971, p. 483. [안토니오 그람시, 『그람시의 옥중수고1』, 이상훈 옮김, 거름, 1999.]
76. Jonathan Neale, "class struggle and neoliberalism", *RS21*, 2013년 11월 7일 입력, 2021년 2월 4일 접속, https://bit.ly/3tss0PV.

> 주의를 사회적 재생산이 생산에 비계를 놓는 통합적 체제로서 이해하는 것은 투사들이 각 영역에서의 정치 투쟁의 의의와 이를 통일시켜야 할 필요성을 이해하도록 도울 수 있다.[77]

따라서 사회주의자들은 미리 정해진 중요하고 중심적인 부문과 투쟁이라는 도식을 움켜쥐고 있지 말아야 한다. 구체적 상황에 대한 구체적 분석을 수행하면서 투쟁 속에서 대화하고 배우려고 해야 한다. 억압과 모순이 중첩된 부문에서 투쟁이 먼저 시작되고 그것이 이 체제의 '약한 고리'[78]가 될 가능성도 열린 자세로 받아들이며 대응할 수 있어야 한다. 적대와 모순이 상호 교차하는 변화무쌍한 상황에 최대한 유연하게 대응하면서 투쟁과 쟁점들을 결합하고 연결시켜야 한다.

> 마르크스주의 혁명가들인 우리의 해결책은 단지 계급투쟁의 중요성을 이야기하는 것이 아니라 공식경제의 투쟁과 그것 외부의 투쟁을 연결하는 것이다. … 이것이 우리가 임금을 위해 싸우는 조직들(예를 들어 우리의 노동조합들) 속에서 재생산 정의라는 문제를 제기하는 게 필요한 이유이다. 그리고 성차별주의, 인종주의에 맞서 싸우는 우리의 조직들 속에서, 우리가

77. Bhattacharya, "What is social reproduction theory?".
78. 자본주의 세계체제의 '약한 고리'는 특정 지역과 국가만이 아니라 특정 쟁점이 될 수도 있는 것이다.

임금의 문제를 제기하는 것이 필요한 이유이다. 우리는 우리의 일터와 우리의 캠퍼스와 거리에서 이 연결을 만드는 거침이 없는 여성과 남성의 한 세대를 필요로 한다.[79]

투쟁과 쟁점을 연결한다는 것은 투쟁과 쟁점의 분리, 단절이 아니라 그것의 연속과 교차를 추구한다는 뜻이다. 결국, 체제의 모순이 낳은 작은 전투를 체제를 변혁하기 위한 더 커다란 전쟁으로 이어가고 확대시킨다는 뜻이다. 그러한 사회변혁은 무엇보다 여성과 소수자 등 '피억압자들의 축제'가 될 것이다. 착취, 억압, 소외에 상처받고 고통받아 온 노동계급과 피억압 민중들은 그 투쟁 속에서 오랫동안 억눌려온 설움과 분노를 폭발시킬 것이다. 그것은 민주주의적 과제와 사회주의적 과제를 연속적으로 수행해 나가는 과정일 뿐 아니라, 착취와 억압과 소외로부터의 해방을 교차시키며 해결해나가는 과정일 것이다.

---

79. Bhattacharya, "What is social reproduction theory?".

2장

생태사회적 변혁 이론의 재구성, 하나의 시론

> 저는 여러분의 희망은 필요치 않습니다. 저는 여러분이 패닉에 빠지길 바랍니다. 제가 매일 매일 느끼는 공포를 함께 느끼길 바랍니다. 진짜로 위기 상황에 있는 것처럼 행동하길 바랍니다. 집에 불이 난 것처럼 행동하길 바랍니다. 왜냐하면 진짜로 불이 났으니까요.[1]

지구적 기후 위기의 상황 속에서 지구와 인류가 살아남기 위해 필요한 시간이 얼마 남지 않았다. 수많은 과학자가 참가한 IPCC(기후변화에 관한 정부 간 협의체) 보고서에 따르면, 인류가 현재 지구에 해를 끼치지 않으면서 배출할 수 있는 이산화탄소의 최대량은 420기가톤[Gt]이다. 인류는 지금 세계적으로 해마다 42기가톤의 이산화탄소를 배출하고 있다. 즉 10년 정도면 탄소 예산은 모두 사라진다. 이것을 피하려면 우리는 10년 안에 탄소 배출을 절반 이상 줄여야 한다. 이를 통해 산업혁명 이전 대비 지구 평균기온 상승폭을 1.5도 이내로 제한하는 데 실패한다면 기후 변화는 한계점(티핑 포인트)을 넘어설 것이다.

그때부터는 여러 가지 요인들이 상승작용을 하면서 지구 스스로 온난화에 파괴적인 가속도를 내게 될 것이다. 이른바 되먹임이라고 부르는 자기 증폭 과정이 시작되는 것이다. 그러면

---

1. 기후 위기에 맞서는 전 세계적 투쟁의 핵심 지도자 중의 한 명인 그레타 툰베리가 2019년 초 '다보스 포럼'에서 '당신이 우리의 희망'이라고 말하는 정치·경제 거물들에게 한 말.

해수면 상승과 기상 이변 등 때문에 2040년경부터 지구 면적의 35% 정도(인류의 절반이 거주하는 지역)는 생존이 어려운 상황이 된다고 한다. 이것은 지난 10만 년 동안 겪어보지 못한 수준의 변화가 될 것이다. 이미 유엔 생물다양성과학기구UN IPBES는 100만 종 이상의 동식물종(현존 동식물종의 8분의 1)이 멸종 위기에 처해 있다고 발표했다. 혹한, 폭염, 폭우 같은 기상 이변이 전 지구적인 현상이 된 지 오래다. 전 세계적 자연재해 건수는 1970년대에 비해 다섯 배나 증가했다. 자연재해의 규모나 피해 면적도 급격히 증가했고, 장애인과 노약자 등이 가장 심각한 피해에 노출되고 있다. 더구나 기후 위기는 코로나19 팬데믹과도 연결되고 있다.

> 기후 비상사태는 자본주의 체제와 자연 사이의 역사적 충돌의 일부일 뿐이다. 기업의 탐욕은 생태계 전체를 파괴하고 육지와 바다를 유독성 폐기물로 오염시켰다. 자본주의적 농업에 의해 추진된 토지 개간으로 인해 이 행성에서 이산화탄소를 흡수하고 많은 종의 서식지를 제공하는 데 필요한 삼림 덮개가 강탈당했다. 그것은 또한 COVID-19와 같은 치명적인 새로운 감염병을 일으켰다.[2]

---

2. Green Left, "For an egalitarian, cooperative road to ecosocialism!", *Green Left*, 2020년 9월 24일 입력, 2021년 2월 4일 접속, https://bit.ly/3oOxe4G.

생태사회주의자인 조너선 닐Jonathan Neale은 기후 위기가 끔찍한 야만을 낳을 것이라고 경고한다. 전체주의와 인종주의 속에 우리가 서로 죽고 죽이게 될 수 있다는 것이다.

> 폭주하는 기후 변화의 순간이 당신이 살고 있는 곳으로 찾아올 때, 그것은 떠돌아다니는 소수의 장발 폭주족 같은 형태로 오지 않을 것이기 때문이다. 그것은 거리에 서 있는 탱크들과 군부나 파시스트들이 정권을 잡으면서 올 것이다.… 우리의 새로운 통치자들은 새로운 인종주의의 불길을 부채질할 것이다. 그들은 우리가 왜 벽 반대편에 있는 굶주린 노숙자들의 무리를 막아야 하는지 설명할 것이다. 왜, 유감스럽게도, 우리는 그들을 쏘거나 익사하게 놔둬야 하는지 말이다. 왜, 불행하게도, 벽의 반대편이나 해협을 가로질러 사막에 있는 난민 수용소를 위한 식량은 바닥나 있는지. 왜 이쪽 벽의 사람들과 같아 보이는 저쪽 벽의 사람들이 우리의 적인지. 왜 우리가 전쟁을 해야 하는지.… 내 손주들의 생애 동안에. 물론 나는 그들이 죽을까봐 걱정한다. 하지만 내가 진짜 두려워하는 건 그게 아니다. 나는 그들이 무엇을 볼 것인지, 살아남기 위해 무엇을 할지에 대해 더 걱정한다.… 당신은 자신, 또는 당신이 사랑하는 누구도 옳은 쪽에 있을 것이라고 가정할 수 없다.… 절대 순수한 기후 변화의 공포를 기대하지 마라. 항상 그것은 자본주의와 제국주의의 피와 오물로 가득 차서 도착할 것이다.[3]

이처럼 상황이 워낙 심각하다 보니, 현재 일부 선진국들은 화석연료에 대한 의존을 줄이고, 석탄발전소들을 폐쇄하고, 재생에너지로 전환하는 등의 조치를 취하고 있다. 오염물질을 배출하는 굴뚝산업들은 사양화되고 있다. 그러나 이것으로 문제가 해결되고 있다고 기대하기는 어렵다. 오염 산업들은 사라진 게 아니라 동유럽, 동아시아 등의 가난한 나라들로 이전된 것이기 때문이다.「미국 국립과학원 회보」(2011)는 선진국의 탄소 배출량이 감소 추세로 돌아선 이유는 오염물질 배출산업을 해외로 이전한 것이 주요인이라고 지적한 바가 있다. 또 개발도상국에서 선진국 소비자들이 소비하기 위한 상품을 생산하는 과정에서 배출되는 탄소 증가량은 선진국 탄소 감축량을 능가하고 있다.

이처럼 기후 위기에서 벗어나려는 국제사회와 주요 정부들의 시도는 별 성과를 거두지 못해 왔다. 1992년 리우 기후정상회담부터 2019년 유엔 기후변화협약 당사국 회의COP까지 기후변화에 대처하기 위한 정상회의만 26번이나 있었다. 하지만 이 기간 동안 탄소 배출량은 실질적으로 줄어들기는커녕 계속 늘어 왔다. '탄소배출권 거래제' 등 기후변화 위험마저 시장에서 사고파는 상품으로 만들자고 했던 기만, 각국 정부의 자율적 배출 감축을 기다리자던 방관이 실패를 낳은 것이다. 이것은 주로

---

3. Jonathan Neale, "Social collapse and climate breakdown", *Ecologist*, 2019년 5월 8일 입력, 2021년 2월 4일 접속, https://bit.ly/3oNuiWe.

자본주의적 논리의 본질과 관련이 있다. 자본주의적 축적과 성장은 주변 환경과 인간 존재의 생태학적 조건을 파괴하면서 이뤄지기 때문이다. 생태사회주의자인 이언 앵거스는 화석연료에 대한 의존을 핵심으로 지목하며 자본주의는 본질적으로 반생태적이라고 말한다.

> 주요 국가에서 유의미하게 배출량이 감소한 경우는 소련 붕괴 이후 러시아 경제가 무너졌을 때가 유일했다. 그리고 그때조차도 우리가 원하는 만큼의 배출량 감소 수준을 보이지 않았다. 따라서 실질적 변화를 위한 협약 달성이 어려운 이유는 그들이 화석연료에 의존하는 경제를 다른 방향으로 전환할 생각이 없기 때문이다. 왜냐하면 화석연료는 자본주의 작동방식에 뿌리 박혀 있기 때문이다.[4]

자본주의와 그것을 뒷받침하는 국가들은 기후 위기를 스스로 해결할 수 없다. 어디서나 언제나 노동력을 착취하고 자본을 축적하기 위해 자본주의는 시공간적 제약이 있는 재생 에너지가 아니라 화석연료를 채택할 수밖에 없었다. 자연에 대한 수탈과 파괴는 자본주의 시초축적의 핵심 기둥이었다. 그리고 두

---

4. Ian Angus, "climate change and the summit smokescreen", *Socialist Worker*, 2015년 12월 2일 입력, 2021년 2월 4일 접속, https://bit.ly/2Mx4lNu.

세기가 넘는 기간 동안 자본주의와 화석연료는 떼려야 뗄 수 없는 관계가 되어 버렸다. 이제 화석연료 의존에서 벗어난다는 것과 자본주의에서 벗어난다는 것은 구분하기 어려워졌다. 오늘날 기후 위기를 해결해야 한다는 것은 화석연료 복합체를 거스르며 자본주의 논리를 벗어나야 한다는 말과 같은 의미가 되고 있다. 이것은 기후 위기와 생태학이 오늘날 사회주의적 좌파의 도저히 회피할 수 없는 핵심적 의제라는 말이다.

마르크스주의 생태학의 맹아적 등장과 퇴장

오늘날 진지한 사회주의자나 마르크스주의자라면 생태사회주의자가 될 수밖에 없다.[5] 그리고 이언 앵거스는 생태사회주의가 그것의 목표, 사상, 운동으로 구성되어 있다고 지적한다.

> 생태사회주의는 세 가지 다른 것으로 구성되어 있다. 첫째, 그것은 목표이다. 자본주의가 더 이상 지배하지 않는 사회이고, 지금까지 벌어져 온 생태적 파괴를 복원하며 더 이상 파괴하지

---

5. "우리가 20세기의 사회주의 성격을 어떻게 정의하든지 간에, 현재 지구가 당면한 생태학적 위기의 심각성을 완전히 인정하지 않는다면, 21세기의 진정한 사회주의자 내지 마르크스주의자가 될 수 없다는 것은 명백하다."(John Bellamy Foster, "We need a resistance movement for the planet", *CLIMATE & CAPITALISM*, April 11, 2017년 4월 11일 입력, 2021년 2월 4일 접속, https://bit.ly/3jeY44Q.)

> 않는 것에 높은 우선순위를 둔 사회이다. 둘째, 그것은 사상들 그 자체이다. 그 점에 있어서, 존 벨라미 포스터는 1단계와 2단계의 생태사회주의에 대해 말했다. … 셋째는 생태사회주의는 운동이라는 것이다. 상당한 범위의 견해들을 포함하지만, 근본적으로 그것은 사회주의 혁명 없는 생태 혁명도, 생태 혁명 없는 사회주의 혁명도 없다는 것에 동의하는 사람들로 구성된다.[6]

마르크스 자신이 생태사회주의와 어떤 관련성이 있고 긍정적, 또는 부정적 영향을 미쳤는지에 대해서는 서로 다른 평가들이 존재한다. 존 벨라미 포스터는 이것을 크게 네 가지로 구분한다.

> 마르크스의 사상을 (환경문제와 관련하여) 재평가한 여러 저들의 논지는 네 부류로 나누어진다 : (1) 마르크스의 사상은 시종일관 반생태적이었다는 주장, (2) 마르크스는 생태에 관해 뛰어난 통찰력을 보여주었으나 마지막에는 '프로메테우스주의'(친기술적이며 반생태적인 관점)에 굴복했다는 주장, 다시 말해 그는 탈자본주의 사회의 특징인 '풍요로움'의 결과로 환경문제는 해소될 것이라고 믿었다는 평가, (3) 마르크스는 농

6. Angus, "climate change and the summit smokescreen".

업 분야의 생태 악화를 분석했으나 이것은 그가 주력한 사회에 대한 분석과는 별개라는 주장, (4) 마르크스는 자연과 환경의 악화에 대해 체계적으로 (특히 토양의 비옥도에 대해) 접근했으며, 이것은 그의 다른 사상과 내면적으로 긴밀하게 연관되어 있고 생태적 지속가능성의 문제를 제기했다는 주장이 그것이다.[7]

이런 평가들 중에서 '마르크스의 사상은 시종일관 반생태적이었다'는 주장은 가장 받아들이기 어렵다. 정말로 반생태적인 것은 자본주의 체제이고, 마르크스는 자본주의 체제를 누구보다 신랄하게 비판적으로 해부했던 사상가였다. 나아가 마르크스는 인간과 자연 사이의 신진대사(또는 물질대사)[8]에 주목했고, 거기서 노동이 중요한 구실을 한다는 것을 지적했다.

노동은 무엇보다도 인간과 자연 사이에 이루어지는 하나의 과정이다. 이 과정에서 인간은 자신과 자연 사이의 신진대사를 자신의 행위에 의해 매개하고 규제하고 통제한다. 인간은 하나의 자연력으로서 자연의 소재를 상대한다. 인간은 자연의 소재

---

7. 존 벨라미 포스터, 『생태혁명』, 박종일 옮김, 인간사랑, 2010, 231쪽.
8. '신진대사'(Metabolism)는 19세기 생물학자와 화학자들이 고안한 개념으로, 유기체와 환경 사이에서 에너지와 물질을 주고받으며 벌어지는 상호작용을 뜻한다.

> 를 자기 자신의 생활에 적합한 형태로 획득하기 위해 [자기의 신체에 속하는 자연력인] 팔과 다리, 머리와 손을 운동시킨다. 그는 이 운동을 통해 외부의 자연에 영향을 미치고, 그것을 변화시키며 동시에 자기 자신의 자연[천성]을 변화시킨다.[9]

그런데 자본주의는 시초축적 과정에서부터 직접생산자를 토지와 생산수단으로부터 분리하고, 공유지를 강탈해서 사적 소유로 전환하며 임노동 착취 기반을 마련하는 과정을 통해 이러한 신진대사에 균열을 일으키고 파괴한다.

> 무자비한 폭력 아래에서 수행된 교회재산의 약탈, 국유지의 사기적 양도, 공유지의 횡령, 봉건적 및 씨족적 소유의 약탈과 그것의 근대적 사적 소유로의 전환 — 이것들은 모두 시초축적의 목가적 방법이었다. 이것들은 자본주의적 농업을 위한 무대를 마련하였으며, 토지를 자본에 결합했으며, 도시의 산업을 위하여 그에 필요한 무일푼의 자유로운 프롤레타리아를 공급하게 되었다.[10]

인클로저에 대한 분석과 마르크스의 '지대' 이론은 또한 자

9. 마르크스, 『자본론』 1권(상), 235~236쪽.
10. 마르크스, 『자본론』 1권(하), 1007~1008쪽.

연과 자연이 만들어낸 가치를 누군가 독점적으로 사적 소유해서 수익을 거둬가는 것이 얼마나 부조리한 것인지 이해할 수 있는 분석적 도구를 제공한다. 이것은 오늘날 생물, 유전자 등에 지적재산권과 특허권을 부여해서 그것을 상품화하고 사적 소유하는 것을 통해 초과이윤이나 특별잉여가치를 얻는 일[11]이 만연한 신자유주의의 시대에 대한 분석을 위해서도 유용하다. 마르크스의 이런 분석을 바탕으로 엥겔스는 자본주의의 자연 통제와 지배는 재앙을 낳을 수 있다고 경고한다.

> 우리가 행한 정복 하나하나가 우리에게 복수할 것이다.… 우리가 외국인의 정복자인 듯, 우리 자신은 자연의 영역 밖에 있는 듯 그렇게 자연을 지배해서는 절대로 안 된다는 점을, 살과 피와 뇌를 가진 우리는 자연에 속하며 자연 속에서 살아가고 있음을, 우리의 자연에 대한 조종은 우리가 자연의 법칙을 알고 그것을 올바르게 적용할 줄 아는 능력을 갖춘 존재 중의 존재라는 이 점에서 나온 것임을 한순간이라도 잊지 말자.[12]

그러나 마르크스와 엥겔스의 이런 분석과 주장들은 그 의미뿐 아니라 한계도 담고 있었다고 보는 다양한 지적들이 존재

11. 이것은 지구와 자연에 대한 '해적질'이 아닐 수 없다.
12. 포스터, 『생태혁명』, 255쪽에서 재인용.

한다. 기본적으로 오직 인간의 노동력만이 가치를 직접 생산한다는 마르크스의 노동가치 이론과 가치법칙 자체가 '인간중심적'이라는 것이다. 가치 생산에 기여하고도 외면당하는 자연(과 동물)의 자리가 잘 보이지 않는 것이다.[13] 물론 마르크스는 자연이 엄청난 부와 '사용가치'의 원천이라는 점을 인정했지만, 그러나 생산에 어떠한 '교환가치'도 덧붙이지 않는다고 주장했다. 또한 '생산적 노동'과 '비생산적 노동'에 대한 마르크스의 구분에 따르면, 주로 국가가 고용해서 공공적으로 수행되는 자연에 대한 보존·관리·개선을 위한 노동은 비생산적 노동으로 분류되게 된다. 이런 분석들은 결국 자연을 자본에 주어진 "공짜 선물"로 인식하는 자본주의적 논리와 묘하게 공명하게 된다.[14]

무엇보다 인간과 자연의 신진대사 균열에 대한 마르크스나 엥겔스의 분석들은 자본주의적 생산양식의 모순과 위기에 대한 구체적 분석과 긴밀하게 연결되어 있지 않다. 이것은 마르크스의 생태학을 강력하게 옹호하며 그것이 시대를 앞선 통찰이라고 주장하는 존 벨라미 포스터도 인정하는 것이다. 마르크스는 생태적 파괴가 축적의 위기를 가져온다는 것을 정교하게 이론화하지 못했고, 그 점에서 불완전성과 비체계성이 있다는 것

---

13. "가치 법칙 — 가치에 관한 이론이 아니라 가치의 실제적인 역사적 작용 — 은 매우 특정한 의미에서 인간중심적이다. … 상품화된 노동력은 말이나 나무의 무상 일이 없다면 아무것도 생산할 수 없다." (제이슨 무어, 『생명의 그물 속 자본주의』, 김효진 옮김, 갈무리, 2020, 471쪽.)

14. 포스터, 『생태혁명』, 253쪽.

이다.[15] 150여 년 전의 마르크스에게 자본주의가 이윤율 저하나 과잉생산이 아니라 기후 위기 때문에 가장 심각한 붕괴 위기에 직면할 것이라는 왜 미리 예측하지 못했냐고 따질 수는 없지만, 그런 위기를 분석할 정교한 도구를 마련하지 못한 것에 아쉬움을 나타낼 수는 있다. 이 지점에서 포스터는 시대적 한계가 마르크스와 엥겔스에게 남겨놓은 흔적을 지적한다.

> 두 사람은 대부분의 사상가가 자연과 인간은 대립적이라는 기계론적 세계관을 수용하고 있던 시기에 저술 활동을 했다. 16~17세기 이후로 대부분의 유럽인은 인간이 과학 덕분에 자연의 지배에서 벗어나 역으로 자연을 지배하게 되었다는 과학관을 갖고 있었다. 거의 대부분의 19세기 (그리고 20세기) 사상가들이 그랬던 것처럼 마르크스와 엥겔스도 여러 차례 자연의 '지배', '정복', '복속', '통치' 등의 표현을 썼다.[16]

마르크스는 자연을 더 나은 상태로 "다음 세대에게 물려주어야" 하는 "선량한 가장"으로서 인간사회의 의무에 관해서 썼다. 개인뿐 아니라 국가, 또는 특정 시기의 사회가 자연을 소유할 수는 없지만, 인간사회가 자연을 점유하면서 그것을 의식적

15. 같은 책, 280~283쪽.
16. 같은 책, 296쪽.

으로 통제할 의무가 있다는 관점으로 볼 수 있다.[17] 엥겔스는 훨씬 더 노골적이다. 그는 사회주의에서 "인간을 둘러싸고 있고, 이제까지 인간을 지배해 왔던 생활조건들은 이제 인간의 지배와 통제 속에 놓이게 된다"고 전망했다. 지금까지는 자연이 인간을 지배했지만, 미래에는 "풍부한 전문지식을 가진 인간에 의해 이용될 것이며 그리하여 인간에 의해 지배될 것"이라는 논리였다.[18]

경쟁의 압력 속에서 단기적 수익만을 추구하는 자본과 국가의 자연 통제 시도는 재앙을 부를 것이지만, 사회주의적 미래에는 인류가 의식적으로 자연을 지배할 수 있다는, 자본주의적 '나쁜 가장'의 시도는 실패할 것이지만, 사회주의적 '선한 가장'의 시도는 성공할 것이라는, 이런 논리는 20세기의 현실 사회주의 국가들에서 자연에 대한 지배 시도와 연결된다. 이처럼 그 출발점에서부터 내포된 가능성과 결함의 모순된 결합 때문인지 마르크스의 생태학은 마르크스와 엥겔스의 사후에 더 발전하기보다는 난관에 부닥치게 된다.

---

17. "더 높은 경제적 사회구성체의 관점에서 보면 지구에 대한 개개인의 사적소유는 인간에 대한 인간이 사적소유와 꼭 마찬가지로 불합리한 것으로 나타날 것이다. 심하게는 사회 전체, 한 국민, 동시에 존재하는 사회들의 전체도 지구의 소유자는 아니다. 그들은 다만 지구의 점유자, 이용자일 따름이며 선량한 가장으로서 지구를 개량하여 다음 세대에게 물려주어야 한다."(칼 마르크스, 『자본론』 3권(하), 김수행 옮김, 비봉출판사, 2012, 943쪽.)
18. 프리드리히 엥겔스, 『반듀링론』, 김민석 옮김, 새길, 1987, 304쪽.

먼저 러시아 혁명 이후에 등장한 스탈린 정권은 1930년대에 '사회주의적 원시축적'에 반대한 정치지도자와 과학자들에 대한 대대적인 숙청을 단행한다. 그 과정에서 러시아와 동유럽의 사회주의 국가들에서 생태주의적 요소는 제거된다.[19] 한편 서방의 사회주의적 좌파와 지식인들 속에서는 마르크스주의적 변증법을 자연에는 적용할 수 없다는 관점이 퍼져 갔다. 주체도 역사도 없는 자연에 변증법을 적용한 것은 엥겔스가 헤겔을 오해한 결과였다는 것이었다. 그런 관점은 죄르지 루카치[20]에서부터 서구의 사회주의 좌파들에게 번져 갔다. 엥겔스의 '자연 변증법'이 가진 기계적 결함과 스탈린주의적인 조악한 유물론 모두와 선을 그으려는 이런 시도는 마르크스주의의 고찰 대상에서 자연을 밀어내는 결과를 낳았다.[21] 존 벨라미 포스터는 이런 과정들을 통해 "마르크스의 생태 사상은 겹 죽음을 당했다"고 지적한다.[22]

---

19. 포스터, 『생태혁명』, 212쪽.

20. "이와 같이 방법[변증법]을 사회·역사적 현실에 한정하는 것이 아주 중요하다. 변증법에 관한 엥겔스의 서술에서 생겨나는 오해는 본질적으로 엥겔스가 헤겔의 잘못된 예에 따라 변증법적 방법을 자연인식에까지도 확장했다는 데서 기인한다. 변증법의 결정적인 규정들, 즉 주체와 객체의 상호작용, 이론과 실천의 통일, 사고에서의 범주들의 변화의 기반인, 범주들의 기체(基體)의 역사적 변화들의 규정들이 자연인식 속에는 존재하지 않는다."(게오르크 루카치, 『역사와 계급의식』, 박정호·조만영 옮김, 거름, 2005, 68쪽.)

21. 사이토 코헤이, 「전 지구적 생태 위기의 시대에 마르크스의 물질대사 이론」, 『마르크스주의 연구』, 2020년 제17권 제2호.

22. 포스터, 『생태혁명』, 212쪽.

생태사회주의 부활의 1단계와 2단계

자본주의의 발전 속에 생태적 모순이 심화하고 환경운동과 생태사상이 본격적으로 등장하고 나서도 꽤 오랫동안 마르크스의 사상은 생태학적으로 결함이 많다는 인식이 보편적이었다. 많은 사람이 마르크스주의는 자연을 도구적 가치로만 인식하는 인간 중심주의, 자연의 한계를 무시한 기술 중심주의, 환경 문제의 보편성을 무시한 계급 환원주의가 있다는 비판을 받아들였다. 그래서 마르크스주의적 생태학과 생태사회주의가 본격적으로 부활하는 데는 시간과 과정이 필요했다. 먼저 등장한 것은 마르크스의 결함을 인정하며 그것의 보완을 적극적으로 주장한 제임스 오코너 등의 1단계 생태사회주의자였다.

> 1단계의 생태사회주의는 마르크스주의에 녹색 사상을, 또는 때로는 녹색 이론에 마르크스주의 사상을 접목하며 복합적인 분석을 만들었다. 테드 벤튼, 앙드레 고르즈, 제임스 오코너 같은 선구적인 사상가들은 생태에 무관심한, 또는 심지어 반생태학적 기반을 마르크스와 엥겔스의 사상의 탓으로 돌렸다. … 전부는 아니지만 1단계 생태사회주의자들은 생태사회주의가 고전적 사회주의나 마르크스주의를 대체했다고 매우 완강하게 주장했다. 그러한 경우에 생태사회주의는 따라서 고전적 사회주의에 대한 일종의 부정으로 나타났다.[23]

제임스 오코너는 마르크스가 자본주의가 자연적 환경과 충돌하면서 발생하는 모순, 위기, 투쟁에 대해서는 언급하지 않았다며 그 한계를 지적한다.

> 자본이 그 자신의 사회적 환경적 조건들을 손상해서 자본의 지출과 비용을 증가시키고, 따라서 이윤을 생산하는 자본의 능력을 위협함으로써, 즉 경제 위기를 낳으면서 자본 스스로를 제약하는 방식에 관해서는 마르크스가 거의 쓴 것이 없다. 더구나 마르크스는 생산조건들의 제공을 둘러싸고 조직된 사회적 투쟁이 자본의 비용과 지출 및 가변성에 대해 미치는 영향에 관해서는 쓴 것이 거의 없거나 아무것도 쓰지 않았다.[24]

이런 비판은 자본주의에서는 '생산력과 생산관계'의 모순이라는 1차 모순과 더불어 '생산력/생산관계와 생산조건'의 모순이라는 2차 모순이 존재하고 중요하다는 새로운 이론적 혁신으로 나아간다. 2차 모순은 자본주의가 발전할수록 에너지 비용 상승 등의 부담을 불러오고 이것이 이윤을 압박하면서 잉여가치 생산에 문제가 일어나서 위기를 초래하게 된다는 것이다. 오

---

23. John Bellamy Foster, "Marx and the Earth : Why we wrote an 'anti-critique' ", *CLIMATE & CAPITALISM*, 2016년 8월 22일 입력, 2021년 2월 4일 접속, https://bit.ly/3oOfg2g.
24. James O'Connor, "Capitalism, Nature, Socialism : A theoretical introduction", *CNS* 1, Fall (1988).

코너는 높은 석유 가격에 의한 오일 쇼크 등을 그 구체적 양상으로 제시한다. 이러한 위기는 전통적인 노동계급 기반의 투쟁을 넘어선, 생산조건 재생산의 사회적 관계를 변화시킬 것을 요구하는 신사회운동이 등장해 국가에 맞설 계기를 만들어낸다는 것이다.

> 자본주의 생산관계(그리고 생산력)와 생산조건 사이의 모순이라는 독특한 형태는 가치 및 잉여가치의 생산과 실현 사이의 모순이기도 하다. 사회변혁의 주체는 작업장에서의 건강과 안전, 독성폐기물의 발생과 처분 등에 대한 생산 내부에서의 투쟁을 포함하는 '신사회운동' 혹은 새로운 사회적 투쟁이다.[25]

제임스 오코너의 2차 모순론과 신사회운동론은 분명 기존의 전통적 마르크스주의 이론과 실천이 간과해 왔던 부분을 지적하며 그 한계를 보완하는 의미 있는 작업을 수행했다고 할 수 있다. 동시에 다양한 반론과 문제 제기도 가능하다. 먼저 이런 분석은 경제 위기 이론으로서는 취약하다. 비용 상승은 축적의 여러 조건 중의 하나일 수는 있어도 자본주의가 구조적으로 위기로 향하는 경향 자체를 설명하지는 않는다는 이론적 측면에서도, 에너지 비용 등의 상승은 역사적으로 일시적이었고

25. 같은 글.

상쇄 요인이 등장했었다는 실증적 측면에서도, 문제가 제기될 수 있다. 더불어 오코너의 2차 모순론은 이것이 '두 가지 분리된 모순인지, 하나의 모순이 가진 두 가지 측면인지 분명하지 않다'는 비판도 제기되어 왔다. 이것은 전통적인 노동계급 기반의 투쟁과 신사회운동과의 불명확한 관계 설정으로도 이어진다. 물론 오코너는 두 투쟁의 '동맹'을 이야기하지만, 존 벨라미 포스터는 '오코너의 분석과 전략에 따르면 신사회운동이 중심이고 노동계급의 투쟁은 종속될 수밖에 없다'고 반박한다.

> 이 분석과 전략에 따르면 두 번째 모순이 (첫 번째 모순을 대체하여) 주도적 위치를 차지하고 있음으로 결국 새로운 사회운동이 더 힘을 얻고 있고 계급기반의 운동은 종속적인 역할을 한다. 이런 논법에 의하면 생태적 마르크스주의는 노동기반의 계급투쟁을 대단치 않은 역할을 하는 것으로 파악하는 접근방식임이 분명하다. 그래서 운동을 인위적으로 양분하여 희망의 폭을 좁히고 있다.[26]

결국 2차 모순론은 마치 일부 분리주의적 페미니즘이 자본주의의 모순과 가부장제의 모순, 자본주의에 맞선 투쟁과 가부장제에 맞선 투쟁을 이원론적으로 병렬하여 후자를 더 강조하

---

26. 포스터, 『생태혁명』, 288쪽.

듯이, 생태주의를 매개로 또 다른 형태의 이원론으로 발전할 여지를 만들어내고 있다. 이것은 그것에 대한 반발과 또 다른 역편향으로서, 임노동 착취와 그에 맞선 노동계급 투쟁이 여전히 중요하다는 전통적인 입장을 다시 불러내기 마련이다. 존 벨라미 포스터는 바로 이런 비판을 하면서 제임스 오코너의 주장을 이원론이라고 비판한다.[27] 나아가 이런 비판은 오코너 등이 마르크스가 말년에 자연과학을 집중적으로 연구하면서 남긴 방대한 발췌와 논평으로 구성된 노트를 간과했다는 비판으로 연결된다.[28] 이러한 발췌와 논평, 미완성 노트 등에 관한 치밀한 연구를 바탕으로 마르크스의 생태학과 생태사회주의를 훨씬 더 체계적인 형태로 재구성할 수 있다는 것이다.[29] 바로 이것이 2단계 생태사회주의자들이 출현하는 배경이 되었다.

> 2단계 생태사회주의는 대개 폴 버켓의 『마르크스와 자연』(1999년)과 나의 『마르크스의 생태학』(2000년)으로 시작되었다고 보여지는데 곧 브렛 클라크, 한나 홀레만, 스테파노 롱고, 사이토

27. 같은 책, 286쪽.
28. 사이토 코헤이, 「전 지구적 생태 위기의 시대에 마르크스의 물질대사 이론」.
29. 구소련 시절에 마르크스-엥겔스 전집(MEW)의 편집을 책임졌던 리아자노프(Riazanov)는 사실 마르크스가 남긴 이 노트들을 보고 '인생의 말년에 그가 자연과학 서적들을 탐독하며 공들여 요약하고 발췌한 것은 납득할 수 없는 현학이자 낭비'라고 평가 절하했다. 그 노트들을 전부 발간하고 연구하기 시작한 것은 비교적 최근에 벌어진 일이다.

코헤이, 리처드 요크 같은 인물들을 포함한 수많은 다른 분석가들이 합류했다.… 여기서 사상가들은 마르크스와 엥겔스의 정치경제학 비판의 깊은 구조에서 생태학적 분석의 구실을 검토하기 위해 고전적 역사유물론의 근간으로 돌아왔다.[30]

폴 버켓의 '생태적 가치 분석'은 2단계 생태사회주의의 출발점이 되었다. 버켓은 자본주의가 등장하면서 토지 등 자연적 조건과 직접생산자는 분리되었고, 사용가치가 아니라 교환가치가 생산의 목적이 되었다고 지적한다. 이에 따라 자연의 사용가치는 자본에 무상으로 전유될 수 있게 되었다는 것이다. 그리고 자본주의와 자연의 적대적 모순 속에서 (원료, 기계 등 생산 과정에서 그 가치가 변하지 않은 채로 생산물에 이전되는) 불변자본의 가격은 상승하고 (불변자본 중에서도 비교적 장기간에 걸쳐서 생산활동에 사용되는) 고정자본의 활용은 어려워지면서 축적의 위기가 도래한다고 설명한다. 또한 버켓은 마르크스의 지대 이론이 바로 자연의 사용가치가 가진 교환가치를 설명할 수 있는 이론적 토대를 제공한다고 지적한다.[31] 마르크스의 사상의 핵심에는 생태주의가 존재한다는 것이다.

---

30. Foster, "Marx and the Earth : Why we wrote an 'anti-critique' ".
31. Paul Burkett, *Marx and Nature : A Red and Green Perspective*, St. Martin's Press, 1999.

자본축적에는 착취 가능한 노동력뿐 아니라, 노동력을 착취하고 잉여노동을 판매가 가능한 상품들로 대상화될 수 있게 해주는 물질적 자연적 조건을 필요로 한다. 이는 왜 자본주의가 그 역사 전체에 걸쳐 환경에 그렇게 해를 끼쳐 왔고, 오늘날 우리가 사는 행성의 생존을 위협하고 있는지를 설명하는 데 도움을 준다. 요컨대, 마르크스의 자본주의적 가치 평가에 대한 비판적 분석은, 반생태주의와는 거리가 멀고 역사적으로나 오늘날에 있어서나 환경 위기들을 적절히 이해하는 데 필수적이다.[32]

폴 버켓을 뒤이어 2단계 생태사회주의를 가장 체계적으로 발전시키며 대변해 온 것은 존 벨라미 포스터이다. 포스터는 마르크스가 '인간과 자연의 신진대사'라는 개념을 바탕으로 생태학적 분석을 발전시켰다고 주장한다. 자본주의에서 인간과 자연의 신진대사를 매개하는 것은 노동과 생산과정인데, 자본주의의 모순은 그 속에서 신진대사의 "회복할 수 없는 균열"을 일으키게 되고, 인간과 자연 모두를 훼손하는 결과를 낳는다는 것이다. 즉, 자본주의적 생산은 자연의 순환, 인간과 자연의 관계를 파괴하고, 인류의 생존 조건까지 뿌리째 뒤흔들게 된다.[33] 이

---

32. João Aguiar and Paul Burkett, "Capital and Nature : An Interview with Paul Burkett", *mronline*, 2007년 4월 24일 입력, 2021년 2월 4일 접속, https://bit.ly/3oOsIn1.

것은 자본주의적 농업에서 식량 생산이 토양 재생산의 필수조건들을 파괴하는 과정에 대한 마르크스의 분석에서 드러난다.

> 자본주의적 농업의 모든 진보는 노동자를 약탈하는 방식상의 진보일 뿐 아니라 토지를 약탈하는 방식상의 진보이며, 일정한 기간에 토지의 생산력을 높이는 모든 진보는 생산력의 항구적 원천을 파괴하는 진보이다. 한 나라가 대공업을 토대로 발전하면 할수록[예컨대 미국처럼], 이러한 토지의 파괴과정은 그만큼 더 급속하다. 따라서 자본주의적 생산은 모든 부의 원천인 토지와 노동자를 동시에 파괴함으로써만 사회적 생산과정의 기술과 결합도를 발전시킨다.[34]

마르크스가 제시한 대안은 자본주의 사회의 변혁을 통해 이러한 신진대사의 균열과 훼손을 극복하고 그것을 합리적이고 이성적인 통제 아래에 두는 것이었다. 사회주의 사회는 인간과 자연 사이의 신진대사를 집단적 방식으로 합리적·이성적으로 통제하며 '자유의 왕국'으로 나갈 것이다.[35] 결국 오코너 등

---

33. Foster, "Marx and the Earth : Why we wrote an 'anti-critique' ".
34. 마르크스, 『자본론』 1권(하), 679~680쪽.
35. "이 영역에서 자유는 … 사회화된 인간, 결합된 생산자들이 자연과의 신진대사를 합리적으로 규제함으로써 그 신진대사가 맹목적인 힘으로서 그들을 지배하는 것이 아니라 그들이 그 신진대사를 집단적인 통제하에 두는 것, 그리하여 최소의 노력으로 그리고 인간성에 가장 알맞고 적합한 조건 아래에서

의 1단계 생태사회주의가 마르크스의 생태학에 대한 '부정'이었다면, 포스터 등의 2단계 생태사회주의는 '부정의 부정'이라고 할 수 있다. '부정'의 단계에서는 마르크스의 생태학적 해석 가능성은 과소평가되었다. 그것은 마르크스가 주목한 1차 모순과 별개로 2차 모순이 존재한다는 이원론으로 발전했다. 반면 '부정의 부정' 단계에서는 마르크스의 생태학적 해석 가능성이 복원되었고, 마르크스 자신의 분석을 통해서 인간과 자연 모두를 파괴하는 자본주의의 모순을 체계적으로 파악할 수 있다는 주장이 제시되었다. 포스터는 마르크스가 이미 시대를 앞선 생태학을 발전시켰다고 강조한다.

> 과학과 기술에 대한 마르크스의 연구 노트가 출간되고 생태와 관련한 마르크스의 여러 주장들을 수십 년 동안 연구한 결과 마르크스가 평생 동안 자연에 대해 깊이 있게 고찰했고, 자본주의 사회의 생태위기를 이해하는 데 결정적 출발점이 되는 자연과 사회의 변증법적 관계에 관한 이론을 발전시켰음이 분명히 밝혀졌다.[36]

그런데 포스터와 2단계 생태사회주의의 이러한 주장은 마르크

그 신진대사를 수행하는 것이다."(마르크스, 『자본론』 3권(하), 998쪽).

36. 포스터, 『생태혁명』, 195~196쪽.

스 자신이 보여준 생태학적 문제의식에 대한 긍정적 평가가 너무 과도하다는 느낌을 준다. '이미 150여 년 전의 마르크스가 대부분의 많은 것을 밝혀냈고 오늘날의 생태적 위기에 대해서도 예측했다'는 주장으로 읽히는 것이다. 이처럼 마르크스에게 시대를 초월하는 능력과 예지력을 부여하는 것은 그 자체로 과도할 뿐 아니라, 근거로 뒷받침되기 어렵다. 왜냐하면 포스터 등이 제시하는 것은 대부분 단편적인 문구, 발췌, 미완성 노트, 편지 등이기 때문이다. 마르크스는 생태학 사상과 이론을 체계적으로 정리한 논문이나 저작을 남기지 않았다. 이런 상황에서 마르크스의 생태학을 이미 정립된 이론처럼 취급하는 것은, 마치 미완성 노트와 편지 등에 자주 나오는 표현을 바탕으로 마르크스를 반유대주의자라고 단정하는 것만큼 섣부른 것이 될 것이다.

필요한 것은 마르크스의 단편적인 언급과 통찰 등을 실마리 삼아 더 체계적이고 완성된 생태학과 생태사회주의 이론을 구축하려고 노력하는 것이지, 이미 마르크스에게서 그런 종합이 이뤄졌다고 강조하는 일은 아닐 것이다. 그러나 포스터의 논의에서는 후자가 두드러지고, 그러다 보니 마르크스에게서 나타나는 한계가 포스터의 논의에서도 반복되는 경향이 있다.[37]

37. 앞서 지적했듯이, 오직 인간의 노동력만이 가치를 직접 생산한다는 '인간중심적' 노동가치 이론, 자본 축적의 위기에 대한 분석과 긴밀하게 연결되지 못한 신진대사 균열과 생태적 위기 이론 등이 그것이다.

결국 포스터에게서 자본주의 사회와 경제 위기를 분석하는 노동가치 이론과 자연과 생태적 위기를 분석하는 신진대사 균열 이론은 유기적으로 통일되지 못하고,[38] 포스터가 1단계 생태사회주의를 비판하면서 추방하려고 했던 이원론이 뒷문으로 일부 다시 들어올 수 있다. 이것은 1단계 생태사회주의와 2단계 생태사회주의가 보여준 한계와 결함을 뛰어넘으며, 그 두 가지의 가능성과 장점을 결합할 필요를 제기한다. '부정'과 '부정의 부정'을 넘어선 이러한 '변증법적 종합'은 어떻게 가능할 것인가.

변증법적 종합의 필요와 세계생태론

제이슨 무어는 존 벨라미 포스터의 동료이자 제자로서 신진대사 균열 이론을 지지하면서 출발했던 생태사회주의자이다.[39] 그러나 그는 포스터의 입장에서 벗어나 독자적인 이론을 발전시켜 나가기 시작했다. 포스터의 이론은 '사회'와 '자연'을 기계적으로 구분하는 '데카르트적 이원론'이고, 이러한 "양면적인 이원

---

38. 예컨대 포스터는 '자본주의 경제'와 '세계 기후'를 두 개의 서로 다른 시스템으로 상정하고 그것의 상호작용을 설명한다. "자본주의 경제와 세계 기후는 둘 다 복잡하고 역동적인 시스템이다. 기후변화와 그것이 경제에 미치는 영향의 불확실성은 이 두 개의 복잡한 시스템의 상호작용과 관계가 있다."(포스터, 『생태혁명』, 161쪽.)
39. "스승이자 동료로서 그에게 내가 진 빚은 헤아릴 수 없다."(무어, 『생명의 그물 속 자본주의』, 13쪽.)

론은 변증법적 종합의 가능성을 약화한다"는 것이다. 또한 포스터가 자본주의적 축적을 '경제적' 과정으로만 여기는 "부당하게 협소한 관점"을 가지고 있다는 것이 무어의 문제의식이다.[40] 이에 따라서 무어는 '세계생태론'을 발전시켜 나갔다. "세계생태"로서의 자본주의는 단순히 '경제적 체계'나 '사회적 체계'가 아니라 '생명의 그물' 속에 존재하는 "자연을 조직하는 방법"으로 봐야 한다는 것이고, 자본-권력-자연을 역동적으로 결합하여 하나의 통일체를 구성하는 게 자본주의라는 관점이다.

> 권력, 자본, 자연을 통합하는 관계의 조합으로서 자본주의는 단지 어떤 생태계의 일부가 아니라 그 생태계 자체다. 따라서 우리가 말하는 세계 생태계는 '세계 체제'라는 더 오랜 개념의 도움을 받아 자본주의가 무한 축적이라는 힘에 추동되어 프런티어를 지구 전역으로 확장한 생태계를 가리킨다.[41]

따라서 무어는 자본주의를 단지 생산 현장에서의 경제적 착취와 임노동 관계를 중심으로 분석하는 것은 잘못이라고 주장한다. "자본주의가 임금노동으로 규정된다고 여기는 것은, 자본주의가 세계시장으로 규정된다고 여기는 것에 못지않게 잘

40. 같은 책, 142쪽.
41. 라즈 파텔·제이슨 무어, 『저렴한 것들의 세계사』, 백우진·이경숙 옮김, 북돋움, 2020, 60쪽.

못된 생각"이고 "오히려, 중요한 물음은 임금노동과 임금노동 확대재생산의 필요조건을 연결하는 역사 지리적 관계에 달려 있다"는 것이다.[42] 그는 페미니즘, 탈식민주의, 생태주의의 통찰을 수용하여 자본주의는 유급 임금노동에 대한 착취만이 아니라, 무급 가사·돌봄노동에 대한 강탈, 식민지 민중과 농민에 대한 수탈, 비인간 자연(과 동물[43])이 만들어낸 가치에 대한 약탈을 통해 축적을 수행한다는 분석을 발전시켰다. 여기서 계급, 젠더, 인종의 출현은 분리될 수 없는 상호 연결된 과정이다.

> 근대적 계급관계는 초기 자본주의의 본원적 축적 – 그야말로 대담한 환경형성 운동 – 을 통해서 출현했다. 근대적 젠더 관계는 대서양의 양안에서 이런 동일한 자본주의적 농업 전환의 과정을 통해서 구축되었고, 특히 당대의 잇따른 과학혁명을 통해서 상징적으로 코드화되었다. 근대적 인종주의는 사탕수수 상품 프런티어의 인간 축인 대서양 횡단 노예무역에서 생겨났는데, 그 노예무역은 당대에 풍경을 바꾼 유례없이 큰 상품중심적인 힘이면서 자본 축적의 결정적인 동력 중 하나였다.[44]

42. 무어, 『생명의 그물 속 자본주의』, 44쪽.
43. "겨우 반세기 만에 전 세계에서 도살된 동물은 80억 마리에서 640억 마리로 뛰었다. 현재의 증가율이 지속된다면 2050년까지는 1,200억 마리로 두 배가 될 것이다."(파텔·무어, 『저렴한 것들의 세계사』, 203쪽.)
44. 무어, 『생명의 그물 속 자본주의』, 32쪽.

이 과정에 대한 더 적합한 분석을 위해 무어는 마르크스주의 가치 법칙과 이론을 재해석한다. 가치 법칙은 "자본 축적의 국면"과 "윤리정치적 프로젝트"로서 두 가지 차원이 있다는 것이다. 후자에 따르면 인종주의, 성차별주의, 식민주의가 해당하는 노동자의 일을 저평가함으로써 필요노동시간을 더 줄이고 잉여노동시간을 늘리는 역할을 할 수 있다.[45] 여성, 자연, 식민지를 무상(공짜) 일/에너지의 원천인 "저렴한 자연 프런티어"로 삼는 자본주의는 가부장제, 개발주의, 제국주의를 필연적으로 동반한다는 것이 다양한 통찰을 받아들여 재구성된 무어의 '확장된 마르크스주의 가치 이론'이다. 자연을 외재적인 것이나 외부적 한계로 보는 것은 틀렸으며, 자본주의는 '생명의 그물' 속에서 인간 자연과 비인간 자연이 "저렴한 자연의 법칙" 속에서 공동생산한다는 것이다. 무어는 식량, 에너지, 노동력, 원료를 "네 가지 저렴한 것"으로 지목하고, 이것이 '사회적 필요노동시간의 주기적이고 철저한 감축'과 '착취 관계와 전유 관계의 끝없는 확대'를 낳는다고 주장한다.[46]

자본주의는 유상 일의 착취뿐만 아니라 무상 일의 전유를 수반한다는 이론에 따라서 무어는 자본주의의 시초축적 과정, 축적 위기 해소 과정, 신자유주의적 축적과 새로운 위기 등을

45. 제이슨 무어, 「제이슨 W. 무어 : 인터뷰」, 〈사물의 풍경〉, 김효진 옮김, 2020년 5월 19일 입력, 2021년 2월 4일 접속, https://bit.ly/3aIdESO.

46. 무어, 『생명의 그물 속 자본주의』, 39쪽.

설명하고자 한다. 이에 따르면 '저렴한 자연' 덕분에 생산비가 하락하면서 이윤율이 상승하고 "세계생태잉여"가 증가하면서[47] 축적이 순조롭게 이뤄지지만, 생태잉여는 결국 장기적으로 저하하는 경향이 있다. 무어는 '역사적 자연의 마모, 축적된 자본 규모의 증가, 자본의 재생산 시간과 자연의 재생산 시간 사이의 모순, 자본축적의 낭비와 비효율 경향'을 그 요인들로 지목한다.[48] 투자의 확대와 축적의 성공은 투자의 축소와 축적의 실패로 전환되기 시작한다.

> 시간이 흐름에 따라 네 가지 저렴한 것은 더는 저렴하지 않게 된다. 축적순환의 상향 운동에 있어서 무상 일/에너지의 압출은 미상품화된 재생산관계의 탄력복원성을 고갈시킨다. 한편으로, 노동자와 농민은 자본과 세계시장에 맞서 겨룰 새로운 방법을 찾아낸다. 식량과 에너지, 원료의 가격과 더불어 노동비용이 상승한다. (역사적으로, 이 사태는 불균등한 형태로 일어난다.) 저렴한 투입물이 더는 저렴하지 않고 귀중한 것이 되기 시작함에 따라, 물질적 생산 영역에서 투자를 위한 기회가 정체되면서 축소되기 시작한다.[49]

---

47. 같은 책, 162쪽.
48. 같은 책, 164쪽.
49. 같은 책, 174쪽.

1970년대부터 등장한 신자유주의는 바로 이러한 위기에 대처하면서 '저렴한 자연'을 재건하려는 자본주의와 지배계급의 프로젝트였다. 무어는 신자유주의 프로젝트를 다섯 가지 차원으로 구분해서 설명한다.

> 첫 번째 차원은 임금 억제다. 1974~1975년 불황 이후에 지구적 북부 전역의 부르주아는 하나의 계급으로 조직화하기 시작했고, 노동조합에 공격적으로 대처했다.…둘째, 1970년대에 미합중국 산업에서 이윤율이 저하함으로써 미합중국 안팎의 자본가들은 '지구적 공장'을 향해 빠르게 이동하게 되었다. 이것은 핵심부의 탈산업화와 동시에 지구적 남부의 빠른 산업화를 수반한 세계역사의 지각변동이었다. 셋째, 지구적 공장은 1980년대 초에 개시된 '거대한 지구적 인클로저'에 의존했다. 구조조정 계획과 시장 자유화를 통해서 실현된 이들 지구적 인클로저가 전 세계에서 농업적 계급 관계를 개편하면서 수억 명의 농민이 토지를 탈취당했다.… 넷째, 이런 '거대한 배가'는 여성 프롤레타리아 계급의 훨씬 더 큰 팽창을 나타냈는데, 요컨대 유례없는 규모로 무상 일에 더불어 유상 일이 추가되었다.…마지막으로, 지구적 북부에서의 임금 억제와 (중국을 제외한) 지구적 남부 전역에서의 복지 하락으로 현시된 대로, '강요된 과소소비'의 새로운 체제를 통해서 저렴한 노동이 가능해졌는데, 이 점은 환경론자들에 의해 거의 보편적으로 무시당했다.[50]

신자유주의 프로젝트는 저렴한 자연을 재건하면서 생태잉여를 다시 증가시켰지만, 그러나 장기적으로 성공할 수는 없었다. 무어는, 지난 수십 년에 걸쳐 농업과 추출 산업에서 지속적으로 생산비가 상승하고 노동생산성의 향상은 정체되고 있다며, 이것은 생태잉여가 영속적으로 저하하면서 노동생산성을 충분히 개선하기 어려워진 시대로 다시 진입한 증거라고 지적한다.[51] 신자유주의적 자본주의의 경우에, 이런 징후적 위기는 2008년 금융위기보다 앞서서 "2003년 무렵에 개시"되었고, 그때 시작된 생태잉여의 저하가 "임박한 시기에 반전될 기미는 거의 없다"[52]는 것이 무어의 분석이다.

나아가 무어는 '저렴한 자연'의 종언은 전유된 자연의 반격인 '기후 위기'를 낳는다고 주장한다. 자본주의는 '무상 일/에너지를 전유'하면서 "잉여가치"를 축적하지만, 동시에 자연을 파괴하고 온실가스를 배출하면서 "부정적 가치"를 축적한다는 것이다. 자본주의는 그 부담("쓰레기 비용")을 외부화하거나 '저렴한 자연' 전략을 강화하면서 부담을 상쇄하는 방식으로 문제를 해소해 왔지만 이제는 더 이상 그런 방식으로 상쇄가 불가능한 한계점에 도달했고, 그것이 오늘날 기후 위기로 나타나고 있다.

---

50. 같은 책, 371쪽.
51. 같은 책, 163쪽.
52. 같은 책, 356쪽.

기후변화는 잉여가치에서 부정적 가치로의 전환이 진행되는 전형적인 국면이다. 자본주의가 어떤 유의미한 방식으로 기후변화를 다룰 수 있다고는 전혀 생각할 수 없는데, 그 이유는 기후변화가 오래된 생산주의적 모형에 근본적인 이의를 제기하기 때문이다.…무상 일/에너지를 전유하기와 생물권을 독성화하기라는 한 쌍의 공간적으로도 시간적으로도 불균등한 과정은 한계점에 이르렀다. 자본주의의 기원부터 내재하였지만 잠복하였던 부정적 가치의 축적은 이제 더는 기술적 재편이나 조직적 재편, 제국주의적 재편으로 해결될 수 없는 모순을 제기하고 있다.[53]

무어에게 오늘날 자본주의가 직면한 위기는 경제 위기와 기후 위기와 감염병 위기라는 여러 가지가 합쳐진 복수의 위기가 아니다. 자본주의적 세계생태의 모순이 한계점에 도달하면서 나타나는 다면적으로 보이지만 본질적으로는 단일한 위기이다. 이처럼 전체적으로 볼 때 제이슨 무어의 세계생태론은 1단계 생태사회주의와 2단계 생태사회주의가 보여준 장점과 가능성을 계승하면서 한계와 결함을 뛰어넘으려는 변증법적 종합의 시도이다. 그는 1단계 생태사회주의처럼 마르크스가 생태주의에 무관심하거나 반생태주의적 요소가 있었다는 일면적 해

53. 같은 책, 433쪽.

석에 머무르지 않는다. 2단계 생태사회주의처럼 마르크스의 단편적 언급과 불완전한 통찰을 그 자체로 체계적 생태학인 듯이 포장하지도 않는다. 그는 페미니즘과 생태주의 등의 문제의식을 개방적으로 받아들여 더 체계적인 생태학과 생태사회주의 이론을 구축하려고 시도한다. 또 그것을 자본주의 역사에 대한 분석에 적용하려 한다. 이것은 인간중심적 노동가치 이론과 경제주의적 위기 이론을 넘어서고, 경제적 위기와 생태적 위기를 자본주의 세계생태의 단일한 위기로 해석하면서 변증법적 종합의 가능성을 보여 준다. 물론 이것이 충분히 성공적이었는지는 더 검증이 필요하고, 몇 가지 비판적 평가도 가능하다.

먼저 이미 15세기부터 시작된 '자본세'Capitalocene와 세계체제에 대한 무어의 강조는 화석연료에 기반한 석탄 자본주의가 낳은 근래의 심각한 위기에 대한 강조를 희석하는 경향이 있다. "무어는 산업시대Industrial Era와 2차 세계대전이 끝나고 1950년 이후의 시기인 거대한 가속Great Acceleration의 차이에 크게 주목하지 않는 것 같다"는 지적이다.[54] 오늘날 자본주의 세계생태가 직면한 위기를 '저렴한 자연의 소멸에 의해서 그 한계점에 도달해 해결될 수 없는' 위기로 설명하는 것은 파국론적 문제 설정

54. 김현우, 「생태사회 전환과 적녹보라 패러다임 — 기후 위기와 코로나 위기의 인식과 대응의 경우」, 적녹보라 포럼 2020, 2회 발표문. 이 논문의 인용을 허락했을 뿐 아니라 제이슨 무어의 사상을 이해하는 데 유익한 조언을 준 김현우에게 감사한다.

으로도 보인다. 이런 파국론은 주체적 개입의 여지를 축소하기가 쉬운데, 실제로 무어의 세계생태론에서는 사회변혁의 주체가 누구이고 그들에게 어떤 전략이 필요한지에 대한 논의는 별로 찾을 수 없다. 사이토 코헤이도 "주체적인 저항에 대한 이론화는 주변적인 것에 머무르"고 있다고 무어를 비판하고 있다.[55]

'데카르트트적 이원론'에 대한 과도한 규정과 거부도 '무어가 동의하지 않은 이론과 이론가는 전부 이원론이라는 것이냐'는 반발을 낳고 있다. 물론 인간사회와 자연을 따로 존재하고 작동하는 것처럼 보면서 인간이 자연을 통제하고 지배해야 한다고 본 '데카르트트적 이원론'은 거부되어야 한다.[56] 이것은 분리된 모순에 대한 병렬적 해법을 추구하는 기계적 이원론과 연결되기 쉽다. 그러나 인간사회와 자연을 하나의 통합된 전체로 보면서, 효과적인 분석을 위한 추상 수준에서의 개념 구분마저 이원론이라고 볼 수는 없다. 그런 식이면 무어가 '인간 자연'과 '비인간 자연'을 구분하는 것도 이원론이라고 비판할 수 있을 것이다.

실제로 무어가 이원론적으로 보이는 것을 피하고자 "자연-속-자본주의", "자본주의-속-자연"처럼 계속해서 개념(용어)적 다발 짓기를 사용하는 것은 과도하다는 인상을 준다. 존 벨라미 포스터도 "당신의 심장이 당신 육체의 중추적인 부분인 동시

---

55. 사이토 코헤이, 「마르크스 에콜로지의 새로운 전개」, 『마르크스주의 연구』 2017년 제14권 제4호, 107쪽.
56. 파텔·무어, 『저렴한 것들의 세계사』, 72~79쪽.

에 독특한 특징과 기능들을 갖춘 별개의 기관이라는 점을 부인하는 것"과 비슷하다며 무어의 주장을 반박한다.[57] 사이토 코헤이는 현실에서 구분되어 보이는 것을 일원론으로 환원한다고 문제가 해결되지 않는다고 지적한다. 인간과 자연의 신진대사를 일원론적으로 인식하면서도 방법론적으로 구분하는 "비데카르트적 이원론"이 가능하다는 것이다.[58] 결국 제이슨 무어의 세계생태론에 담긴 대담한 문제의식과 혁신적 방법론은 이러한 비판들에 대응하면서 더욱더 구체적이고 실천적인 이론으로 발전할 필요가 있다. 그것은 1, 2단계 생태사회주의의 약점을 넘어서면서 그 합리적 핵심을 더 효과적으로 종합하기 위해서도 필수적이다.[59]

잠정적 마무리

57. 존 벨라미 포스터, 「존 벨라미 포스터 : 인터뷰」, 〈사물의 풍경〉, 김효진 옮김, 2016년 6월 13일 입력, 2021년 2월 4일 접속, https://bit.ly/2YXg9eH.
58. 사이토 코헤이, 「마르크스 에콜로지의 새로운 전개」, 102~104쪽.
59. 그러나 대부분의 좌파 내부의 토론이 그렇듯이, 안타깝게도 지금 토론은 그다지 생산적인 방향으로 나아가고 있지 못하다. "신진대사 균열 접근법은 획기적이었습니다. … 몇 가지 동의하지 않는 점이 있음은 확실하지만, 이것들은 동지로서의 의견 불일치 문제입니다. 다른 한편으로, 존 벨라미 포스터는 저의 비판에 대해 매우 다른 방식으로 반응했습니다. 그것은 초토화 공격입니다. … 반생산적인 비논쟁, 맑스주의자들이 서로 이야기가 엇갈리고 온갖 종류의 불쾌한 이름으로 부르는 그런 종류의 비논쟁 … 포스터는 현실적인 논쟁에 대한 독설을 선택했습니다."(무어, 「제이슨 W. 무어 : 인터뷰」).

나오미 클라인은 『이것이 모든 것을 바꾼다』에서 기후 위기의 상황을 검토하며 “엄청난 위험이 도사리고 있고 시간은 촉박하다. 우리로서는 단 한 발짝도 물러설 수 없다”고 강력하게 경고했다. 역사가 문을 두드리고 있고 우리 모두는 대답할 의무가 있다는 것이었다. 나오미 클라인은 자본주의뿐 아니라 사회주의를 자처한 체제에서도 지속된 오만한 인간중심적 세계관에 문제의 뿌리가 있다고 지적했다.

> 기후 위기의 근원은 계몽주의 시대 이후 서구 문화의 토대를 이룬 핵심 신화, 곧 자연계는 무한할 뿐 아니라 완벽하게 통제할 수 있는 대상이며 인류는 자연계를 지배할 의무를 지고 있다는 환상에서 비롯한다. … 지리적, 이데올로기적 경계를 초월하며 강력한 위력을 떨치는 문화적 서사, 그게 문제인 것이다.[60]

사회주의를 자처한 체제에서도 인간이 자연을 지배하고 통제할 수 있다는 인간중심적이고 생산력주의적인 문제가 심각했다는 것은 부정하기 어렵다. 문제는 오늘날의 노동운동과 좌파적 사회운동 진영도 기후 위기 문제에 소극적이었고 얼마 전까지도 별다른 목소리를 내지 못해 왔다는 데 있다. 여기에는 몇 가지 요인들이 작용했는데, 평범한 노동자들을 환경파괴의

---

60. 나오미 클라인, 『이것이 모든 것을 바꾼다』, 이순희 옮김, 열린책들, 2016.

공범으로 취급하고 정부·기업과 협조에 주력하는 주류 환경 NGO들에 대한 거부감과 반작용이 존재했다. 이것은 환경파괴와 기후 위기에 대한 관심보다는 환경 NGO의 한계와 개혁주의에 대한 비판을 우선하는 반응으로 나타났다. 생산현장에서의 착취가 자본주의의 핵심 문제이고, 따라서 그것에 맞선 조직 노동자들의 집단적 투쟁을 건설하는 것이 '노동계급의 중심성'이고 여전히 반자본주의적 좌파의 우선적 과제라는 전통적 사회주의 관점이 그것을 강화했다. 더불어 신자유주의 시대에 이뤄진 노동운동의 후퇴와 침체가 작용했다.

> 노조의 조합원들과 지도부는 [신자유주의라는] 새로운 적대적 조건에서 살아남으려면 방어적 이익단체로 활동해야 한다는 압력을 받았는데 특히 노조 지도부가 이런 압력을 훨씬 더 크게 받았다. 이 때문에 벌목 노동자들은 개발을 옹호했고, 자동차 노동자들은 SUV를 옹호했고, 광원들은 석탄을 옹호했다. 노동자들은 여전히 자연을 사랑했고, 자신들이 온갖 종류의 독극물과 최악의 오염물질에 노출되어 있다는 것을 매우 잘 알았다. 그러나 직접적 해고 위협이 가해지면, 일자리를 지키려고 기업들과 한편이 되었다. 이런 모순 때문에 노동자들은 행동에 나서기는커녕 체념하고 죄책감에 시달리게 되었다.[61]

61. 조너선 닐, 『기후변화와 자본주의』, 김종환 옮김, 책갈피, 2011, 256쪽.

많은 급진좌파 또한 이 시기를 거치며 정치적 확장과 성장보다는 침체와 정체를 겪었다. 살아남은 좌파들은 갈수록 얼마나 자신들이 혁명적 원칙과 이론의 순수성을 고수하고 있는지 과시하고 거기에서 존재 이유와 위안을 찾는 경향이 생겨났다. 다른 이들과 자신들을 구별하고 차이를 부각하는 것이 더 중요해진 것이다. 이언 앵거스는 "일부 좌파들은 점차 고립되는 것에 익숙해졌고, 오히려 벽이 무너지기 시작하면 불편함을 느낀다. 그들은 고립 속에서 안전함을 느낀다"고 지적했다.[62] 오늘날 사회주의적 좌파는 이런 약점을 솔직하게 직시하면서 그것을 넘어서려고 노력해야 한다. 기후 위기에 맞서서 인류와 지구를 구하려는 운동에서 사회주의적 좌파가 매우 소수이고 자신들에 동의하지 않는 사람들이 압도적 다수라는 점을 받아들여야 한다. 그리고 자신들에 동의하지 않는 그 압도적 다수와 함께 활동하는 법을 배워야 한다. 차별성을 찾아서 비판하는 것에 집착하지 말아야 한다.[63] 특정한 구호, 요구에 동의하지 않더라도 그 운동 밖에서 비판만 하기보다는, 그 운동에 개입하고

---

62. Angus, "climate change and the summit smokescreen".
63. "일부 좌파 인사들은, 과학자들은 진정한 반자본주의자들이 아니라는 것, 그들은 체계 개혁에 관한 환상을 품고 있다는 것 그리고 일부 과학자들은 계급 및 국가적 차이를 무시한 채 인간들을 모든 환경 파괴의 원인으로 간주한다는 것을 '입증하'는 데 주의를 집중합니다."(이안 앵거스, 「이안 앵거스: 인터뷰」, 〈사물의 풍경〉, 김효진 옮김, 2016년 7월 13일 입력, 2021년 2월 4일 접속, https://bit.ly/3cQTCZ3.)

참여하면서 함께 더 큰 운동을 건설할 수 있어야 한다.

이런 상황에서 사회주의자들이 할 수 있는 가장 나쁜 일은, 그리고 불행히도 일부 급진주의자들이 정확히 그렇게 하고 있는 것은, 실제 운동을 비판만 하면서 옆으로 비켜서 있는 것이다. 그 요구가 충분히 급진적이지 못하거나, 시위자들이 기존의 제도 안에서 무언가 가능하다는 환상을 가지고 있다면서 말이다. 우리는 '대중은 그들의 생각을 바꾸지 않은 상태에서 세상을 바꾸고, 세상이 바뀌면 그들의 생각도 바뀐다'는 마르크스의 유명한 통찰을 기억해야 한다. 생태사회주의자들은 실제 운동 안에서 적극적인 참가자와 건설자가 될 필요가 있다.[64]

우리는 탄소경제에 집착하며 기득권을 누리는 자들을 위해서 많은 나라가 물에 잠기도록 방치하는 것이, 수많은 사람이 굶주리고 삶의 터전을 잃도록 내모는 것이, 후세대들에 아름다운 자연 속에서 살아갈 권리를 빼앗는 것이, 지구 생명체들에게 멸종 위기를 강요하는 것이, 얼마나 극악무도한 역사적 범죄인지를 앞장서 폭로해야 한다. 그리고 우리가 마주한 거대한 위기에 걸맞은 거대한 운동과 대안을 건설해야 한다. 부유세와 탄

---

64. Ian Angus, "Ecosocialism or barbarism", *ROAPE*, March 24, 2020년 3월 24일 입력, 2021년 2월 4일 접속, https://bit.ly/2Loh3xC.

소세 등으로 재원을 마련하고, 대규모 공적 투자를 통해 2030년까지 100% 재생에너지로 전환하며, 수천만 개의 녹색 일자리를 창출하면서 불평등을 해소하고, 2050년까지 탄소배출 제로0를 이룬다는 미국의 버니 샌더스와 민주적 사회주의자들이 제시했던 '그린 뉴딜'Green New Deal과 같은 과도적 대안을 위해서도 투쟁해야 한다.

어떤 사람들은 이것을 19세기 미국에서 노예제도를 폐지했던 것과 비교한다. 1929년 세계 대공황 직후에 몇 년 연속으로 탄소 배출량이 감소하고, 2차 세계대전으로 전시체제가 되면서 산업구조가 전환되었던 경험도 이야기한다. 1991년 소련·동유럽이 붕괴하면서 해당 지역에서 탄소 배출량이 감소했던 경우도 있었다. 그런데 우리는 노예제 폐지 때처럼 노예 소유주들에게 경제적 보상을 하지는 않으면서, 1930년대 대공황과 전쟁 때처럼 대량실업과 대량살육을 가져오진 않으면서, 소련·동유럽 몰락 때처럼 국가의 억압을 시장의 착취라는 또 다른 야만으로 대체하지 않으면서 이 과제를 수행해야 한다. 이것은 모든 소수자를 억압과 차별에서 해방하는 투쟁, 모든 제국주의적 야만과 수탈을 종식하는 투쟁과 결코 분리될 수 없는 공동의 투쟁일 것이다.[65] 마르크스주의 생태학과 생태사회주의 전

65. "사회적 재생산과 지속가능한 인간 발전의 필요성에 맞춘 공동의 혁명적 운동이라는 것을 인간 거주지로서의 지구를 구하기 위한 투쟁과 결합할 수 있다면, 우리는 어디로든 갈 수 있을 것이다. 그러나 이것은 거대한 운동이 되어

통에서 찾아낸 통찰을 이어가면서 이론적 혁신을 통해 그 한계를 극복하고 새로운 종합을 이루려는 시도는 이 투쟁의 필수적 무기일 것이다.

따라서 나는 이 글에서 마르크스주의의 창시자들이 남긴 생태학적 유산들을 검토하고, 생태사회주의 이론을 재구성하고 확장하려는 시도들에 주목하면서, 마르크스주의 생태학에 대한 여러 이론을 검토했다. 마르크스의 생태학에 대한 '부정'으로서 1단계 생태사회주의, '부정의 부정'으로서 2단계 생태사회주의, 1단계와 2단계가 보여준 한계와 결함을 뛰어넘으며, 가능성과 장점을 결합하는 '변증법적 종합'으로서 세계생태론이라는 관점을 구성해 보았다. 이런 관점과 구분은 물론 도식적이고 과도하게 여겨질 수도 있다. 더구나 세계생태론은 '변증법적 종합'으로 보기에는 여전히 부족함이 많다. 무엇보다 이 글은 이런 구분과 검토를 통해서 새롭고 더 정합적인 생태사회적 변혁이론을 재구성하는 것에는 이르지 못했다. 그럼에도, 재검토 속에서 나타난 생태사회적 변혁이론의 재구성을 위한 몇 가지 요소들은 짚어볼 수 있었다.

첫째, 인간과 자연의 신진대사를 파괴하고 자연이 만들어낸 가치를 사적으로 소유하고 독점하는 자본주의에 대한 근본적

야 하고, 전 세계의 노동자들과 단결해야 하며, 제국주의와 전쟁에 반대해야 한다. 이 모든 것들이 연결되어 있다."(Foster, "We need a resistance movement for the planet".)

반대에 기초해야 한다. 동시에 러시아와 동유럽의 현실 사회주의 국가들에서 나타난 반생태적 결과를 규명하고 벗어날 수 있는 대안을 제시해야 한다. 둘째, 생산력과 생산관계의 모순뿐만 아니라 생산력/생산관계와 생산조건의 모순까지도 시야를 확장하면서 그것을 통합적으로 이론화해야 한다. 인간과 자연의 신진대사 균열에 대한 분석을 자본주의적 생산양식의 모순과 위기에 대한 분석과 연결시켜야 한다. 셋째, 페미니즘과 탈식민주의와 생태주의의 통찰을 수용하여 유급 임금노동에 대한 착취만이 아니라, 무급 가사·돌봄노동에 대한 강탈, 식민지 민중과 농민에 대한 수탈, 비인간 자연이 만들어낸 가치에 대한 약탈을 통한 자본 축적에 대한 분석을 발전시켜야 한다. 넷째, 오늘날 자본주의가 직면한 경제 위기, 기후 위기, 감염병 위기를 단순히 여러 가지가 합쳐진 복수의 위기가 아니라, 자본주의적 세계체제의 모순이 한계점에 도달하면서 나타나는 다면적이지만 본질적으로는 단일한 위기로 분석할 수 있는 이론적 틀을 발전시켜야 한다. 다섯째, 생산현장의 임노동 착취와 그에 맞선 노동계급 투쟁이 여전히 중요하다는 전통적 입장을 넘어서, 계급투쟁과 사회변혁의 주체와 영역을 포괄적으로 확장하고 어떠한 전략과 전술이 필요한지를 구체화시켜야 한다. 이것은 또다시 투쟁과 쟁점의 분리, 단절이 아니라 그것의 연속과 교차를 추구해야 한다는 나의 문제의식과 연결된다. 사회변혁은 민주주의적 과제와 사회주의적 과제를 연속적으로 수행해 나가는 과정일 뿐 아니라, 계급적 모순과 젠더적 모순과 생태적 모순을 교차시키며 해결해나가는 과정이 되어야 한다는 것이다. 이러한 모색과 검토가 생태사회적 변혁이론을 재구성하는 과정에 하나의 작은 디딤돌이 되기를 기대한다.

3장

신자유주의와 노동운동

—

새로운 투쟁의 도약을 위해

오늘날에 대부분의 좌파 활동가와 이론가들은 1970년대 중반부터 시작된 자본주의의 변화와 그 결과, 정부 정책, 이데올로기적 분위기 등을 신자유주의라는 용어로 설명한다. 대표적으로 데이비드 하비[1], 제라르 뒤메닐과 도미니크 레비[2]의 주장들이 있는데 데이비드 맥낼리의 설명은 좀 더 종합적이다.

> 대체로 1970년대 이후 인간의 삶을 다시금 시장이 규제하도록 만들려는 정책·실천·아이디어들의 총합이다. 사실 시장에 대한 찬양은 이미 18세기 또는 19세기의 자유주의자들에 의해 처음 등장한 바 있기 때문에, 이 새로운 버전의 자유주의를 신자유주의라고 부른다. 이 신자유주의는 사회주의는 물론 노동조합, 사회복지 프로그램 등에 대단히 적대적이다. 왜냐하면 이런 것이 시장의 자유로운 작동을 '간섭'한다고 보기 때문이다.[3]

자유시장에 대한 강력한 지지를 바탕으로 1970년대 중반부터 지금까지 이어지고 있는 이데올로기, 정책, 실천 등을 신자유주의라고 보는 것이다. 민영화, 규제 완화, 노동시장 유연화, 부자

---

1. 데이비드 하비, 『자본이라는 수수께끼』, 이강국 옮김, 창비, 2012, 24~25쪽.
2. 제라드 뒤메닐·도미니크 레비, 『자본의 반격』, 이강국·장시복 옮김, 필맥, 2006, 13쪽.
3. 데이비드 맥낼리, 『글로벌 슬럼프』, 강수돌·김낙중 옮김, 그린비, 2011, 352쪽.

감세, 복지 삭감 등의 대표적 정책을 통해 신자유주의는 자본가들의 이윤을 증대시키고 권력을 강화했다. 더구나 신자유주의는 자본주의의 몇 차례 위기를 거치면서도 약해지거나 사라지기는커녕 더 굳어져 왔다. 2008년 미국발 세계경제 위기에 직면해 지배자들이 택한 처방도 대개 신자유주의적이었다.

신자유주의에 대한 태도에는 크게 두 가지 편향이 있어 왔다. 하나는 신자유주의의 의미와 효과를 과장하는 것이다. 우파적 정치인과 학자들은 신자유주의 아래서 세상은 그 이전과 완전히 달라졌다고 주장했다. 세계화되고 탈산업화된 세상에서 국가는 힘을 잃었고, 시장을 거역하는 것은 가능하지 않다는 것이었다. 신자유주의에 굴복한 자유주의자들과 중도좌파가 뒤를 이었다. 이런 정치인, 지식인들은 '사회주의적 대안은 실패했고 신자유주의 속에 노동계급은 해체되었다'며 자신들의 후퇴와 굴복을 정당화했다. '어떤 정치인과 노조도 눈 깜짝할 사이에 국경을 넘어가는 자본에 맞서 일자리와 노동조건을 지키기 어려워졌다'는 식이었다.

신자유주의의 의미와 효과를 과장하는 태도는 또 다른 편향을 불러냈다. 주로 급진좌파 측에서 나온, 신자유주의적 변화를 무시하거나 깎아내리는 태도가 그것이다. '국제사회주의 경향'(이하 IST)을 예로 들 수 있다.(한국에서는 〈노동자연대〉가 이 경향이다) 이런 입장은 신자유주의 속에서 벌어진 노동의 유연화, 불안정성 심화, 사회복지의 후퇴 등을 '사실과 다르다'고 평가절하하곤 한다. 예컨대 "불안정성에 관한 많은 주장은… 노동자들의 고용이 꽤 안정되어 있음을 보여 주는 수치를 무시하기 때문에 과장"[4]이라고 주장한다. "서유럽에서 불안정한 고용이 가차 없이 균일하게 확산하고 있다는 실증적 증거는 없다"[5]라고도 말한다. "노동시장의 유연성과 역동성에 대해 우리가 매일 듣는 너무 친숙한 미사여구와 과장은 작업장의 현실과 사뭇 다르다"[6]는 것이다.

이것은 신자유주의적 변화를 과장하는 편향에 대한 이해할 수 있는 감정적 반발이고 그것을 바로잡는 의미가 있었다. 하지만 현실 변화에 대한 과학적 분석에는 큰 도움이 되지 않았다. 많은 사람이 직간접적으로 경험한 변화의 정도를 잘 담아내지 못했기 때문이다.[7] 이것은 신자유주의적 변화 이전의 분석, 주체 설정, 전략과 전술 등을 대체로 고수하는 것으로 연결되었다. 〈노동자연대〉도 이런 입장에 따라서 거의 10년 가까이 '조직 노동자들이 여전히 가장 중요하며 그들의 작업장에서 파업, 점거 같은 방식으로 대대적 투쟁에 나서는 일이 곧 벌어질

---

4. 조셉 추나라, 「신자유주의는 노동자 계급에 어떤 영향을 끼쳤는가?」, 『노동자연대』 144호, 2015.
5. 크리스 하먼, 「신자유주의의 진정한 성격」, 『21세기 대공황과 마르크스주의』, 정성진 엮음, 책갈피, 2009, 118쪽.
6. 크리스 하먼, 『세계화와 노동계급』, 최용찬 등 옮김, 책갈피, 2010, 73~74쪽.
7. 그래서 나는 여전히 어느 정도 심정적 공감을 느끼면서도, 이런 태도를 비판적으로 돌아보고자 한다.

것'이라고 강조해 왔다. "작업장이 여전히 저항의 중심"이라며, 이런 투쟁의 부활을 "[노동]계급의 귀환"[8]이라고 불렀다.

언제나 "가장 중요한 구실을 할 세력은 역시 조직 노동자들이다. … 노동운동은 노동계급 고유의 (즉, 착취에 저항하는) 방법을 사용해 싸워야 한다"[9]라고 강조했다. 물론, 알다시피 이런 일은 쉽사리 벌어지지 않았고 그럴 때면 항상 갑갑한 상황을 책임질 대상을 불러냈다. 개혁주의 지도자들, 특히 '노조 관료'들이 그들이다. "노조 중앙지도부의 동요와 후퇴가 조합원들의 사기를 저하시킨 것이 문제였지, 현장조합원들이 싸울 힘이나 의지가 없는 것은 아니었다."[10] 투쟁을 회피하는 지도자들이 문제지 현장 조합원들은 싸울 준비가 되었다는 것이다. 끝없이 변화하는 구체적 현실은 그 변화를 뒤따라가는 구체적 분석과 실천적 검증을 통해서만 제대로 포착할 수 있다. 필요한 것은 신자유주의적 변화에 대한 과장도 과소평가도 아닌 독자적이고 정확한 분석이다. 그것을 바탕으로 할 때 진정으로 올바른 전략과 전술이 나타날 수 있고, 진정한 자신감도 생겨나며 사기 저하를 피할 수 있다. 따라서 나는 이제 신자유주의가 어떤 변

---

8. 「경제 위기 시기에 노동자 투쟁 지원을 효과적으로 건설하기」, 『레프트21』 25호, 2010.
9. 김문성, 「선거 패배의 흔적을 지우려는 박근혜의 도발」, 『노동자연대』 128호, 2014.
10. 이정원, 「철도노조 중앙지도부는 8월 중순 파업을 실질적 파업이 되도록 해야 한다」, 『노동자연대』 130호, 2014.

화와 효과를 낳았는지 공정하게 재평가하는 것으로 넘어가고 자 한다.

신자유주의는 어떤 변화와 재앙을 가져왔나

일부 좌파는 신자유주의를 '독자적인 축적체제' 또는 '금융 주도 축적체제'라고 분석한다.[11] 이것은 자본주의가 질적으로 변화했다는 뜻이기도 했다. '생산보다 유통이 더 중요해졌다'라거나, '금융자본이 생산자본과 다른 이해관계를 갖고 있다'라거나, '이윤율 저하 경향은 사라졌다'는 주장 등이 그것이다. 이것은 신자유주의적 변화에 너무 압도되어서 자본주의의 질적 연속성을 가볍게 본 것이다. IST는 이런 태도를 반박하는 데 치우치다가, 1970년대 중반 이후의 자본주의에서는 어떤 상쇄 경향도 체제를 위기에서 구출해내는 데 실패했다고까지 주장하게 된다.

체제는 간간이 끼어든 일시적 회복을 빼고는 장기적 위기에 처했고, 이런 장기 침체기를 하나의 단계로 보기 어렵다는 게 IST의 주장이었다. 하먼은 이것을 처음에는 "끝없는 위기"라고 했다가 철회했지만, 여전히 "탈출할 수 없는 반복적인 위기들의

11. 이런 구분은 자본주의를 포드주의, 포스트포드주의 등 몇 가지 안정적이고 정태적인 축적체제로 분석하는 조절학파의 영향을 받은 경우가 많다.

국면"이라고 했다.[12] 그러나 닐 데이비슨의 지적처럼 "자본주의처럼 역동적인 체제가 40년간 영구적 위기(또는 반복되는 위기)의 상태로 존재할 수 있다는 생각은 정말로 받아들이기 어렵다."[13] 신자유주의 시대에 이윤율의 실질적 회복은 통계적으로도 부정하기 어렵다. 데이비드 맥낼리는 미국 경제에 대한 통계를 제시하며 이렇게 지적한다.

> 평균 이윤율은 1982년부터 1997년까지는 그 이전 1964~1982년의 18년간의 하락 경향성과는 반대 방향으로 지속 상승했다. 그리고 1997년부터 다시 하락 곡선을 긋는다. 그러다 2001년 이후에는 일정 기간 동안 상향 곡선을 그리게 된다.… 1982년부터 1997년 사이 미국의 이윤율이 2배로 증가했다는 것은 의심의 여지가 없다.[14]

IST도 이 사실 자체를 부정하지는 못했다. 다만 IST는 그런 이윤율 회복이 2차 세계대전 후 장기호황기에 미치지 못했다는 것을 근거로 1970년대 중반 이후로 자본주의를 '장기 위기'로 규정했다.[15] 그러나 이것은 너무 설득력이 없다. 이런 식이면 자

---

12. 닐 데이비슨, 「신자유주의의 역사적 전개와 오늘날의 전망」, 『다른세상을향한연대』, 2014년 10월 27일 입력, 2021년 2월 5일 접속, https://bit.ly/3juPVJT.
13. 같은 글.
14. 맥낼리, 『글로벌 슬럼프』, 87쪽.

본주의는 2차 세계대전 이후 약 25년간을 제외하면 항상 위기였다는 말이 된다. 2차 세계대전 이후의 장기호황은 자본주의 역사상 전무후무한 것이었기 때문이다.

이 시기에 자본주의는 경제가 성장하면서 고용이 늘고 임금·복지도 향상되는 이례적 패턴을 보였다. 그러므로 이 기간의 이윤율을 기준 삼아, 그보다 못 미치는 시기를 불황으로 보는 것은 말이 안 된다.[16] 현실을 직시하자. 신자유주의 시대에 자본주의가 이윤율 저하 경향을 일부 상쇄하며 회복·팽창했다는 것을 인정해야 한다. 그 과정에서 어떤 모순이 생겨났는지, 그런 모순이 2008년 이후 본격화한 위기에 어떤 작용을 했는지 등을 파헤쳐야 한다. 그럼 먼저 신자유주의 시대에 지배계급이 어떻게 이윤율 저하 경향을 상쇄할 수 있었는지부터 돌아보자. 나는 그것을 크게 다섯 가지로 나눠서 살펴보고자 한다.[17]

1) 노동운동에 대한 대대적 협공과 착취율 강화

마르크스는 자본주의가 이윤율 저하를 상쇄하는 매우 중요한 요인이 노동자들을 더욱더 쥐어짜는 것이라고 했다. 신자유주의 시대에 자본주의가 주력한 것도 바로 이것이다. 이것이

---

15. 크리스 하먼, 「이윤율은 장기적으로 하락하고 있다」, 『21세기 대공황과 마르크스주의』, 정성진 엮음, 책갈피, 2009, 168~169쪽.
16. 맥낼리, 『글로벌 슬럼프』, 72쪽.
17. 나는 이런 분석을 하는 데 특히 데이비드 맥낼리의 분석에서 큰 도움과 영감을 얻었다.

수월하려면 노동자들의 저항정신과 조직력을 꺾어놓는 게 필수적이다. 그래서 "1970년대 후반부터 세계 각국 정부와 고용주들은 노조의 권한, 노동자의 권리, 임금, 복지혜택을 예전의 낮은 수준으로 되돌리기 위해 협공을 가하기 시작했다."[18] 닐 데이비슨은 이런 공격이 서로 연관된 세 가지 전략과 방향을 담고 있었다고 지적한다.

> 첫째로는 실업률이 증가하도록 의도적으로 방관하는 것이었다. 이는 고금리 유지, 혹은 국가가 산업부문에 제공해야 할 보조금, 공공 계약, 수출입 통제 등을 거부하는 것을 통해 구현되었다.… 둘째 전략은 국가의 지원을 받는 사장들과 노동조합으로 조직화한 한두 개의 주요 노동자 부문과의 사이에서 결정적인 전투를 유도하는 것이었다.… 셋째 전략은 노동조합 조직화 수준이 낮거나 없는 지역으로 가서 사실상 새로운 산업 부문과 생산기반을 창출하고, 이것이 자리를 잡기 전에 최대한 조직화 문화로부터 거리를 두도록 하는 것이다.[19]

이 세 가지는 전형적으로 레이건 시대의 미국과 대처 시대의 영국에서 모두 나타났다. 레이건과 대처가 이 방향으로 거침없이

---

18. 맥낼리, 『글로벌 슬럼프』, 79쪽.
19. 데이비슨, 「신자유주의의 역사적 전개와 오늘날의 전망」.

나아가게 된 고비는 광부 노조(영국), 항공관제사 노조(미국)의 패배였다. 두 노조 모두 각 나라에서 잘 조직된 노동운동의 상징이었기에 패배의 후폭풍은 더 크고 쓰라렸다. 이 패배들은 신자유주의로의 전환을 되돌릴 수 없게 했다. 이런 중대한 패배는 이후 크고 작은 패배들과 노동운동의 침체를 낳았다. 이처럼 패배와 사기 저하의 분위기를 이용해 자본가들은 노동자들을 더 쥐어짤 수 있게 되었다. "미국의 실질임금은 1978년에서 1983년 사이에 10% 이상 하락"[20]했다. 프랑스에서도 "1959년부터 1974년까지 총임금의 평균증가율은 6.6%를 기록했지만, 1974년 이후에는 겨우 1.9%에 지나지 않았다."[21] 노동자들은 같은 시간 동안 더 많은 이윤을 만들었지만, 생산된 부에서 노동자들이 가져가는 몫은 갈수록 줄어들었다.[22] 국민의료보험, 공영 주택, 사회적 임금 등의 복지 혜택이 공격당하면서 1970년대와 같은 복지국가는 많은 부분 축소되어졌다. 이것이 바로 자본주의라는 좀비가 다시 원기를 회복하게 된 결정적 요소였다.

2) 산업 구조조정과 노동의 유연화

---

20. 맥낼리, 『글로벌 슬럼프』, 69쪽.
21. 뒤메닐·레비, 『자본의 반격』, 75쪽.
22. Ray M. 「자본은 무엇을 얻었고, 우리는 어떻게 되찾을까」, 『다른세상을향한연대』, 2015년 3월 6일 입력, 2021년 2월 5일 접속, https://bit.ly/3p3HHcS.

조직된 노동운동의 힘이 약화하자 국가와 자본은 이윤을 극대화하기 위한 산업, 생산방식, 노동과정에 대한 구조조정을 적극적으로 시도할 수 있게 되었다. 인수·합병 등을 통한 구조조정은 경쟁력 없는 부분을 떨어내거나, 그것을 헐값에 인수한 쪽으로 더 높은 이윤이 가게 하는 등의 방식으로 이윤율 회복에 기여했다. 특히 노동자들에게 더 많은 고통을 떠넘겼다. "차별적 임금구조를 도입하고, 교대근무제를 도입하거나, 고용의 불안정성과 비정규 고용(임시직, 시간제, 계약직)을 증가시키고, 고용·해고·작업재편에 있어 고용주의 권한을 강화함으로써 마침내 생산이 보다 유연"[23]해졌다. 기업주들은 안정된 일자리를 줄이고 더 불안정하고 임금이 낮고 열악한 일자리로 그것을 대체했다.[24]

비정규직·불안정 노동자들은 노동 형태가 매우 유연할 뿐 아니라, 기존의 정규직 노동자들이 누리던 여러 혜택과 지원에서도 제외되었다. 그 여파로 정규직 노동자들의 근로조건도 같이 더 열악하고 유연해졌다. 대부분의 산업 국가들에서 '린 생산방식'[25]이나 그것의 변형된 형태가 도입되었다. 결국, 오늘날 세계 노동자의 4분의 1만이 안정적인 고용 상태를 유지하고 있

23. 맥낼리, 『글로벌 슬럼프』, 85쪽.
24. 같은 책, 83쪽.
25. 일본 도요타 자동차 공장에서 시작된, 노동과정 분석에 기초해 제조 공정의 낭비적 요소를 철저히 제거하며 최고의 효율성을 지향하는 생산방식을 뜻한다.

고, 나머지 4분의 3은 임시·단기직이나 영세자영업, 무임금 가족노동 등 비공식 노동에 종사하고 있다는 게 국제노동기구ILO의 2015년 조사 결과이다. 이 모든 공격과 후퇴의 과정은 그것에 저항할 수 있는 토대를 약화하는 과정이기도 했다. 노동운동의 전통 속에서 전수되고 축적되어 온 인적관계, 저항의 문화, 투쟁의 경험과 풀뿌리 기반 등이 사라져 갔다. "기업의 거대한 구조조정 물결 속에서, 또 공장의 지리적 재배치와 노동조합 파괴 과정 속에서 이러한 인프라 대부분이 침식당했다."[26]

3) 시공간적 재배치와 강탈적 축적

자본주의가 위기에 직면했을 때 '시공간적 조정'을 통해서 그것을 돌파하려 한다는 것은 매우 중요한 통찰이다. 마르크스주의 지리학자인 데이비드 하비가 발전시킨 이것의 기본적 아이디어는 유휴 자본을 흡수할 이윤 창출 기회가 부족했던 것이 위기의 원인 중 하나라고 지적한다. 그리고 "지리적 팽창과 공간적 재조직화는 이에 대한 대안을 제공한다."[27] "1985년에서 1989년 사이 4년 동안에만 일본 기업들의 해외직접투자는 3배 늘었다. … 독일 기업들의 해외 직접 투자는 1985년에서 1990년 사이 4배나 증가"[28]했다. 이런 '시공간적 조정'은 주로 동아시아

---

26. 맥낼리, 『글로벌 슬럼프』, 241쪽.
27. 하비, 『신제국주의』, 94쪽.
28. 맥낼리, 『글로벌 슬럼프』, 89~90쪽.

를 향해서 벌어졌다. 그래서 "1990~1996년 사이 단 6년의 기간에 (일본을 제외한) 동아시아에서 형성된 총자본은 거의 300% 가량 증가"[29]했다.

특히 중요한 것은 중국이다. 자본 투자가 집중적으로 이뤄지면서 중국은 '세계의 공장'이 되었다. "중국의 GDP는 1978년에서 2005년 사이에 12배나 증가했다."[30] 이러한 지리적 재배치, 그 과정에서 이뤄진 인건비 절약 등은 생산 비용을 획기적으로 줄어들게 했다. 데이비드 하비는 이 과정에서 '노동력 착취를 통한 축적'만이 아니라 '강탈을 통한 축적'[31]이 있었다고 지적한다. 마르크스가 자본주의 탄생기의 시초축적 과정에서 집중적으로 관찰했던, 소수의 수중으로 자원과 자본이 집중되고, 다수가 프롤레타리아트로 전락하는 과정 말이다. 하비는 '강탈적 축적'이 이뤄진 다양한 경로를 지적한다.

> 토지의 상품화와 사유화 … 다양한 형태(공유·집단·국가자산 등)를 띤 소유권의 배타적 사유재산권으로의 전환, 공유물

---

29. 같은 책, 93쪽.
30. 같은 책, 94~95쪽.
31. 맥낼리는 살아있는 노동력의 임노동 착취 과정에서 이뤄지는 일반적 축적과 구분해서, 권력자 집단이 타자의 자산을 몰수함으로써 부를 축적하는 것을 '강탈적 축적'이라고 설명한다. 그런 자산에는 땅이나 천연자원 등이 있고, 대개 그 땅에서 살던 사람들을 폭력적으로 쫓아내는 과정에서 사람들은 공동체적으로 누려 왔던 것들을 박탈당하고 임노동 관계로 내몰리게 된다는 것이다.

에 대한 권리의 억압, 노동력의 상품화와 생산 및 소비의 대안적 (토착적) 형태의 억제, (자연 자원을 포함한) 자산의 전유를 위한 식민지적·신식민지적·제국적 과정 … 신용체계 이용 등이 포함된다.[32]

공공서비스와 공공부문에 대한 민영화야말로 강탈적 축적의 대표적 사례다. 이와 같은 과정에서 일부 자본가들은 자원, 자산, 노동력 등을 매우 낮은 비용이나 거의 무상으로 이용하며 더 높은 수준의 이윤 창출 기회를 얻게 되었다. 다국적 기업들이 투자한 남반구 개도국에서는 바로 이런 과정이 전개되었다. "토지 사유화와 인클로저, 이를 통한 플랜테이션 농업, 광산업, 친환경 관광산업, 벌목업, 거대한 댐 건설, 도시 부동산 투자 등"이 전개된 것이다. 이 과정에서 "수억 명의 사람들이 자기 땅으로부터 쫓겨나게 되었고, 재산 없는 프롤레타리아트로 전락"[33]했으며 "세계경제는 그 규모 면에서 3배나 증대했고, 전 세계적 자본 축적의 새로운 중심축들이 생겨났다."[34]

4) 금융화와 신제국주의

그 의미를 너무 과장해서 사용하지 않는다면 '금융화'는 신

32. 데이비드 하비, 『신자유주의』, 최병두 옮김, 한울, 2007, 194쪽.
33. 맥낼리, 『글로벌 슬럼프』, 90쪽.
34. 같은 책, 219쪽.

자유주의 시대에 일어난 변화를 잘 포착하게 해 준다. 데이비드 맥낼리는 금융화를 이렇게 정의한다.

> 사람들의 관계를 점점 더 금융상품의 매매, 즉 금융거래 관계의 일부로 만드는 다양한 과정들을 일컫는다. 그 결과 음식이나, 물, 주거, 의료, 교육, 노후 등 인간 생활의 전반적 과정이 갈수록 시장과 화폐에 의존하게 된다. 또한 이 용어는 자본주의 경제가 갈수록 신용대출에 더 많이 의존하게 되는 상황, 그리고 부나 이윤이 전통적인 제조업에 비해 은행 등의 금융기관에 더 많이 분배되는 상황을 가리키기도 한다.[35]

여기서 결정적인 시점은 1971년에 미국 정부가 달러와 금의 태환을 중지시킨 순간이다. 이제 화폐는 금, 즉 실질 가치(의 저장고)와 직접적 연결고리가 끊어진다. 굴레를 벗어난 규제받지 않는 금융시장들의 급격하고 폭발적인 성장이 이어지게 된다. 금융기관들도 가계와 기업에 대출해주고 이자를 받아서 수입을 늘리던 전통적인 형태를 벗어나게 된다. 이제 은행과 금융기관들은 대출과 부채를 주식, 채권 등 판매 가능한 투자 상품으로 재포장하는 '증권화'에 몰두하게 된다. 이 과정에서 국제 금융시장은 1960년대 중반에서 1984년까지 그 규모가 무려 200배

35. 같은 책, 351쪽.

나 커졌다.[36] 1990년대 말에 전 지구적 외환거래의 양은 세계 전체 연간 GDP보다 10배 이상이나 큰 공룡이 되어 있었다. 자연스럽게 이윤의 더 많은 부분이 금융 부문으로 이전되었다. 이런 변화는 단기적 이윤만을 앞세우는 자본주의의 속성과 투기적 성격을 분명히 더 심각한 수준으로 발전시켰다.

무엇보다 이 시기는 '부채의 시대'였다. 가계, 기업, 국가 모두가 부채를 늘려나갔다. 노동자들도 신용카드와 주택담보 대출 등 부채와 신용의 노예가 되어 갔다.[37] 단결해서 투쟁에 나서는 게 힘든 상황에서는 대출을 늘리는 것이 낮은 임금을 보완하기 위한 일종의 대안적 선택이 되기도 한다. 제3세계 국가들도 부채의 덫에 걸려 재앙을 겪었다. 1960년대 말에서 1980년까지 제3세계 국가들의 부채는 12배나 증가했다. 그런데 미국을 중심으로 금리를 급격히 올리면서 이 나라들은 외채 부메랑 위기에 빠져들었다. 악랄한 채권자 국제통화기금(이하 IMF)가 등장했고, 구조조정 프로그램을 강요했다. 제3세계의 부와 자원은 다국적 기업과 서방 은행들로 이전되었고, 이상하게도 빚은 갚을수록 늘어났다. 그러면서 미국식 신자유주의 경제 질서와 다국적 기업들의 헤게모니가 전 세계적으로 더욱 공고해져 갔다.[38] 이런 제국주의의 경제적 패권 강화는 2000년대에 아프가니스

---

36. 같은 책, 153쪽.
37. 같은 책, 201쪽.
38. 뒤메닐·레비, 『자본의 반격』, 137쪽.

탄과 이라크에서 시도된 제국주의의 군사적 패권 강화 시도와 분리될 수 없다.

5) 이데올로기 공세와 신자유주의 경찰국가화

신자유주의는 무엇보다 이데올로기적 공세를 가져왔다. 시장의 자유로운 운동과 경쟁을 제한하는 모든 것은 악으로 규정되었다. 공동체의 구실, 사회적 책임 등은 최소화되어야 한다는 것이었다. 개별 노동자들은 서로 경쟁해서 살아남아야 한다는 압박에 직면했다. 노동자들은 노동시장에서 성별·인종별·민족별로 나뉘고 정치적·성적 지향, 종교적 믿음에 따라 분할되었다. 실업, 가난 등은 모두 개인의 책임으로 돌려졌다.[39] 소수자, 타자에 대한 차별과 혐오는 그들에게 책임을 떠넘기고 노동자들을 분열시키는 구실을 했다. 끝없는 크고 작은 희생양 찾기와 사기 저하가 이어졌다.[40] 복지는 노동자들을 타락시키는 '질병'이 되었고, 저항은 사회를 위협하는 '범죄'가 되었다. 단지 이데올로기적 공세만은 아니었다. 이런 이데올로기를 강제하고 사회를 통제하기 위한 규율과 처벌이 뒤따랐다. 미국에서 그것은 경찰력과 감옥의 강화로 나타났다.

---

39. 맥낼리, 『글로벌 슬럼프』, 191쪽
40. 데이비슨, 「신자유주의의 역사적 전개와 오늘날의 전망」.

> 1980년 이후 미국의 범죄율은 낮아진 반면, 감금자 수는 450%나 증가했다. … [복지 삭감과 억압 강화 등]이 모든 것이 추구하는 바는 규율과 처벌에 의한 계급적 통제, 그리고 인종차별과 억압이다.[41]

대량해고, 투옥, 파업 분쇄를 위한 대규모 경찰력 투입 등이 신자유주의 시대를 특징지었다. 이 임무를 수행한 것은 바로 '신자유주의적 경찰국가'였다. 이처럼 신자유주의 시대에 국가는 사회복지와 안전망 제공에서는 후퇴하고 약화했지만, 폭력과 억압이라는 측면에서는 강화되었다. 데이비드 하비는 이처럼 "국내자본 및 외국자본의 편에서 이윤 있는 자본축적의 조건들을 고무시키는 것을 기본임무로 하는 국가장치"[42]에 대해 설명했다. 신자유주의 국가는 "전문가와 엘리트에 의한 통치를 선호하는 경향"이 있고 "민주적이고 의회에 의한 의사결정보다도 행정적 지시체계나 사법적 결정에 의한 정부를 강력히 선호"한다는 것이다.[43] 나아가 신자유주의 국가는 독립노조와 사회운동 등 "자본축적을 제약하는 모든 형태의 사회적 결속에 대해 필연적으로 적대적이다."[44] 그리고 "신자유주의 국가는 소득과 임

---

41. 맥낼리, 『글로벌 슬럼프』, 198~199쪽.
42. 하비, 『신자유주의』, 24쪽.
43. 같은 책, 90쪽.
44. 같은 책, 100쪽.

금보다는 투자의 회수에 더 유리한 조세법 개정… 수익자 부담금의 부과, 그리고 기업에 대한 다양한 항목의 보조 및 조세 감면 제공 등을 통해 부와 소득을 재분배한다."[45] 이것이 피노체트가 칠레를 '신자유주의 교리의 실험장'으로 만들면서, 그리고 미국의 레이건과 영국의 대처가 노동운동을 폭력적으로 분쇄하면서 추진했던 방향과 모습이다.

6) 결과 — 이윤율의 회복, 노동계급화, 돌아오는 위기

신자유주의적 공세의 결과는 우리가 수십 년간 지켜보고 피부로 느껴 온 것이다. 먼저 각국에서 노동자 임금의 하락은 그 반대편에서 부자·기업주들의 이윤과 소득을 증대시켰다. 그래서 "1997년 미국경제의 이윤율은 1970년대 초의 수준을 다시 회복했고 유럽에서는 이윤율이 1960년대 중반 수준에까지 도달했다."[46] 이것은 사회적 양극화와 소수 권력자 집단으로의 극단적인 부의 집중을 낳았다.[47] 신자유주의가 자본주의의 위기를 일시 해결하고, 새롭고 더 강력한 자본 축적의 기회를 제공하면서 프롤레타리아화와 노동계급의 양적 성장도 나타났다. 1980년에서 2000년대까지 세계시장에 들어온 노동계급의 수는 몇 배나 증가했다. 그 절반 이상이 동아시아 지역에서 증가했

45. 같은 책, 200쪽.
46. 뒤메닐·레비, 『자본의 반격』, 93쪽.
47. 하비, 『신자유주의』, 36쪽.

다.[48] 특히 "2002년 중국의 제조업 종사 노동자 수는 세계 최대의 산업 국가들, 즉 G7(미국, 독일, 일본, 영국, 프랑스, 이탈리아, 캐나다)의 노동자 수를 다 합한 것보다 2배가량 더 많"았다.[49]

또한 자본주의에서 '어제의 성공은 오늘의 실패를 준비하는 시기'라는 점에서 신자유주의 시대도 다를 수 없었다. 데이비드 맥낼리는 1990년대 중반에 전 세계적으로 제조업체들이 직면한 상품 가격의 내림세를 "마침내 후기 자본주의 시기에 이윤율이 현저히 하락하는 상황"의 시작이라고 본다.[50] 이것은 1982년부터 시작되었던 신자유주의적 호황이 과잉축적과 경쟁적 투자 속에 이윤율 하락이라는 저주에 다시 걸려들기 시작한 증거였다. 경쟁 격화 속에 과잉 투자와 과잉 축적, 수익성 하락이 가장 분명하게 드러난 것은 바로 '1997년 동아시아 위기'였다. 이 위기의 여진은 1998년 러시아 금융위기, 2000년 미국 닷컴기업 위기, 2001년 아르헨티나 파산 등으로 이어졌다. 그리고 마침내 "2007년 이후 발생한 위기의 참된 의미는… 지난 25년의 신자유주의적 팽창과는 질적인 단절을 뜻한다."[51]

국제적 노동운동의 대응 실패와 위기

48. 맥낼리, 『글로벌 슬럼프』, 90쪽.
49. 같은 책, 96쪽.
50. 같은 책, 98쪽.
51. 같은 책, 101쪽.

노동운동은 왜 국제적인 차원에서 신자유주의의 공세를 막아내지 못했을까. 많은 좌파가 노조 관료들과 지도부의 수세적이고 타협적인 대응이 문제였다고 지적한다. 하지만 왜 노동자들은 노조 지도부가 타협하지 못하도록 압박하면서 신자유주의 공세를 막아설 자신감과 투지를 발휘하지 못했을까? 어떤 조건과 전략이 이런 실패를 낳은 것인가? 그것은 노동조합을 통한 투쟁과 타협을 제도화시킨 틀 속에서 권익 향상을 추구한 노동조합주의적 대응과 전략이 낳은 실패였다. 물론, 이 전략은 장기호황기 속에서 노동자들의 임금과 근로조건을 개선하고 지키는 데 성공해 온 전략이었다. 하지만 성공 속에서 이 전략의 모순과 문제점도 커져 왔다. "주로 직접적인 임금이나 사회보장적 혜택에 관한 협상 문제에 초점을 맞춰 운동"하면서 "세상 도처에 존재하는 다른 피억압 공동체들의 투쟁에 연대하거나 관여하기가 정말 어렵"[52]게 된 것이다. 이런 노동조합주의의 전형적인 모습은 미국의 '실리적 조합주의'business unionism에서 볼 수 있다.

> 이것은 고용주와의 오랜 다년 계약에 기반하고 있다. 계약 기간 동안, 이슈들은 극소수 노동자가 관련된 '고충처리절차'에 의해 처리된다. 계약 갱신 즈음해서 "상투적인" 파업이 때때로

---

52. 같은 책, 292~293쪽.

벌어지지만, 노조는 몇 년의 수동화된 시기 후에 조합원들을 행동으로 동원한다는 것이 쉽지 않다는 걸 알게 된다. 선거에 초점을 두고 새로운 작업장을 조직한다. 노조는 정치적으로는 민주당과 동맹관계이다.[53]

그리고 이제 장기호황이라는 조건이 바뀌면서 상황이 달라졌다. 정부와 기업주들은 쉽사리 양보하지 않았고 공격적 태도를 강화해 갔다. '국가의 경쟁력', '회사의 경쟁력'을 강화하기 위해 협조하고 양보하는 것이 결국 노동자들의 이익에 부합하는 것이라는 이데올로기가 사람들의 발목을 잡았다.

노동자들은 자신들의 일자리가 체제의 특정 부문의 생존에 달려있다는 이야기를 끊임없이 들었다. 현재의 생활수준과 노동조건을 지키는 일은 '우리' 공장, '우리' 회사, '우리' 나라 전체를 괴롭히고 있는 위기를 심화시킬 것이며, 일자리를 제공할 수 있는 가능성을 파괴할 것이라는 말을 들었다.[54]

많은 노조 지도자와 노동자들이 '기존 조합원들을 지키기

---

53. 이언 앨린슨,「미국 노동운동에서 배우기3 : 침체에서 회복으로」,『다른세상을향한연대』, 2015년 2월 12일 입력, 2021년 2월 5일 접속, https://bit.ly/3q39oE3.
54. 크리스 하먼,『세계를 뒤흔든 1968』, 이수현 옮김, 책갈피, 2004, 439쪽.

위해 신규 조합원과 비조합원들의 피해에 눈감아야 한다'라거나, '고용안정을 보장받기 위해 임금 인상을 양보해야 한다'는 압박에 뒤로 물러서기 시작했다. 1984년 GM에서 타결된 노사협상안이 전형적이다.[55] 이제 노동조합은 노사협조주의로 기울어갔고, 의례적인 파업조차 점차 줄어들어 갔다. 노동조합이 정치적으로 의존하던 미국 민주당도 신자유주의를 뒤쫓으며 악영향을 끼쳤다. 따라서 민주당 정부하에서도 상황이 나아질 수는 없었다. 노동자들 간의 경쟁은 치열해져 갔고 노조 조직률은 갈수록 하락해 갔다. "중요한 대규모 노동조합이 하나둘씩 고용주들의 공격에 함락당하자 노동운동은 절망적으로 퇴각했다. 노동조합 조직률은 미국, 캐나다, 영국, 프랑스, 스페인 등에서 지속적으로 떨어졌다."[56] 대처와 맞섰던 광부 노조, 레이건과 맞섰던 항공관제사 노조의 심대한 패배는 노동운동의 이런 쇠락을 가속화하는 핵심 지렛대가 되었다.

정부와 기업주들은 노동운동의 전통과 기반이 취약한 지역이나 심지어 다른 나라로 공장과 시설을 옮기기도 했다. 노동조합들은 다른 노동조합들과 통합해서 덩치를 키우는 식으로 대응했지만, 이것이 신규 조직률의 하락이라는 문제를 해결할 수는 없었다. 노동운동의 전통과 기반이 없었던 지역이나 새롭게

---

55. 마이크 데이비스, 『미국의 꿈에 갇힌 사람들』, 김영희·한기욱 옮김, 창작과비평사, 1994, 198~199쪽.

56. 맥낼리, 『글로벌 슬럼프』, 80쪽.

성장하는 서비스 산업 등에서 노동자들을 노동조합으로 조직하기는 쉽지 않았다. 그러다 보니 노동조합원과 그렇지 않은 사람들 사이의 균열도 커져 갔다.[57] 노동유연화와 복지 삭감 속에서 비정규직뿐 아니라 정규직도 고용불안에 시달리게 되었고, 노동조합의 보호조차 받지 못하는 사람들은 더더욱 그랬다. 노동자들의 자신감은 낮아졌고, '프레카리아트론'[58] 등 이런 상황을 반영하는 이론과 개념들이 제기되었다.[59]

한국에서 신자유주의의 공세

이제 한국 자본주의가 신자유주의적 단계로 전환한 과정을 살펴보자. 세계 경제, 특히 미국 경제에 깊숙이 연결된 상태로 커 온 한국 자본주의 특성상 신자유주의 이데올로기 자체는 이미 1970년대 중반에 한국에도 유입되었다.[60] 이미 박정희 정권의 1979년 4월 '경제 안정화 계획'에는 금융 자율화, 가격통제 해제, 수입 자유화 등의 내용이 담겨있었다.[61] 전두환 정권

---

57. 조너선 닐, 『두 개의 미국』, 문현아 옮김, 책갈피, 2008, 95쪽.
58. 불안정한(precarious)과 프롤레타리아트(proletariat)를 합성한 조어로서, 불안정한 노동과 고용 조건에 놓인 새로운 무산계급이 전통적 노동계급을 대체하고 있다는 주장과 이론.
59. 찰리 포스트, 「우리 모두가 불안정 노동자다」, 『다른세상을향한연대』, 2015년 5월 24일 입력, 2021년 2월 5일 접속, https://bit.ly/2Z0c6OI.
60. 지주형, 『한국 신자유주의의 기원과 형성』, 책세상, 2011, 112쪽. 한국의 신자유주의를 분석하는 데 나는 이 선구적 작업과 책에서 많은 도움을 얻었다.

의 청와대 경제수석비서관 김재익도 철저한 신자유주의자였다. 더구나 압력은 밖에서도 들어오고 있었다. 미국 정부는 한국 경제의 개방과 시장주의 개혁을 촉구했다.[62] 그러나 국가 주도의 자본 축적과 경제 성장을 계속해 온 한국 자본주의에서 신자유주의를 향한 이런 내외부적 압력들은 여전히 큰 물줄기를 바꿀 정도는 아니었다. 물론 국가 주도의 자본 축적이 성공하면서, 동시에 그 내부에서 변화의 싹이 자라나고 있었다. 독재 정권의 품 안에서 성장한 재벌들 속에서 그 품을 벗어나려는 경향이 나타나고 있었다.[63]

1987년 6월 항쟁이 변화의 주요한 계기가 된 것은 역설적이다. 1987년은 아래로부터 노동계급과 피억압 민중의 투쟁을 통해서 권위주의 정치체제를 무너뜨리고 부르주아 민주주의로의 전환을 강제해 낸 역사적 계기였다. 그런데 "민주화에 따른 정치체제의 변형은 신자유주의 경제정책이 다시 추진되고 경제구조의 변환이 시작되는 계기"[64]이기도 했다. 투쟁에 직면해 뒤로 물러서면서 반격의 기회를 노리던 권위주의 세력, 투쟁에 올라탄 자유주의 세력과 재벌 대기업들이 이런 변환을 추구했다.

---

61. 같은 책, 114쪽.
62. 같은 책, 122쪽.
63. 이것에 대한 좀 더 자세한 분석은 이 책의 4장 「사회변혁과 민주주의」를 참고하라.
64. 지주형, 『한국 신자유주의의 기원과 형성』, 129쪽.

1987년 이후 투쟁을 통해서 임금과 근로조건을 대폭 개선해나가던 노동계급이 주요한 표적이 되었다.[65]

1990년대 중반 김영삼 정부가 "세계화"를 외치며 OECD 가입을 추진한 것도 신자유주의적 방향 전환의 일부였다.[66] 이제 재벌들은 더 손쉽게 해외에서 저금리로 투자자금을 끌어올 수 있었다.[67] 그 와중에 외채의 규모와 구조 모두 급속히 악화해 갔다. 재고가 쌓이고 물건이 팔리지 않으면서 경상수지 적자는 확대되었고, 기업의 수익성도 떨어져 갔다. 국제투자자와 투기꾼들이 하나둘씩 투자를 회수하기 시작하다가 순식간에 썰물처럼 빠져나갔고, '1997년 동아시아 외환위기'가 시작되었다. 한국 자본주의도 이때 바닥난 외환 보유고 속에서 국가 부도 위기를 겪었다. 결국 국제통화기금(이하 IMF)에 구제금융을 요청하게 되면서 "한국의 자본주의는 신자유주의로 가는 결정적 전환의 문턱을 넘게 된다."[68] 구제금융의 조건으로 제시된 IMF 구조조정 프로그램은 '신자유주의적 전환을 위한 로드맵'이었다.

이 프로그램은 먼저 미국을 중심으로 한 서방 다국적 기업과 국제 투자자들의 이해관계를 반영한 것이었다.[69] 그들의 자

65. 정이환, 『한국 고용체제론』, 후마니타스, 2013, 304쪽.
66. 지주형, 『한국 신자유주의의 기원과 형성』, 139쪽.
67. 같은 책, 143쪽.
68. 같은 책, 171쪽.
69. 같은 책, 172쪽.

유로운 투자와 이윤 추구를 가로막는 '낡은 장벽'들은 모두 제거되어야 했다. 동시에 IMF 구조조정 프로그램은 한국 지배계급과 기업주들의 이해관계를 대변한 것이기도 했다.[70] 즉 한국 지배계급 내에서도 "정부의 간섭과 통제가 큰 '권위주의적 자본주의' 모델에서 시장 지향적이고 경쟁적인 모델로" 가고자 하는 분위기가 강력했다. 이런 이해관계의 일치 속에 긴축적 통화·재정 정책, 자본과 외국인 투자 자유화, 금융 개방, 기업 구조조정, 노동시장 유연화 등 IMF 구조조정 프로그램들이 관철되어 갔다. 그래서 "1997년 말에서 1998년 말에 이르는 기간은 한국 자본주의에 새로운 발전 경로와 구조가 형성되는 결정적 순간"[71]이 되었다.

다국적 기업과 재벌 대기업들의 한국 경제에 대한 영향력은 매우 강력해져 갔다. "금융도 자립성을 띠게 되었다."[72] 한국 주식시장에서 외국인 투자자가 차지하는 비중도 급속히 증가했다. 재테크 붐이 일어났고 금융자산과 함께 가계부채도 증가해 갔다. 하지만 1997년 이후 가장 중요한 것은 바로 노동자들과 생산 현장에서 불어닥친 변화였다. 특히 정리해고제, 파견근로제 등 노동시장 유연화 정책들이 중요했다. 이것은 1987년의 전진 이후 힘을 키워 온 민주노조 운동의 기를 꺾고 고분고분

70. 같은 책, 233쪽.

71. 같은 책, 221쪽.

72. 같은 책, 311쪽.

하게 만드는 것에 주목적이 있었을 것이다. 저항하는 노동자들에게는 탄압과 경찰력 투입이 수시로 자행되었다. 신자유주의 구조조정이 진행된 김대중, 노무현 정부를 거치며 구속·수감되는 노동자 수도 꾸준히 증가해 갔다. 물론 그럼에도 노동조합이라는 방패가 있는 곳에서는 신자유주의 공격이 아주 순조로울 수는 없었다. 그래서 한국에서,

> 신자유주의화는 기업 내부노동시장의 해체보다는 외부노동시장의 확대라는 양상을 통해 이루어졌다. 사용자들은 기업 내부노동시장의 유연화를 욕심대로 할 수 없는 조건에서 외부노동시장 확대라는 전략을 추구했다. 그 결과 한편으로 노동시장에서의 중심이 축소되고 다른 한편 분절이 심화되었다.[73]

외주화, 사내하청, 임시직, 파트타임, 이주 노동력의 도입 등이 대대적으로 추진되었다. 주요 대기업들은 2000년대 이후 정규직 신규 채용을 최소화하고 필요한 인력은 사내하청과 비정규직으로 충원해갔다. 그래서 한국 사회에서 "비정규직 규모를 연도별로 살펴보면 2001년 8월 737만 명에서 2007년 3월 879만 명으로 꾸준히 증가하고 있다."[74] 이후 등락이 있기는 했지만

---

73. 정이환, 『한국 고용체제론』, 324쪽.
74. 김유선, 『한국의 노동 2007』, 한국노동사회연구소, 2007, 28쪽.

결국 한국의 전체 노동자 중 비정규직의 비율은 50%를 조금 넘는 수준에서 굳어지고 있는 것으로 보인다. 이것은 국제적으로 매우 높은 수준이다. 특히 두드러지는 것은 자동차, 조선, 철강 등 제조업을 중심으로 추진된 외주화와 사내하청의 급속한 확산이다. 기업주들은 안정된 숙련 노동자가 필요한 부분을 최소화하면서 가능한 많은 업무를 외주업체와 하청업체로 넘겼다. 심지어 같은 생산라인 안에서도 정규직과 비정규직이 섞여서 일하도록 만들었다.[75]

기업주들이 노린 것은 단지 인건비 절감만이 아니었다. "대기업들이 외주화 전략을 통해 간접 고용을 확대한 중요한 이유는 보통 ① 인건비 절감, ② 경기변동에 따른 유연한 고용조정, ③ 노조 회피를 통한 노사관계 관리"[76] 세 가지 모두였다. 특히 원청기업이 업무를 부품기업들로 넘기고, 그 부품기업들을 경쟁시키는 것은 여러 가지 효과를 낳았다.[77] 이것은 노동시장이 끝없이 분절되고 격차가 벌어지는 것으로 나타났다. "같은 기업 내 노동시장 분절은 정규직과 비정규직(사내하청)의 이중구조로 분절되는 것에 그치지 않는다. … 1차 한시하청 및 아르바이트, 2차·3차 사내하청까지 이어진다."[78]

---

75. 김철식, 『대기업의 성장과 노동의 불안정화』, 백산서당, 2011, 144~145쪽.
76. 조효래, 『노동조합 민주주의』, 후마니타스, 2010, 299쪽.
77. 김철식, 『대기업의 성장과 노동의 불안정화』, 152~153쪽.
78. 같은 책, 213쪽.

신자유주의적 공세 속에서 노동자들 내부의 격차가 어떻게 확대되어 왔는지는 다양한 측면에서 볼 수 있다. 예컨대 남성 정규직의 임금을 100이라 할 때 여성 정규직 임금은 그것의 68.2, 남성 비정규직의 임금은 52.7, 여성 비정규직의 임금은 35.9였다.[79] 대기업 정규직의 임금이 100일 때, 대기업 비정규직의 임금은 64, 중소기업 정규직의 임금은 52, 중소기업 비정규직의 임금은 35라는 통계도 있다.[80] 이런 격차에는 무엇보다 사업장의 규모와 노조 유무가 큰 영향을 끼쳐 왔다.[81] 이 나라의 노조 조직률이 대규모 사업장에서 특히 높다는 점을 볼 때 노조 유무가 더 주된 변수라는 것을 알 수 있다. 결국 민주노조가 존재하는 곳에서는 좀 더 많은 것을 얻어낼 수 있었고, 신자유주의 공세에서도 좀 덜 뺏길 수 있었던 것이다. 그리고 이 속에서 역설적으로 노동자들 사이의 분절과 격차는 더 확대되어 왔다.

이런 상황이 노동자들의 단결과 투쟁을 어렵게 만들고, 결국 그것이 어떤 결과를 낳고 누구에게 이익이 되었는지는 명백하다. 계속 악화해 온 노동소득 분배율, 여전히 세계 최장 수준인 노동시간 등이 그것을 보여 준다. 노조 조직률이 낮고, 대기

---

79. 김유선, 「비정규직 규모와 실태」, 한국노동사회연구소, 2012.
80. 정진우·이동우, 「청년고용 절벽, "20만 프로젝트로 살아날까"」, 『머니투데이』, 2015년 7월 27일 입력, 2021년 2월 5일 접속, https://bit.ly/3pLgNrj.
81. 김복순, 「사업체 규모별 임금 및 근로조건 비교」, 『월간 노동리뷰』 2월호, 2015, 52쪽.

업의 일자리가 많지 않고, 비정규직의 비율이 매우 높다는 것을 볼 때, 전체 노동자의 거의 70~80%가 열악한 임금과 근로조건에 놓였다는 것도 짐작할 수 있다. 비정규직만이 아니라 정규직까지 포함한 모든 노동자의 고용불안도 심각해져 왔다. 반면 재벌과 대기업들의 수익은 크게 늘어났다.[82] 물론 세계적으로 진행된 과정과 마찬가지로 한국 자본주의가 신자유주의적 공세를 통해 자본 축적을 진행해 온 과정은 또한 노동계급을 대규모로 만들어내는 과정이었다. 한국 사회에서 임금노동자의 규모는 1987년 919만 명에서, 1997년 1304만 명, 2015년 1879만 명으로 급속히 증가해 왔다.

한국 노동운동이 지나온 길과 위기

한국의 노동운동은 1987년의 폭발적 투쟁 속에서 얻어낸 힘과 자신감을 유지하는 것에서도, 신자유주의 공세를 막아내는 것에서도 별로 성공하지 못했다. 역설적이지만, 1987년 이후 노동자들이 노동조합을 건설해서 임금과 노동조건의 커다란 개선에 성공했다는 것이 이후에 나타난 실패의 배경이 되었다. 조건 개선을 위해서라도 단결과 공세적 투쟁에 나섰던 노동자들이, 이제는 그 조건에 머무르며 수세적 태도를 취하게 된 것이

---

82. 지주형, 『한국 신자유주의의 기원과 형성』, 414쪽.

다. 이 과정과 요인들을 몇 가지로 나누어서 살펴보자.

1) '자유민주주의'로의 이행과 계급투쟁의 제도화

1987년 6월 항쟁과 7·8·9월 노동자 대투쟁은 1945년 이래 한국 자본주의 역사에서 매우 중요한 역사적 전환점이었다.[83] 이를 기점으로 권위주의 체제가 자유민주주의 쪽으로 전환하기 시작했다. 강력한 아래로부터의 도전에 직면한 지배 세력은 민주노조 등 노동계급과 피억압 민중의 조직과 활동을 어느 정도 허용하기 시작했다. 이것은 지배 전략과 방식의 변화였다. 더는 기층 노동자·민중 조직과 대표자들에게 지배구조 밖에서 투쟁하는 길만을 남겨두고 이것을 강제와 폭력으로 다스릴 수는 없게 되었다. 그들이 지배구조 안으로 들어와 대화와 타협을 할 수 있도록 허용하게 된 것이다.[84]

이것은 갈수록 정치와 경제를 분리했다. 자유민주주의는 합법적인 노동조합이 제도화된 협상 속에서 근로조건 개선을 추구하도록 유도하는 국가형태이기 때문이다. 반면 정치적 쟁점들은 보통 제도정치권 내에서 자유주의·개혁주의 정당들이 담당해야 하는 것이 된다. 그러면 개별 작업장의 경제투쟁마저도

---

83. 물론 나는 1987년 이전에 주로 여성 노동자들이 주도해서 끈질기게 투쟁해 온 노동운동의 의의를 무시해서는 안 되며, 이것이 1987년 이후의 전진에 중요한 밑바탕이 되었다고 생각한다.

84. 이 책의 4장 「사회변혁과 민주주의」를 참고하라.

독재정권에 맞선 정치적 투쟁으로 발전하던 경향은 줄어들게 된다. 투쟁보다는 협상을 통한 해결 경향이 강화되었고, 노사관계가 제도화되면서 초기의 전투성과 활력은 점차 사그라져 갔다. 노동조합들의 관심은 자연스레 정치적 문제들보다는 임금과 근로조건 등의 문제로 좁혀지기 시작했다. 특히 이런 조건은 부문과 기업마다 다를 수밖에 없기 때문에, 기업과 부문별로 칸막이가 생겼고 시야는 갈수록 협소해졌다.[85]

또 노동조합 "조직은 수단에서 차츰 무엇보다도 중요한 실질적인 목표로 바뀌어 가고… 이 때문에 노동조합의 안정을 해칠 걸림돌들과 위험들을 피하게 해주는 [노사]평화를 드러내놓고 받아들일 필요가 생겨난다."[86] 정부와 기업주들이 노동조합과 그 지도자들을 지배구조 내로 포섭하려는 시도도 적극적으로 되어 갔다. 개별 기업 차원에서 노동조합 활동가를 포섭하려는 시도는 치밀하고 벗어나기 쉽지 않은 것이었다. 아래 내용은 그것을 잘 보여 주고 있다.

> 어느 날 관리자 하나가 노조 활동가인 아무개를 찾아와 고향 이야기를 한다.… 그렇게 시작된 술자리에서 고향 이야기로 시작해 노동조합 이야기까지 자연스럽게 대화가 이어진다.… 술

---

85. 조효래, 『노동조합 민주주의』, 43쪽.
86. 룩셈부르크, 『대중파업론』, 103쪽,

> 자리는 잦아지고 이들은 누구보다 친한 사이가 된다. 포장마차에서 시작된 술자리는 회를 거듭하다 룸살롱으로 이어진다. … 가랑비에 옷 젖듯 천천히 일이 진행되는 사이 노동자는 어느덧 대의원에서 운영위원, 교섭위원, 임원 등 노조의 주요 간부가 된다. … 그런데 어느 날 평소에는 상대도 하지 않던 회사의 노무 관리 담당자가 그 선배와 함께 술자리에 나와 있다. … 고향 선배는 이 단계에서 빠지고 이제부터는 노무 관리 부서에서 챙기게 된다. … 노무 관리 담당자는 수시로 연락을 한다. 처음에는 회사에서 진행하는 일 등을 하루 먼저 알려주며 선심을 쓴다. … 서로의 일에 대해 허심탄회하게 충고도 하는 사이가 된다.[87]

이 과정은 노동조합 관료층의 형성과 관련 있다. 노동조합이 발전하고 노사갈등이 제도화될수록 그 안에서는 분업과 역할 분담이 생기게 된다. 노동조합 지도자에게는 "중요한 결정에 대한 주도권과 권한", 평조합원 대중에게는 "규율에 대한 복종이라는 소극적인 덕목"이 주어지는 것이다.[88] 노동조합 투사였던 활동가가 조합원 대중을 대신해서 협상을 전문적으로 하게 될수록, 투쟁보다 타협을 선호하게 되고 기층의 요구와 정서에 둔감

---

87. 이갑용, 『길은 복잡하지 않다』, 철수와영희, 2009, 328~331쪽.
88. 룩셈부르크, 『대중파업론』, 105쪽.

하게 된다. 또 노동조합의 한계 안에서 벌어지는 운동의 다양한 약점을 고스란히 반영하게 된다. 이 노동조합 전임 상근자 계층은 1987년 이후 민주노조 운동의 성장과 제도화 속에서 마찬가지로 급속히 성장하며 자리를 잡았다. 이미 2000년대 후반에 이 나라의 "노조 전임자(단체협약에 의한 완전 전임) 1인당 조합원 수는 73.6명으로 나타나 일본의 570.9명(2006년), 미국의 800~1,000명, 유럽국가의 1,500명보다 훨씬 [조합원 수에 대비한 노조 전임자의 수가] 많은" 수준이었다.[89]

2) 1997년 경제 위기와 신자유주의 공세 속의 후퇴

신자유주의적 공격은 보통 임금 삭감, 비정규직 확대, 노동유연화로 나타나는데 한국에서는 특히 노동조합으로 조직된 노동자와 그렇지 않은 노동자를 차별적으로 공격하고, 격차를 벌리며 이를 이용해 이간질하는 방식을 통해서 나타났다. 노동조합으로 조직된 대기업 노동자들에게는 어느 정도의 양보나 제한된 고용안정을 제공하면서 노사관계를 안정화하는 반면, 미조직된 중소기업이나 비정규직 노동자들 속에서 저임금·비정규직·고용불안을 갈수록 확대해 간 것이다. 이것은 1987년 이후 급격히 성장한 한국의 조직 노동운동이 아직 전투성과 조직력을 유지하고 있었기에 무리한 정면충돌을 피한 것이라고

89. 배규식 외, 『87년 이후 노동조합과 노동운동』, 한국노동연구원, 2008, 94쪽.

볼 수 있다. 지배자들은 정규직/비정규직, 조직/미조직 노동자들을 이간질하는 것을 주된 분열 지배전략으로 채택했다. 서구에서는 인종·성별 등이 노동운동을 분열·약화하는 주된 기제였지만 말이다.

둘 사이의 격차를 확대하고 그 격차를 이용해서 이간질하면 결국 전체 노동계급의 힘을 약화할 수 있다는 것은 예측 가능한 일이었다. 그래서 "기업은 정규직 노동자의 임금과 고용을 유지해 주는 대신, 비용 절감과 유연한 노동 활용을 위해 외주화와 비정규직 활용을 확대해 나간다."[90] 이런 차별적 대응과 분열 지배전략은 1987년 노동자 투쟁에 대한 대응으로 이미 등장했었지만, 1997년 IMF 경제 위기 이후 더욱 본격화되었다.[91] 이런 공격에 대해 안타깝게도 많은 노동조합원들과 지도자들이 "개별기업 수준의 노사교섭을 통해 비용이 조합원들에게 이전되는 것을 최소화하는 전략에 집중"[92]하는 근시안적인 길을 택했다. 경제 위기를 겪으며 커진 고용불안에 대한 걱정이 이것을 부추겼다.

> 고용불안에 시달리는 노동자들은 자연스럽게 … "벌 수 있을 때(생산물량이 있을 때) 많이 벌어야 하고, 지금 당장(잘리기

90. 김철식, 『대기업의 성장과 노동의 불안정화』, 183쪽.
91. 배규식 외, 『87년 이후 노동조합과 노동운동』, 40~41쪽.
92. 김철식, 『대기업의 성장과 노동의 불안정화』, 172쪽.

전에) 벌어야 하고, (장래의 위기를 모면하기 위해) 회사가 쉽게 해고할 수 있는 비정규직들이 많이 존재해야 한다"고 생각하는 것이다.[93]

이 구조 속에서 조직된 대기업 정규직 노동자들과 나머지 노동자들 사이의 격차는 갈수록 커졌다. 노조라는 방패가 있는 노동자들은 상대적으로 경제 위기 때 공격을 막아내기 쉬웠다. 또 경제가 회복될 때는 노조를 무기로 이용해 더 많은 것을 얻어낼 수 있었다. 그래서 부문을 뛰어넘는 연대가 강력하지 않다면 격차가 벌어지는 것은 어찌 보면 자연스러운 일이었다. 예컨대 노조 유무별 임금 격차는 1990년대에는 20% 미만이었지만 2000년대에는 40%까지 확대되었다.[94] 이중적 공격으로 이런 격차를 만들어낸 지배자들은 이제 그 격차를 이용해서 더욱더 노동자들을 이간질하기 시작했다. 이들은 하청기업의 노동자들에게는 '대기업 원청의 노조원들이 너무 많은 것을 요구해서 당신들에게 더 줄 것이 없다'며 불만을 억눌렀다.[95]

반대로 열악한 조건을 견디지 못한 하청기업 노동자들이 가까스로 노조를 만들고 투쟁에 나서면, 대기업 원청 노조원들에

93. 김경근, 「구조조정 이후 현대자동차 작업장 체제의 변화에 대한 고찰」, 『현장에서 미래를』 125호, 2006.

94. 김장호, 「노동조합 임금 효과의 변화 : 1988~2007」, 『노동경제논집』 제31권, 2008.

95. 김철식, 『대기업의 성장과 노동의 불안정화』, 188쪽.

게 '저들의 무리한 요구와 투쟁이 당신들의 안정된 조건을 위협한다'고 불안감을 자극했다.[96] 그래서 2000년대 초중반에 일부 볼 수 있었던 하청·비정규직 투쟁에 대한 정규직 노조의 적극적 연대는 시간이 갈수록 점점 더 찾기 어려워졌다.[97] 이런 무기력과 분열은 양쪽 모두의 노동자에게 악영향을 끼치지 않을 수 없다. 먼저 타협과 양보에도 불구하고 조직된 대기업 정규직 노동자들의 고용 불안감은 가시지 않았다. 게다가 양보의 논리는 회사의 경쟁력과 노동자의 조건을 연결하고 있었다. 이는 여러 가지 문제를 낳았다.

> 고용안정을 위해서는 물량을 확보하는 것이 가장 합리적이고 효율적인 방법이라고 생각하게 된 활동가들은 … 잔업·특근과 성과급의 확보를 통해 조합원들에게 최대한 많은 돈이 돌아갈 수 있도록 노력하고 있다. … 활동가들이 투쟁을 제대로 하지 않거나, 투쟁의 와중에서도 잔업 특근을 계속하는 모습, 투쟁 이후 결국에는 사측의 생산계획을 모두 달성해내는 모습들이 나타나고 있는 것이다.[98]

정규직의 연대를 기대하기 힘든 조건에서 비정규직이 조직

---

96. 조돈문, 『비정규직 주체형성과 전략적 선택』, 매일노동뉴스, 2012, 139쪽.
97. 조돈문, 『노동계급 형성과 민주노조 운동의 사회학』, 후마니타스, 2011, 47쪽.
98. 김경근, 「구조조정 이후 현대자동차 작업장 체제의 변화에 대한 고찰」.

화를 하고 투쟁에 나서기는 정말 쉽지 않은 일이었다. 갈수록 단결과 투쟁보다는 정규직 자리로 올라가는 좁은 길 위에서 경쟁하는 것이 현실적인 선택지가 되었다. 그리고 "정규직화 대상자 선발은 사측의 인사고과와 생산 현장의 평가에 기초해 이뤄지기 때문에 비정규직 노동자들은 사측과 현장감독에 대한 충성심을 강요받았다. 불만을 토로한다거나 파업 투쟁에 적극 결합하는 것은 기대할 수 없는 일이 되었다."[99] 경제 위기가 지속하면서, 체제 내에서 노동조건의 개선을 추구하는 노동조합 운동의 한계는 더욱 두드러졌고, 노동자들의 분열과 개인주의는 커졌다. 그럴수록 단결은 더 어려워졌고, 단체행동의 효과는 줄어들었다.

3) 이데올로기적 후퇴와 국가 탄압의 효과

한국에서 1987년 이후 아래로부터의 노동자 투쟁 속에서 희망을 키우던 사람들이 곧이어 직면한 것은 1989년부터 1991년까지 이어진 소련·동유럽의 몰락이었다. 물론 소련·동유럽은 소수 관료 지배자들이 통제하는 또 하나의 계급사회였다.[100] 하지만 먼저 소련·동유럽 몰락의 충격은 그 사회를 자본주의의 대안으로 여겼던 노동운동 속의 좌파 활동가들에게 큰 타격이

---

99. 조돈문, 『비정규직 주체형성과 전략적 선택』, 181쪽.
100. 소련·동유럽 사회를 어떻게 볼 것인가에 대해서는 이 책의 4장 「사회변혁과 민주주의」를 참고하라.

었다. 그 여파로 많은 투사가 노동운동을 떠나거나, 자본주의 체제 안에서 조건 개선만을 추구하는 노동조합주의로 더 급속히 나아가게 되었다. 소련·동유럽의 몰락은 나아가 지배계급과 우파의 이데올로기적 주도권을 복원했다. 이데올로기적 열세와 혼란 속에 '경쟁력' 이데올로기가 노동자들 속을 파고들었다. 그것은 단결해서 투쟁하기보다는 회사나 개인의 경쟁력을 높여야 더 많은 이익을 얻을 수 있다는 논리였다.

> 이러한 주장들을 받아들이게 되면, 각각의 노동자들은 자신의 일자리가 자신이 속해있는 특정 부분의 경쟁력에 달려 있다고 생각하게 된다. 노동자들은 자신들이 삶의 질과 노동 조건을 지키려 싸우게 되면 공장, 회사, 혹은 국가가 겪고 있는 위기만 심화할 것이며, 이로 인해 이들이 일자리를 제공할 수 있는 능력도 덩달아 타격을 받을 것이라는 얘기를 듣는다. … 이로 인해 노동자들은 그들의 노동에 대한 정당한 대가보다 고용주의 수익성에 더 많은 관심을 기울이게 된다.[101]

경쟁력 이데올로기는 언제든지 경쟁에서 밀려날 수 있다는 두려움을 조장했다. 경쟁에서 뒤처지고 패배해서 조기 퇴직하

---

101. 이언 앨린슨, 「자본주의의 변화와 계급투쟁」, 『다른세상을향한연대』, 2014년 5월 20일 입력, 2021년 2월 5일 접속, https://bit.ly/3q4MWdF, 번역은 더 자연스럽게 다듬었다.

거나 비정규직이 될 수 있다는 두려움 말이다. 그것은 다시 "있을 때 벌자"는 생각을 강화하고, 현재의 자리에서 잔업·특근 같은 초과 노동을 해서라도 최대의 소득을 얻어야 한다는 생각을 조장했다. 경쟁 사회에서 학벌, 직위, 사회적 지위 등에서 낮은 위치에 있는 사람들은 사기 저하와 열등감에도 시달리게 된다.[102] 1987년 이후 노동운동이 한참 성장해 나갈 때, 노동운동은 사회정의와 약자를 위한 투쟁이며, 사회의 민주화에 기여했다는 지지를 얻고 있었다. 하지만 신자유주의 이데올로기는 이것을 뒤집어버렸다.

이제 "일자리와 사회서비스를 지키려 싸우는 노동자들은 (심지어 더 나빠진, 몇 푼 안 되는 급료를 위해) 이 모든 것을 위험에 빠트리는 이기적인 자들로 위치가 바뀌어버렸다. 죄의식이 희망의 자리를 대신"[103]하게 되었다. 노동귀족론, 대공장 정규직 책임론, 집단 이기주의론 등이 이런 효과를 냈다. 강력한 물리적 탄압과 법, 제도적 억압이 뒤따랐다. 먼저 주체, 목적, 방법과 시기 및 절차 등에서 법이 정한 까다로운 요건들을 하나도 빠짐없이 모두 갖추어야 합법적 쟁의권이 인정되었다. 이런 법과 제도를 벗어난 집단행동은 가차없이 해고, 중징계 등의 공격을 당했고 수시로 경찰력이 투입되었다. 노동조합을 옥죄고 노

---

102. 맥낼리, 『글로벌 슬럼프』, 369쪽.
103. 이언 앨린슨, 「노동현장의 분노, 자신감, 두려움, 희망」, 『다른세상을향한연대』, 2015년 3월 16일 입력, 2021년 2월 5일 접속, https://bit.ly/2Ly09fT.

동3권을 제약하는 손배가압류제, 필수유지업무제, 복수노조 창구 단일화, 타임오프제 등이 만들어져 노동자들의 손발을 묶었다. 특히 손배가압류는 경제적 압박에 몰린 노동자가 죽음을 선택하게까지 하는 잔인한 탄압 무기였다. 이것은 단지 용기와 투지로 돌파하면 된다고 말할 문제가 아니었다. 파업 노동자들을 대상으로 한 손해배상 청구액은 10년 사이에 무려 9배나 증가했다.[104]

4) 크고 작은 패배의 누적된 효과

한국 노동운동은 영국에서 1984년 광부노조의 패배와 같은 궤멸적 타격을 입지는 않았다. 하지만 마치 가랑비에 옷 젖듯이 이어진 크고 작은 패배의 누적은 비슷한 효과를 냈다. 물론 간간이 의미 있는 승리들이 없었던 것은 결코 아니지만, 방향을 바꿀 정도는 아니었다. 2000년대 말부터 봐도 먼저 2009년 쌍용차 노동자들의 영웅적인 점거 파업이 고립 속에 쓰라린 패배로 끝났다. 2010년 현대차 비정규직 노동자 25일간의 초인적인 점거 파업도 정규직 노조의 연대 부족 속에 패배했다. 이 두 가지 투쟁과 아쉬운 결과는 지금까지도 한국 노동운동과 비정규직 투쟁에 커다란 상흔을 남기고 있다. 김대중·노무현

104. 구은회, 「파업노동자 대상 손해배상 청구액 10년 새 9배 증가」, 『매일노동뉴스』, 2014년 12월 2일 입력, 2021년 3월 16일 접속, https://bit.ly/3IeQkLk.

정권 10년 동안의 공격도 심각했지만, 이명박·박근혜 정권에서 이어져 온 노골적 공격은 노동운동을 비틀거리게 해왔다. 특히 이명박·박근혜 정권은 복수노조제를 이용해서 '기존 단체협상 파기 → 직장폐쇄 → 용역깡패 투입 → 어용노조 설립 → 민주노조 말살' 시나리오를 작동하며 주요 민주노조들을 파괴해왔다.[105]

한국 노동운동이 야심 차게 추진했던 '산별노조와 진보정당의 양 날개 전략'이 이런 패배를 막아내며 성공했다고 보기는 어렵다. 가장 강력한 산별노조인 금속노조마저 현대차 비정규직 점거 파업이나 쌍용차 점거 파업 때 별다른 연대 투쟁을 만들어내지 못했다. 산별노조가 주로 조직형식으로서 추진되면서 기업별 완성차지부들의 독자적인 움직임에서 보이듯이 기업과 부문별 칸막이 현상은 여전했다. '무늬만 산별노조'라는 냉소가 번져 왔다. 진보정당은 2004년 총선에서 급속한 성장을 이루긴 했지만, 2014년 통합진보당 해산이 보여주듯 심각한 분열과 위기를 겪었다. 진보정당이 의회 안에서 정치와 입법 활동을 하고, 경제는 노동조합이 맡는다는 이분법 속에 대부분의 노동자들은 정치 활동의 주체가 아니라 돈과 표를 제공하는 수동

---

105. 김소연, 「'노조파괴 전문' 창조컨설팅, 7년간 14개 노조 깼다」, 『한겨레』, 2012년 9월 24일. 2010년대 중반에는 아예 사측이 경찰이나 특전사 출신, 용역 깡패들을 정식 직원으로 채용하고, 이들을 중심으로 기업노조를 만들어 민주노조를 공격하는 방법이 등장했다. '갑을오토텍'이 대표적이다.

적 지지자로 머물렀다.

하지만 의회 내 소수의원들의 활동만으로는 타협과 후퇴가 강요되기 쉬웠고, 이것은 다시 노동자들의 실망을 낳았다. 제도 정치의 장에서 더 많은 몫과 자리를 차지하려는 자주파와 평등파 간의 분파적 갈등이 심각해져 갔고, 그것은 2013년에 절정에 달했던 종북몰이와 '내란음모 조작' 등이 더 쉽게 먹힐 수 있는 배경이 되었다.[106] 통합진보당 강제 해산은 한국 노동운동이 겪은 아주 심각한 패배 중 하나로 봐야 한다. 주요 작업장에 존재하는 현장조직들은 이런 패배, 실패를 막아내는 대안이 되지 못했다. 처음에는 기존 노조 지도부의 부족함과 문제점을 비판하며 등장했던 현장조직들도 금세 건강성을 잃고 노조 지도권을 두고 다투는 데 몰두해 갔다. "현장조직들에게는 집행부를 견제하고 어떻게든 깎아내려 다음 선거에서 자기 조직이 유리한 고지를 차지하는 것이 일상 활동의 주요 활동 목표"[107]가 되었다. 투쟁의 방향을 둘러싼 건강한 경쟁과 협력이 아니라, 권한과 자리를 둘러싼 갈등은 수많은 분파적 다툼을 낳았다. 민주적 통제에서 벗어나 사측과 유착하며 자신의 지위·권한으로 사리사욕을 추구한 노조 간부 비리, 조직을 보존하기 위해서 성폭력 사건을 은폐하려는 시도 등도 벌어졌다. 이 모든 것은

106. 이 책의 5장 「마녀사냥과 통합진보당 해산, 그리고 계급투쟁」을 참고하라.
107. 진숙경, 『노동조합 내부 민주주의와 현장조직』, 한국노동연구원, 2008, 171쪽.

노동운동의 힘을 약화하고 정당성을 갉아먹으며, 노동자들의 자신감과 투지를 떨어뜨렸다.

한국 노동운동은 현재 어디에 와 있는가

위와 같은 여러 요인과 변화들 속에서 한국의 노동운동은 등장하던 초기와는 매우 다른 상태에 이르러 있다. 먼저 민주노조 운동은 그 구성원들의 조건과 지위를 어느 정도 향상하는 데 성공했다. 예컨대 금속노조가 2011년에 66개 지회의 조합원 10만 4천802명에 대해 조사한 결과, 조합원들의 월 평균임금은 359만 662원이었다. 한편 같은 조사에서 조합원들의 평균연령은 42.8세, 평균 근속연수는 17.2년, 평균 부양가족 수는 4.0명이었다.[108] 1987년의 폭발적 분출을 주도했던 사람들이 이제 나이가 들고, 가족 부양과 노후를 걱정해야 할 세대가 되었던 것이다. 여기에 앞에서 설명한 요인들이 상호작용하면서 민주노조 운동은 초기의 역동성을 많은 부분 잃게 되었다.

연평균 파업 발생 건수, 불법 파업 건수와 비율, 연평균 파업 참가자 수, 연평균 노동 손실일수 등 여러 지표로 판단

108. 구은회, 「'15만 금속노조' 실제 조합원수는 몇 명?」, 『매일노동뉴스』, 2012년 1월 18일. 2020년 통계에 따르면 금속노조 조합원들의 평균 연령은 45.2세까지 올라갔다.

하건대, 1988~92년 사이에 매우 격렬한 형태의 노동운동이 1993~1997년 사이에 노사관계가 안정화되면서 수그러들었다가, 1998~2001년 사이에 구조조정을 둘러싸고 다시 노사갈등이 늘어났으나 2002~2006년 사이에 안정화되는 경향을 보이고 있다.[109]

더구나 단지 파업 건수나 파업 참가자 수 등으로만 판단할 수 없는 변화를 봐야 한다. 그것은 투쟁과 파업이 노동자들의 투지와 자신감, 의식과 조직을 성장시키던 효과가 점점 줄어들어 왔다는 점이다. 노사관계가 제도화되면서 "파업은 임단협[임금과 단체 협상]을 마무리하기 위한 전 단계로 인식되어 왔으며 파업으로 인한 생산 손실은 곧바로 특근으로 만회되었다. … 노조는 전투성을 극단으로 몰아가기보다 '예측 가능한 파업', 부분 파업으로 제한하는 경향이 있었다."[110] 예컨대 현대차에서 시간이 갈수록 "점점 더 의례화 관례화되고 … 예측 가능한 범위 내로 틀 지워지는 파업은 … 의식의 고양도, 노동자 정체성의 형성도, 동지애도 느낄 수 없는 진부한 공간이 되어 버린다. … 파업 중 주목되는 정서(감정) 상태는 '짜증 나는'과 '지루한' 감정의 급속한 증가"[111]였다. 이것은 노동조합 지도부의 권

---

109. 배규식 외, 『87년 이후 노동조합과 노동운동』, 97쪽.
110. 조효래, 『노동조합 민주주의』, 54쪽.
111. 「문화정책 자료 — 제1부 문화정책 개발 방향」, 현대자동차 노동조합, 2005,

한이 강화되고, 조합원들을 대상화하며 민주주의가 부족해지는 과정과 연결되어 있었다.

> 조합원들은 파업의 주체가 아닌 '객체'로서, 파업 지도부가 설정한 적절한 수준의 목표를 달성하기 위한 '동원 대상'으로 여겨지는 경향이 나타나고 있다. 따라서 파업 지침은 파업지도부에 의해 일방적으로 부과되고, 파업 전, 중, 후를 통해서 조합원의 의견을 적극적으로 수렴할 수 있는 통로는 부재하며, 조합원들의 자율적인 토론과 대화의 장 또한 마련되지 않는다.[112]

노동자들의 투지와 사기가 저하하는 것은 노동운동에 대한 사회적 지지보다는 비판이 더 커지며 사회적으로 고립되어 온 것과도 관련 있다. 정영태는 "2005년 이후 매년 실시한 조사 결과에 의하면 양대 노총에 대한 신뢰도는 현대차·삼성·SK·LG 등의 재벌기업이나 시민단체보다 낮[다]"고 지적한다.[113] 물론 새롭게 성장하는 산업이나 미조직 비정규직 부문에서 새 물결이 등장하면서 기존 노동운동의 타성을 일깨우고 신선한 자극을 주는 일들이 거듭되어 왔다. 2000년대 초중반의

64~77쪽.

112. 같은 글.

113. 「노동조합, 정치적·사회적 지지 확대 위해 노력해야」, 『매일노동뉴스』, 2011년 5월 30일.

금속 사내하청 노동자들의 조직화 물결, 〈화물연대〉와 〈덤프연대〉의 등장, 〈공무원노조〉의 탄생이 그런 경우였다. 근래에도 학교 비정규직 노동자들, 케이블방송, A/S 서비스 기사들이 대거 조직화하면서 인상적인 투쟁을 보여 주었다. 하지만 부문별로 칸막이가 높아지며 시야가 협소해진 기존 노동운동은 이런 새로운 물결에 제대로 된 연대를 제공하지 못해 왔다. 지배자들은 보통 제도화된 노사관계 밖에서 폭발하는 투쟁은 더욱 잔인한 탄압과 외면으로 대응했다. 결국,

> 투쟁 주체들은 약화하는 조직력을 상쇄하고 투쟁의 돌파구를 열기 위해 투쟁 강도를 높이게 된다. 극단적 투쟁방식을 시도할수록 더 많은 비정규직 노동자들이 이탈하게 되고, 소수화될수록 투쟁 주체들은 극단적인 투쟁 방식을 도입한다. 투쟁 장기화·소수화와 투쟁 강도 강화는 서로 보강하며 가속화되는 악순환을 반복한다.[114]

지난한 투쟁을 버텨내며 노조 인정 등을 통해 노사관계의 제도 안으로 들어온 노동자들도 곧 빠르게 민주노조 운동 속에 만연한 여러 가지 관행과 타성에 젖어 들곤 했다. 결국 한국의 노동운동은 지금, 사회적으로 고립된 채 활력을 회복하지

114. 조돈문, 『비정규직 주체형성과 전략적 선택』, 233쪽.

못하며 투쟁으로 성취한 자신들의 조건을 지키기에 급급해 있다. 훨씬 더 많은 노동자는 노동조합이라는 우산과 제도화된 노사관계의 틀 밖에서 무방비로 고통받고 있다. 여전히 한국의 노조조직률은 낮은 수준에서 크게 개선되지 못하고 있고 노조의 문턱은 높다.[115] 이렇다 보니 이 틈과 격차를 이용한 지배자들의 이간질과 공격은 갈수록 더 효과를 나타내고 있다. 그래서 전체 노동자들의 전반적인 조건은 더 악화하고 있다.

> 2008~2012년 5년 동안 한국 노동자들의 실질임금은 -2.3% 하락했다. 1998~2002년 19.4%, 2003~2007년 17.6% 상승했던 것과 충격적인 차이를 보여준다. 고용의 불안정성도 극심하다. 2008~2013년 6년 동안 정리해고·명예퇴직 등 구조조정 희생자는 총 503만 명으로 연평균 84만 명이었다. 여기에 계약 기간이 만료된 비정규직 해고자가 총 534만 명으로 연평균 89만 명이었다. … 쫓겨나올 일자리조차 사실상 가져보지 못하는 임

---

115. "외적 제약 외에도 노조조직 자체의 한계성도 존재한다. 법원이 불법파견 노동자라고, 즉 원청의 근로자라고 판단했음에도 불구하고 사내하청 노동자를 조합원으로 받아들이지 못하는 원청 노조, 동료 사내하청 노동자들의 노조 가입 신청을 수개월째 받아들이지 않고 있는 하청 노조, 집단해고를 앞둔 용역노동자들의 가입 신청서를 앞에 두고 고심하는 초기업 단위노조, 하청 노동자들의 집단적 가입 신청과 이에 상반되는 원청 노조의 압박을 받고 있는 산별노조, 조합원들의 일자리가 줄어들까 봐 신규조직화에 소극적인 노조 등 곳곳에서 노조 문턱이 상상외로 높다는 사실을 발견하곤 한다."(윤애림, 「노동자가 가입할 수 있는 노동조합 만들기」, 『매일노동뉴스』, 2016년 4월 21일.)

시·일용·알바 노동자도 부지기수다. 그 수만 최소 6~7백만 명이다.[116]

장시간 노동 등을 통해 얻어 온 조직된 노동자들의 상대적으로 나은 조건조차 별로 안정적이지 않다. 쉽게 건들지 못하는 '강성 노조' 속에서 노동자들이 불안에 떨고 있는 역설이 존재한다.[117] 2016년에 박근혜 정부가 노동시장 구조 개악을 추진한 것은 바로 이런 조건 속에서였다. 박근혜 정부는 1987년 민주노조 운동의 탄생을 이끌었고 투쟁의 경험과 기억을 간직한 세대가 정년퇴직하기 시작한 지금을 노동시장의 구조를 더욱 친기업적으로 재편할 기회라고 여겼을 것이다.[118] 그런 시도가 성공하게 된다면, 미조직 노동자들은 더욱더 열악한 상황으로 내몰렸을 것이고, 조직 노동자들도 점점 서로 경쟁하고 무기력해지며 부메랑을 맞게 되었을 것이다. 그러나 2016년 연말에 터져나온 촛불 항쟁이 그것을 막아섰다. 박근혜 탄핵과 정권교체가 이어졌고 노동운동은 시간을 벌 수 있었다. 그러나 문재인 정부 5년이 지났고, 이제 다시 우파 정권이 부활하면서 노동운동은 새로운 도전에 직면하고 있다.

---

116. 뿌리, 「다시 일어서는 노동자들 – 어디로 어떻게 나아갈 것인가?」, 2014년 6월 26일 입력, 2021년 2월 5일 접속, https://bit.ly/3rBJrfa.
117. 박태주, 『현대자동차에는 한국 노사관계가 있다』, 매일노동뉴스, 2014, 17쪽.
118. 예컨대 현대차를 보면 2013년부터 2017년까지 3,200여 명이 정년퇴직하였고, 2022년까지는 1만 4천 명의 퇴직이 예정되어 있다.(같은 책, 105쪽.)

누가, 무엇을, 어떻게 할 것인가

신자유주의적 자본주의의 모순은 2008년 세계경제 위기를 낳았고, 이제 또다시 우리를 공격함으로써 그것을 벗어나려고 해 왔다. 신자유주의는 결국 지금의 위기를 해결하지 못할 것인가? 신자유주의적 공격은 투쟁의 부활을 낳을 것인가? 플랫폼 자본주의(디지털 경제)는 자본주의의 새로운 단계가 될 것인가? 어떤 것도 결정돼 있지 않고 쉽게 예측하기 어렵다. 노동계급이 고통 전가를 받아들이고 대안을 건설하지 못한다면 체제의 자동 붕괴를 낳을 자본주의 위기는 없을 것이다. 즉 신자유주의는 지금 몰락하는 게 아니라 플랫폼 자본주의라는 더욱 잔인한 형태로 발전하고 있는지 모른다. 또 우리는 어떠한 경제적 변화도 자동적으로 투쟁의 부활을 낳기는 어렵다는 점도 잊지 말아야 한다. 계급투쟁은 단지 경제적 요인만이 아니라 수많은 주관적·우연적 요인들의 상호작용 속에서 발전하는 것이다.

다만 우리가 지금의 갑갑한 상태를 이유로 비관에 빠질 필요는 없는 적어도 두 가지 이유가 있다. 먼저 역사는 계급투쟁이 일직선적으로 발전해 오지 않았다는 점을 보여 준다. 즉, 지금의 교착상태는 새로운 투쟁 물결 등장의 전주곡일지도 모른다. 또한, 신자유주의적 공격이 낳은 불안정성은 노동자들을 위축시키지만 동시에 투쟁의 자양분이 될 수도 있다. 2차 세계대전 이후부터 1970년대 말까지의 예외적 시기를 제외하고는 자본주의의 발전은 항상 불안정성과 노동조건에 대한 가혹한 공격을 수반했다. 그리고 이것이 바로 19세기와 20세기를 수놓은 주요한 노동자 투쟁 물결의 배경이었다. 따라서 신자유주의가 극단적 불안정성과 비인간적 환경을 낳는 곳에서 새로운 폭발이 준비되고 있는지도 모른다.

문제는 그러한 도약을 앞당기기 위해서든, 초기에 그 가능성이 차단당하며 다시 가라앉는 패턴을 반복하지 않기 위해서든 준비하고 대안을 마련하는 것이다. 그것은 그동안의 실패와 시행착오에서 교훈을 배우는 것을 포함한다. 지난 수십 년은 바로 그 학습 과정의 일부였다. 크고 작은 싸움들 속에서 다가올 도약에 필요한 경험과 교훈들이 축적되어 왔다. 거의 한 세대를 거치면서 무엇이 더 효과적인 방안인지 다양한 실험을 해 온 것이다. 실패에서 제대로 된 교훈을 배우려면 평가가 정확해야 한다. 한국 노동운동이 신자유주의 공세를 막는 데 성공하지 못한 것은 신자유주의가 노동계급을 해체하고, 그 힘을 빼앗았기 때문인가? 그렇지 않다. 노동계급은 해체된 것이 아니라 내부 구성이 변화한 것이다. 신자유주의적 축적의 성공 속에 노동계급의 규모는 더욱 커졌고, 더 많은 사람들이 노동계급의 일부가 되었다.

마르크스주의 전통에서 주목해 왔듯이 자본주의 생산의 조직화와 발전은 노동계급을 더욱 늘리고, 교육하고, 집중화·조직화하는 경향이 있다. 생산에서 수행하는 역할 때문에 노동계급은 특별한 잠재력도 가지게 된다. 문제는 이것이 '잠재력'이라는 것이다. 이 잠재력은 노동자들이 잘 조직되어 있을 뿐 아니라 투지와 자신감이 높고, 서로에 대한 신뢰 속에서 단결할 때 현실이 된다. 그렇지 않으면 그저 잠재력이 그칠 것이다. 그리고 신자유주의 공세에 효과적으로 맞서지 못한 것은 바로 이 때문이다. 노동자들의 자신감과 투지는 높지 않았고 단결해서 공격을 막을 수 있다는 믿음도 약했다. 그러다 보니 투쟁보다 타협을 원하는 일부 노조 상층 간부들의 입장이 더 지지를 받게 된 것이다.

좌파적 노조 지도부라 하더라도 이를 뒷받침하는 힘이 부족한 상황에서 별로 다른 상황을 만들어내지 못했다.[119] 필요한 것은 노동계급의 잠재력이 왜 제대로 발휘되지 못해 왔는지를 규명하고, 이를 극복할 대안을 고민하는 것이다. 그리고 그동안 살펴봤듯이 이것은 '전략의 부재' 때문이기보다는, 노동조합의 한계와 틀 안에서 투쟁해 온 전략의 결과로 보아야 한다. 노동운동의 발전과 노동자들의 삶의 질 개선을 가져오는 데 매우 효과적이었던 노동조합이 어느 수준을 넘어서면서, 그 반대의 효과를 내기 시작한 것이다.[120] 마르크스는 노동조합 운동

---

119. 이 점에서 '노동자들의 자신감과 투지가 예전 같지 않다'는 주장에 '노동계급의 힘을 믿지 못하는 것이냐. 잠재력은 여전히 강력하다'는 답을 반복하는 것은 일종의 동문서답이다.

120. 마치 자본주의가 인류의 생산력 발전에 큰 기여를 하지만 어느 순간 그 족쇄로 변화하는 것처럼 이것은 '역사의 변증법'이라 할 만하다.

이 실패하기 쉬운 이유를 좀 더 일반적으로 지적했다.

> 일반적으로 노동조합은 현존 제도가 빚어낸 결과를 반대하는 유격전에만 자신을 국한하고 이와 동시에 현존 제도가 변화하도록 노력하지 않는다면, 자신의 조직된 힘을 노동자 계급의 종국적 해방을 위한, 말하자면 임금 제도의 궁극적 철폐를 위한 지렛대로 사용하지 않는다면 실패한다.[121]

이런 전략이 낳은 문제점들을 해결하기 위해 그동안 제시되어 온 많은 대안 또한 기본적으로 그 전략의 틀 안에서 머물러 왔다. 그 틀 안에서 조직형식을 바꾸거나, 새로운 기구와 제도·규칙을 도입하는 수준에 그치면서, 일부 개선을 낳긴 했지만 같은 한계에 부딪혀 왔다. 따라서 이 같은 관점과 틀을 넘어서는 네 가지 정도의 기본적 방향과 과제를 제시한다.

1) 아래로부터의 투쟁과 민주주의의 중요성

가장 중요한 것은 평범한 노동대중의 잠재력을 신뢰하고, 억눌려 있는 그 잠재력이 드러날 수 있도록 사람들의 자신감을 고무하는 것이다. 자본주의는 체계적으로 노동대중의 자존

121. 칼 맑스·프리드리히 엥겔스, 「임금, 가격, 이윤」, 『칼 맑스 프리드리히 엥겔스 저작선집 3권』, 김세균 감수, 박종철출판사, 2004, 117~118쪽.

감과 기를 꺾는 체제이고 그것이야말로 지배 유지의 비결이다. 우리는 타고난 재능과 능력을 갖춘 뛰어난 소수가 있고, 나머지 사람들에게 주어진 운명은 그들을 뒷받침하고 따르는 것이라고 끊임없이 주입받는다. 문제는 노동조합과 진보단체들마저 그것을 반복하는 경향이 있다는 것이다. 거기서도 세상을 개혁하고 우리의 삶을 개선해 줄 소수의 뛰어난 지도자들과 그들을 뒷받침해야 하는 다수 대중의 분업이 나타나곤 한다. 노사협상이나 의회 활동을 전문으로 해야 할 사람들과 나머지로 구분되거나, 혹은 명민한 이론가와 묵묵히 그것을 실행하는 활동가들로도 구분된다.

하지만 사회의 진보와 변화는 오로지 노동대중 스스로의 집단적이고 활기 있는 행동으로만 이뤄질 수 있다. 우리는 더 많은 사람이 주체적으로 활동과 조직에 관심을 갖고 참가하도록 하는 방법, 논리, 기술, 아이디어 등을 발전시켜 나가야 한다. 이것은 조합원과 지지자들을 단지 집회나 파업에 참가해서 머릿수를 늘려주는 대상으로 봐서는 안 된다는 것을 뜻한다. 여기에 필수적인 것은 투명한 정보의 공개와 자유로운 토론, 제한 없는 민주주의이다. 노동조합에서 이것은 "주요한 의사결정에 대한 조합원들의 직접적 참여와 통제"로 나타나며 "지도부에 대한 직접 선출과 소환, 주요 의제에 대한 정보 공유 및 광범위한 의견 수렴과 토론, 최종 결정에서 전체 투표의 실행을 포함한다."[122]

2007년 이랜드 여성 노동자들의 투쟁이 터져 나오며 노동운동에 신선한 충격을 가할 때도 이런 요소가 중요했다. 당시 홈에버 상암점 점거 파업은 원래 예정되어 있지 않은 것이었다. 하지만 투쟁에 나선 조합원들은 분회토론 속에서 기존의 머뭇거리던 태도를 벗어던지기 시작했다. "다음날인가 지도부는 나가자고 그랬어요. 시흥인가 본사로 가자고. 우리는 결사적으로 여기 있겠다, 그랬지. … 들어온 이상 절대 제 발로는 못 나간다. 저희가 워낙 강력하게 나가니까 결국 거기서 눌러앉은 거지."[123] 처음부터 능동적이고 자신감 있던 노동자들이 민주주의를 뒷받침했다기보다, 투쟁에 동참하고 민주적 토론 기회가 주어지면서 기존의 수동적 태도가 변화했던 것이다. 억눌려 온 분노만이 아니라 잠재력도 터져 나온 것이다. 자유롭고 민주적인 분위기 속에서 아래로부터 투쟁을 고무하고 건설하는 것은 결코 쉽지 않다. 그것은 매우 까다롭고, 많은 시간과 노력을 필요로 하는 일이다. 하지만 그것만큼 중요한 것은 없다.

2) 단결과 연대를 우선하며 소통과 토론하기

특정 부문 노동자들의 눈앞의 이익만 보게 만드는 부문주의는 노동운동의 분열과 파편화를 낳았다. '당장의 우리 작업

---

122. 조효래, 『노동조합 민주주의』, 197쪽.
123. 권성현 외, 『우리들의 소박한 꿈을 응원해 줘』, 후마니타스, 2008, 42쪽.

장 문제도 아닌데 왜 우리가 총대를 메고 나서야 하는가'라는 논리가 단결과 연대를 약화했다. 지배자들은, 각각의 단기적 이해를 우선시하는 저항 세력 중에서 일부는 무마시키고, 일부는 고립시켜 타격했다. 일단은 피했다고 생각한 공격의 칼날은 나중에 부메랑처럼 돌아왔다. 결국 특정 부문 노동자들의 이익마저 계속 지킬 수 없게 되었다. 각 부문의 단기적 이익만 우선하는 태도는 정치단체와 정파들에서도 똑같이, 심지어 더 심하게 나타났다. 노동운동에서 영향력이 큰 다수 정파에서는 이것이 패권주의로 나타났다. 소수 정파를 무시하고 자기 정파의 의제 등을 설득도 없이 일방적으로 관철하려 한 것이다.

반면 소수 정파는 다수 정파가 건설하는 투쟁에 대해 차이점과 비판만을 앞세우며 어떠한 협력도 거부하는 종파주의로 대응했다. 둘 다 전체 운동의 장기적 이익을 보지 않는다는 공통점이 있었고, 서로가 서로의 잘못된 태도를 더욱 강화하며 상승작용을 일으켰다. 당연히 이런 편협한 태도는 상대에게 상처를 주었고, 그럴수록 서로 간의 대화는 사라졌고 소통은 단절되었다. 불신과 오해는 풀리지 않고 계속 쌓여갔고, 이제 상대방에 대한 배신감과 원망은 서로를 혐오하는 수준에까지 이르렀다. 이는 지배자들의 이간질과 비열한 공작이 먹혀들기에 딱 좋은 조건이 되었다. 통합진보당 해산 과정에서 가장 극적으로 나타난[124] 이런 분열과 갈등은 지금 노동운동의 곳곳에서 목격할 수 있고 곪아가고 있다.

노동계급의 잠재력은 그들이 단결하고 연대할 때만이 현실이 될 수 있다는 점에서 이 같은 분열과 파편화는 문제가 아닐 수 없다. 노동계급의 "구조적 힘"은 "연합적 힘"[125]의 뒷받침을 받아야 한다. 특히 오늘날 '연합적 힘'은 갈수록 더 중요해지고 있다.[126] '연합적 힘'과 연결되지 않는 '구조적 힘'은 매우 제한적인 효과만을 내거나, 심지어 역효과를 내는 경우도 나타나고 있다. 예컨대 대공장 정규직 노조의 파업은, 같은 공장에서 비정규직 노동자들의 연대가 없는 경우 생산에 별 타격을 주지 못하는 경우가 많다. '비정규직을 외면하고 자기 밥그릇만 챙긴다'는 이간질 속에 사회적으로 고립되는 정치적 역효과가 나타나기도 한다.[127] 따라서 오늘날 노동운동에 절실히 필요한 것은 특정 부문이 아닌 전체 노동계급의 이익을 우선하는 것이다. 그것도 눈앞의 이익이 아니라 진정한 장기적 이익을 봐야 한다. 교섭의 편리만 보고 노동조건과 형태 등에 따라서 조직하는 게 아니라, 가능한 넓은 범위로 노동자들을 조직하는 것은 이를 위한 좋

---

124. 이 책의 5장 「마녀사냥과 통합진보당 해산, 그리고 계급투쟁」을 참고하라.
125. 비버리 J. 실버, 『노동의 힘』, 백승욱 외 옮김, 그린비, 2005, 35쪽. 실버는 "노동자들이 집단조직을 형성해 생겨난 다양한 형태의 힘"이라고 "연합적 힘"을 규정한다.
126. 실버도 "연합적 힘이 노동운동의 전체적인 전략에서 차지하는 비중이 더욱 더 높아져 갈 것"이라고 지적한다.(같은 책, 255쪽.)
127. 이 점에서 '대기업 정규직 노조의 투쟁은 정당하고 적극 지지해야 한다'는 점만 일면적으로 강조하는 일부 좌파들의 태도는 좁은 시야를 보여 주는 것이다.

은 시도일 수 있다.

미국의 일부 급진적 노동운동 활동가들이 제기하는 "포괄적 조직화"가 그런 예이다. "(병원 노동자가 아니라) 간호사만을 위한 별개의 조직을 세우는 것에 반대하는 것, (학교 노동자가 아니라) 교사만을 위한 조직을 세우는 것 등에 반대한다는 것이다."[128] '조합원 우선 고용과 정규직화', '조합원 자녀 우선 채용' 등 연대의 가능성을 차단하는 요구들도 재고되어야 한다. 부문과 업종을 넘어서 모든 노동자에게 이익이 되고 연대를 가능케 할, 나아가 더 넓은 사회적 지지와 연대를 불러올 요구들이 앞세워져야 한다. 국제연대에서도 마찬가지다. 국제적 생산망이 구축된 자동차 산업을 보면, 자본은 서로 다른 나라의 노동자들을 이간질해 경쟁시킨다. 좀 더 효율적인(따라서 노동자들에게는 열악한) 생산방법을 수용하는 나라로 생산물량을 이전하겠다고 협박한다. 부문적 관점에서는 이런 술수에 말려들기만 할 뿐이다.

반면, 독일과 폴란드의 폴크스바겐 3개 공장 노조의 대응은 시사적이었다. 이들은 2003년부터 국제적 연대를 추구했고 "한 노조가 파업을 할 경우 자신의 공장에서 대체 생산을 하지 않고, 3개 공장 간 물량 이전이 고용불안을 부를 때는 모든 공장

---

128. 이언 앨린슨, 「미국 노동운동에서 배우기1 : 동원이냐, 조직이냐」, 『다른세상을향한연대』, 2015년 2월 10일 입력, 2021년 2월 5일 접속, https://bit.ly/3q77B0z.

이 회사계획을 거부하기로 했다."[129] 신자유주의와 이윤 논리에 의해서 빼앗기고 버림받은 모든 사람의 강력한 단결과 폭넓은 연대가 곳곳에서 건설되어야 한다. 세월호 진상규명과 책임자 처벌, 부자 증세와 복지 확대, 노동개악 반대, 한미일 군사동맹 구축 반대, 핵발전 폐기 등 부문을 넘어선 공동의 요구를 세워 나가는 것이 이런 연대 건설을 위해서도 효과적일 것이다. 공동의 요구를 중심으로, 공동의 적에 맞서며 연대 투쟁하는 속에서만 가장 효과적으로 서로 간의 불신이 해결되고 소통이 이루어질 수 있다. 그 속에서 서로의 차이에 대한 자유로운 토론과 비판이 이뤄져야 한다. 무엇이 옳은 노선인지는 이 속에서 설득될 수 있을 뿐이다.

3) 노동계급 중심성의 재해석과 주체의 확장

많은 급진좌파는 옳게도 사회변혁의 주체로서 노동계급의 중심적 역할을 옹호해 왔다. 문제는 이것이 갈수록 협소하게 해석되고 적용되어 왔다는 데 있다. 즉 노동계급 중에서도 노동조합으로 조직된 부분을 배타적으로 강조하고, 조직된 노동자들이 작업장에서 고유한 방식으로 힘을 발휘하는 게 중요하다고 강조해 왔다. 이런 입장은 노동계급과 함께 자본주의의 모순에

---

129. 김학태, 「돈·기술만 빼 가는 완성차 외국자본 '어쩌나'」, 『매일노동뉴스』, 2013년 7월 3일.

저항하기 마련인 피억압 민중, 미조직 청년, 사회적 소수자 등과 노동계급을 불필요하게 구분하려 하곤 한다. 이것은 결국 조직된 노동자들의 작업장 투쟁이 아닌 것은 한계가 있거나 부차적이라는 인식으로 연결되기 쉽다. 예컨대 IST의 크리스 하먼은 이렇게 주장한다.

> 대학생, 중고등학생, 비정규직 청년, 개인적으로 운동에 참가한 계급 정체성이 뚜렷하지 않은 노동자, 하위 전문직 … [이러한] 이질적인 사회집단들의 운동을 사회변혁을 일으킬 수 있는 "사회적 주체"로 여기는 것은 오류다. 그들은 주체가 될 수 없다.[130]

하지만 고전적 마르크스주의 전통에는 다른 요소들이 있다. 예컨대 로자 룩셈부르크는 조직된 노동자들이 더 중요한 역할을 할 것이라는 주장에 도전했다. 조직된 노동자들은 제도화된 노사관계 속에서 보수적 관성에 발목 잡혀 있다는 것이었다. 그래서 로자는 "만약 독일에서 대중파업이 일어난다면, 투쟁 가능성을 발전시켜 나갈 사람들은 가장 잘 조직된 노동자들이 아니라 가장 조직력이 떨어지거나 완전히 미조직된 노동자들일 것"[131]이라고 주장했다. 레닌은 노동계급만이 아니라 피억압 민

130. 하먼, 『세계화와 노동계급』, 120쪽.

족도 정치의 대상이 아니라 정치의 주체라고 보았다.[132] 역사적 경험도 조직된 노동자들의 작업장 투쟁이 우선이라는 관념에 잘 부합하지 않는다. 데이비드 하비는 그 점을 지적했다.

> 자본주의 역사에서 많은 혁명 운동들은 협소하게 공장에 기초하기보다 광범위한 도시지역을 기반으로 하여 발생했다.(1848년 유럽전역, 1871년 파리꼬뮌, 1917년 레닌그라드, 1919년 시애틀 총파업, 1927년 상하이 꼬뮌, 1968년 빠리, 멕시코시티와 방콕 그리고 1969년 아르헨티나의 뚜꾸만 폭동, 1989년 프라하 그리고 2001~2년 부에노스아이레스 등 그 예는 아주 많다).[133]

영국에서 대처 정부를 물러나게 만든 1990년 인두세 반대 투쟁도, 한국에서 1987년 6월 항쟁 이후 가장 큰 규모의 투쟁이었던 2016년 촛불 항쟁도 조직된 노동자들의 작업장 투쟁은 아니었다. 물론 2차 세계대전 이후 서유럽에서 계급투쟁의 '상승기'나, 이 나라에서 1987년 이후 민주노조 운동의 전성기에 조직 노동자들의 파업과 작업장 투쟁이 중요했던 것은 사실이다. 이언 앨린슨은 이런 특정 시기의 경험이 편향된 인식을 낳았을 수 있다고 지적한다.[134] 노동계급은 단지 작업장의 생산과정에

---

131. 룩셈부르크, 『대중파업론』, 80쪽.
132. 토니 클리프, 『레닌 평전2』, 이수현 옮김, 책갈피, 2009, 86쪽.
133. 하비, 『자본이라는 수수께끼』, 343쪽.

서만이 아니라, 그 밖에서도 온갖 부당한 일을 겪는다. 노동대중이 일상적으로 느끼는 불만에는 지주, 건물주, 상인자본가, 서비스와 유통자본, 금융자본이 저지르는 지대·임대료·이자·수수료 등의 부당한 갈취가 있다. 데이비드 하비는 "도시에 거주하는 저소득층 주민 대다수는 노동을 과도하게 착취당하는 것도 모자라 빈약한 자산마저 약탈당하고 있다"[135]고 지적한다. 더불어 '공장 노동'만이 아니라 "점점 도시화하는 일상생활의 생산과 재생산에 꼭 필요한 노동"[136]을 포괄해서 노동계급을 이해해야 한다고 강조한다.

우리 삶의 곳곳에서 나날이 늘어나고 이런 노동자들과 나아가 자본축적 과정에서 자산과 공동체를 강탈당한 사람들에게도 시선을 넓혀야 한다.[137] 용산 개발 속에서 삶의 터전을 빼앗긴 철거민, 밀양송전탑 건설 과정에서 자기 땅에서 쫓겨난 원주민, 강정해군기지 건설로 환경과 공동체가 파괴당한 주민 등이 대표적이다. 세월호 참사로 아이들을 잃고 진실을 위해 투쟁하는 유가족도 마찬가지다. 이들은 자본축적의 야만성을 보여주는 살아있는 증거이며, 무엇보다 개인적 이해관계를 넘어서 단결하고 투쟁한 위대한 주역들이다. 이들의 힘을 무시하는 것

---

134. 앨린슨, 「자본주의의 변화와 계급투쟁」.
135. 데이비드 하비, 『반란의 도시』, 한상연 옮김, 에이도스, 2014, 109쪽.
136. 같은 책, 236쪽.
137. 하비, 『자본이라는 수수께끼』, 341쪽.

은 중대한 실수다. 필요한 것은 '조직 노동자들의 작업장 투쟁이 중심이고 거기에 진정한 힘이 있다'는 식으로 우리의 잠재력과 주체를 한정하지 않는 것이다. 생산과정에서 임노동 착취에 맞서는 투쟁은 중요하다. 하지만 생산과정 밖에서 부조리와 갈취에 맞서는 것도 중요하다. 조직된 노동자들의 저항이 중요한 만큼, 미조직된 대중의 분출도 중요하다.[138]

이것은 노동조합이라는 조직 형식에 얽매이지 말아야 한다는 뜻이기도 하다. 억눌리고 빼앗긴 사람들이 힘을 합치고 목소리를 낼 수 있다면 어떠한 조직적 틀이라도 의미가 있고 잠재력을 가진다.[139] 더욱 중요한 것은 유기적으로 상호 연결된 각각의 부문과 요구, 투쟁과 주체들을 연결하고 결합하는 것이다. 경제적 투쟁과 정치적 투쟁을, 생산과정 안의 투쟁과 밖의 투쟁을, 조직된 부문의 투쟁과 미조직 부문의 투쟁을, 착취에 맞선 투쟁과 강탈에 맞선 투쟁을, 임금 인상을 위한 투쟁과 사회복지를 위한 투쟁을, 노동개악에 맞선 투쟁과 세월호 진상규명을 위한 투쟁을 연결하고 결합하는 것이다.

4) 차별·억압에 맞선 요구와 투쟁의 진정성

오늘날 조직된 노동자들의 투쟁은 사회적으로 고립되어 있

---

138. 데이비드 하비, 『자본의 17가지 모순』, 황성원 옮김, 동녘, 2014, 120쪽.
139. 맥낼리, 『글로벌 슬럼프』, 274쪽.

다. 이들의 투쟁은 소수의 상대적 고임금 정규직 노동조합원들만을 위한 것이라는 인식이 매우 강력한 상황이다. 이런 인식은 노동운동 활동가들 사이에도 상당히 퍼져 있다. 급진 좌파적 활동가들 사이에도 말이다. 위와 같은 입장은 조직된 노동자들이 투쟁을 자제하거나, 더 열악한 노동자들을 위해 양보해야 한다는 논리로 연결되기 쉬운 것이 사실이다. 이 때문에 일부 급진좌파는 "노동계급의 절대적 몫을 늘리는 것을 지향하면서 노동계급 내부의 격차 줄이기를 모색해야지, 그렇지 않으면 '양보론'으로 귀결되기 쉽다"[140]라며 비판해 왔다. 또 조직 노동자와 미조직 노동자의 '동일한 이해관계'를 강조해 왔다. "먼저 조직 노동자들이 효과적인 투쟁을 전개한다면, 미조직 노동자들도 노동조합 운동에서 희망을 발견할 수 있을 것이다."[141] 이에 따라 조직된 대기업 정규직 노동자들의 요구와 투쟁을 적극 지지할 뿐 아니라, 심지어, "최저임금 인상" 같은 미조직 비정규직들의 요구를 앞세우는 것에 대해 부정적 태도까지 나타난다. "자기 조합원들의 노동조건·생활 조건보다 미조직 노동자들의 최저임금 등 더 열악한 처지를 배려한다면서 … 계급을 초월해 국민적(민중적 또는 '대중적'popular) 지지를 받겠다는 것은 포퓰리즘적"[142]이란 것이다.

---

140. 김하영, 「박근혜의 사악한 이간질은 노동계급 전체를 향하고 있다」, 『노동자연대』 145호, 2015.

141. 같은 글.

이것은 객관적 현실에 대한 경제적 분석으로는 옳을 수 있다. 앞서 거듭 분석했지만, 노동자들 간의 격차를 만들어낸 원인과 책임은 명백히 지배자들에게 있다. 또 대기업 정규직 노동자들이 얻은 고임금은 나머지 노동자들의 희생 속에서 얻어진 것도 아니다. 대기업 정규직 노동자들은 그만큼 많은 이윤을 만들어내기도 했지만, 특히 방패이자 무기로서 노동조합을 이용해 덜 빼앗기고 더 얻을 수 있었다. 반면 대부분의 미조직 비정규직 노동자들은 더 빼앗기고 덜 얻었다. 이 상태에서 조직된 노동자들의 투쟁은 분명 전체로서 노동자들의 조건을 개선하는 효과가 있지만, 동시에 노동자들 사이의 격차는 시간이 지날수록 커질 수밖에 없다. 그리고 여기에 책임이 있는 지배자들은 바로 이 커지는 격차를 이용해 노동운동을 이간질했다. 바로 이 지점에서 객관적 현실에 대한 올바른 경제적 분석에서 곧바로 나온 주장과 전술이 정치적으로는 틀릴 수 있게 되는 것이다.

조직된 노동자들이 자신들의 정당한 이해와 고유한 요구를 내걸고 투쟁하는 것이 낳는 경제적 성과만을 봐서는 안 된다. 정치적 쟁점이나 비정규직의 투쟁과 요구를 외면한 채, 자신들의 요구만 앞세운 그런 투쟁이 낳을 정치적 역효과를 같이 봐

142. 최일봉, 「민주노총 4·24 총파업을 돌아보며 내다봐야 할 점들」, 『노동자연대』 145호, 2015.

야 한다. 예컨대 현대·기아차 노동조합이 큰 폭의 임금 인상과 보너스 지급을 요구하고 임단협 투쟁하는 것은 당연히 정당하다. 하지만 금속노조의 하청부품업체 노조들의 투쟁이나 탄압받는 비정규직을 외면한 채 그런 투쟁이 벌어진다면, 그것은 노동자 단결에 긍정적 역할을 하지 못할 것이다.

심지어 정부의 노동개악에 맞선 전국적 투쟁에서 발을 빼면서 개별 임단협으로 그 피해를 줄이려 한다면, 이 개악의 직격탄을 맞을 미조직, 비정규직과 청년들은 현대·기아차의 노동조합을 더욱 불신하고 그 투쟁을 냉소적으로 보게 될 것이다. 결국 격차를 만든 책임은 지배자들에게 있지만, 조직된 노동자들이 자신들의 무기인 힘과 조직을 특정 부문이 아니라 전체 노동자들을 위해 사용할 때 이간질을 이겨낼 수 있다는 것을 이해해야 한다. 그럴 때 투쟁에 나서는 조직 노동자들은 자신들의 투쟁이 정당하고 사회적 지지를 받고 있다는 자신감을 갖게 될 것이다. 나머지 노동자들도 부문을 넘어 모두 함께 힘을 합쳐서 싸울 수 있고 이길 것이라는 믿음을 얻을 것이다.

즉 노동운동은 가장 밑바닥 사람들의 편에서 사회정의를 위해 투쟁한다는 정당성과 신뢰를 회복하기 위해 노력해야 한다. 데이비드 맥낼리는, 억압과 차별이 갈수록 심화하는 신자유주의적 자본주의에서 "노동자 계급의 저항과 사회구조 변혁에 있어 유일하고 진정성 어린 정치는 강제 퇴거당한 사람들, 인종차별과 분리로 인해 억압받는 사람들, 미등록 이주노동자들과의 굳건한 연대에 기반한 정치"[143]라고 강조했다. 이 '진정성의 정치'를 위해 필요한 것은 청년실업자, 여성, 이주민 등에게 더 절실한 요구와 투쟁을 우선한다는 관점이다. 그것이 조직 노동자들에게 단기적·부문적으로 조금 손해라고 하더라도 장기적·전체적인 계급이익을 위해 연대와 투쟁에 나서야 한다.

마치며 — 반신자유주의, 반자본주의, 이행을 위한 투쟁

노동자·민중의 단결과 투쟁을 가로막는 강력한 신자유주의의 이데올로기인 '경쟁력'의 논리는 다양한 차원에서 관찰된다. '국가 경쟁력을 높이기 위해 모두가 힘을 모아야 한다', '회사가 살아야 노동자가 산다', '자기 계발과 노력을 통해 자신의 스펙과 가치를 높여라'… 이 논리는 더 나은 삶과 좋은 일자리를 원하던 사람들이, 어느 순간 경제 성장과 경쟁력 강화 자체를 목적으로 여기도록 만든다. 그러면 경제 성장과 경쟁력 강화를 위해서 자신과 삶을 희생하는 것이 자연스러운 일이 되어 버린다. 이 논리를 수용하거나 그것에 협조하면서, 부작용이나 개인에게 주어질 피해를 최소화한다는 접근은 실패할 수밖에 없다. 신자유주의에 맞선 운동이 발전시켜 온 구호와 정신이 중요한 것은 이 때문이다.

---

143. 맥낼리, 『글로벌 슬럼프』, 234쪽.

'이윤보다 인간의 삶이 중요하다', '우리의 세계는 상품이 아니다', '다른 세계는 가능하다'. 이는 시장과 경쟁의 논리에 대한 즉각적 반발이자, 우리가 이윤 논리에 도전할 수 있도록 해 준다. 민영화 반대, 기간산업 재국유화, 최저임금 인상, 비정규직 정규직화, 부자 증세와 무상복지 등 반신자유주의 운동의 주요 요구들은 그 자체로 혁명적인 요구는 아니다. 하지만 그런 요구와 투쟁은 이윤 추구를 최우선시하는 신자유주의적 자본주의와 정면충돌한다. 따라서 이는 더 나은 삶을 위한 투쟁과 사회 변혁을 위한 투쟁 사이의 '다리'가 될 수 있다. 트로츠키의 '이행기 강령'에 담긴 것도 비슷한 문제의식이었다. "대중의 부분적인 '최소' 요구들은 부패한 자본주의의 파괴적인, 그리고 인간의 존엄성을 말살하는 경향과 매 시각 충돌한다. … 이행기 요구들은 더욱더 공공연하게 그리고 단호하게 부르주아 체제의 기반 자체를 공격하게 될 것이다."[144]

즉, 우리는 신자유주의적 공격과 정책들에 맞서는 투쟁을 자본주의의 근본적 변혁을 위한 투쟁의 일부로서 자리매김해야 한다. 그 투쟁이 진정으로 기층 노동자·민중의 아래로부터의 힘과 민주주의 속에서 건설될 수 있다면 그 가능성은 쉽게 차단당하지 않을 수 있다. 이 글은 이런 방향으로 나아가기 위

---

144. 레온 트로츠키, 『10월의 교훈 및 이행기 강령』, 김성훈 옮김, 풀무질, 1996, 102쪽.

한 투쟁의 디딤돌이 될 수 있기를 기대하면서 나름의 분석을 하고 몇 가지 방향을 제시했다. 이런 과제들은 무엇보다 실천을 통해서 그 적절성이 피부로 느껴져야 하고, 토론과 평가 속에서 더 구체화되고 보완되어야 한다. 이를 통해 작은 승리를 쌓아 나가야 하고, 그것이 오랜 정체와 후퇴가 낳은 파편화와 무기력을 떨쳐버릴 힘이 될 것이다. 그것은 크고 작은 패배와 분열이 낳은 트라우마와 상처를 치유해 줄 것이다. 그것은 노동계급과 억압받는 민중들의 가슴 속에 분노뿐 아니라 희망이 자리 잡게 해줄 것이다.

4장

사회변혁과 민주주의

—

재평가와 혁신을 위한 시도[1]

2016년 말부터 2017년 초까지 거의 매주 수십에서 수백만 명이 거리로 나와서 한국 사회를 뒤흔들었던 '촛불혁명'의 주요한 화두는 '민주주의'였다. 그 시기에 많은 사람들은 민주주의 시계를 거꾸로 돌리려는 이명박근혜 정부의 시도에 대한 분노를 거리에서 폭발시켰다. 그 후 문재인 정부가 들어선 상황에서도 민주주의는 여전히 중요한 문제였다. 여전히 반민주적 적폐세력이 기본적 개혁조차 가로막으며 자리를 지키고 있기 때문이었다. 더구나 문재인 정부 5년의 좌절과 실패 끝에 이제 그 세력이 다시 정권을 되찾았다. 이제 민주주의는 또다시 더 본격적으로 위협받게 된 상황이다.

전 세계적으로도 트럼프 정권의 경험이 보여주듯이 곳곳에서 극우의 인종주의 우파와 신나치가 등장하면서 민주주의를 위협하고 있다. 한편 미국의 버니 샌더스와 영국의 제레미 코빈으로 상징되는 새로운 좌파들이 성장하면서 '민주적 사회주의'를 말해 왔지만, 아직 그 실체는 명확하지 않다. 또 기존의 사회주의적 변혁 시도가 민주주의의 부족이나 결여 때문에 실패

1. 이 글은 2019년 5월 '맑스코뮤날레'의 '마르크스와 대안 민주주의' 세션에서 필자가 발표했던 것에 기반해 있다. 그러다 보니 이 글에서 한국 정치 상황에 대한 분석에서는 그 후의 상황 변화들이 충분히 반영되어 있지 않다. 특히 2019년 여름부터 진행된 '검찰대란' 국면과 그 이후의 총선 결과 등이 그렇다. 더구나 출판을 준비하는 과정에서 대선과 우파 재집권이라는 변화까지 발생했다. 그러나 그것은 이 글의 작은 일부분일 뿐이고 이 글의 기본적 논지와 주장들은 여전히 유효하다.

했다는 문제의식은 기본적으로 많은 이들에게 공유되어 왔다. 이런 상황 속에서 우리는 오늘날 사회변혁 시도는 어떠해야 하고 민주주의와 어떤 관계가 있는지 함께 고민하고 토론해봐야 한다.

민주주의와 부르주아지

'민주주의'는 아테네 등 고대 그리스의 도시국가들에서 유래했다. 그리스어인 '데모스'demos(인민)와 '크라토스'kratos(지배)의 합성어인 민주주의democratia는 '인민의 지배'라는 뜻이다. 그러나 고대 그리스 민주주의의 한계는 분명했다.

> 그리스의 민주 정치는 노예와 여성, 그리고 대다수가 상인이었던 비非시민 거주자들을 배제했기 때문이다. 그리고 그리스의 민주 정치는 재산(그리고 노예)이 부자들의 손에 집중되는 것도 문제 삼지 않았다.[2]

그러나 이런 제한적인 민주주의마저 그 후 오랫동안 잊혔다. 오늘날 우리가 알고 있는 민주주의는 유럽에서 봉건제에 반대하는 투쟁에서 비롯한 것이다. 봉건제 사회의 지배자는 이런저

---

2. 크리스 하먼, 『민중의 세계사』, 천경록 옮김, 책갈피, 2004, 106쪽.

런 황제와 왕 들이었고 이들은 1642년의 영국 혁명, 미국 독립 전쟁, 1789년의 프랑스 혁명, 1848년 유럽 혁명 등을 거치면서 권력을 잃어가게 된다.

봉건제 아래서 조금씩 힘을 키워가던 신흥 부르주아지(자본가)들과 그들을 대변하는 지도자들이 이런 혁명을 이끌었다. 이들은 봉건 지배자들에 맞서는 투쟁에 기층 민중들의 지지와 동참을 끌어내야 했다. 이 과정에서 현대 민주주의의 이데올로기와 제도들 — 법치, 평등권, 언론의 자유, 대의제, 선거를 통해 선출되고 책임지는 정부 — 이 탄생했다. '자유민주주의'(부르주아 민주주의, 또는 자본주의적 민주주의)가 만들어진 것이다.

그러나 자유민주주의는 처음부터 근본적 한계를 안고 있었다. 자유민주주의가 만들어지는 과정에서 부르주아지들은 결코 일관되고 철저하게 민주주의를 추구하지 않았다. 봉건제에 맞서던 초기에 부르주아지는 혁명적이었지만 낡은 봉건 질서가 해체되고 자신들이 새로운 체제의 지배계급이 되기 시작하자 부르주아지는 소심해졌다. 특히 자본주의 발전 속에 "부르주아지의 무덤을 파는 자들"(마르크스)인 노동계급이 성장할수록 부르주아지의 보수성은 커져 갔다. 유럽 곳곳에서 봉건적 구체제의 지배자들에 맞선 투쟁이 일어났던 1848년 혁명에서 독일 부르주아지의 배신을 목격한 마르크스는 이렇게 썼다.

너무도 굼뜨고, 무르고, 느리게 발전했기 때문에 … 프로이센의 부르주아지는 현대 사회 전체를 대표하는 계급이 아니었다.… 모종의 신분 수준으로 전락한 그들은… 처음부터 민중을 배신할 작정이었다.[3]

낡은 질서의 파괴자가 아니라 새로운 질서의 수호자가 된 부르주아지에게 자유는 갈수록 상업과 거래의 자유를 뜻하게 되었고 민주주의는 노동자와 피억압 민중을 배제한 그들만의 민주주의가 되었다. 그래서 마르크스는 1871년 파리 코뮌 당시에, 민주공화정보다 루이 보나파르트의 독재가 자본가들의 이익과 열망에 더 부합한다고 지적했다.[4]

상대적 후진국의 부르주아지와 민주주의

상대적 후진국에서 뒤늦게 자본주의 발전을 시작한 부르주아지는 훨씬 더 보수적이고 민주주의에 적대적이었다. 역사의 무대에 뒤늦게 등장한 상대적 후진국의 부르주아지는 치열한 경쟁을 통해 선발 자본주의 국가들을 따라잡아야 한다는 조바심에 시달렸다. 그래서 이들 나라의 부르주아지는 더는 민주주의 수호자가 아니었고 대체로 기꺼이 권위주의나 독재를 지

---

3. 존 리즈, 『새로운 제국주의와 저항』, 김용민·김용욱 옮김, 책갈피, 2008, 193쪽.
4. 하먼, 『민중의 세계사』, 496쪽.

지했다. 러시아 혁명가 레닌은 러시아의 부르주아지는 너무나 소심하고 나약해서 유럽의 부르주아지 선조들처럼 민주주의 혁명을 지도할 수 없는 반면 노동계급(프롤레타리아)만이 그럴 수 있다고 주장했다.

> 자본주의 사회에서 부르주아지가 한 계급으로서 차지하는 지위 자체 때문에 부르주아지는 민주주의 혁명에서 반드시 일관성이 없게 된다. 프롤레타리아가 한 계급으로서 차지하는 지위 자체 때문에 프롤레타리아는 일관성 있는 민주주의자가 된다. 부르주아지는 프롤레타리아를 강화할 우려가 있는 민주주의적 진보를 두려워하여 뒷걸음질한다. 프롤레타리아는 자신의 쇠사슬을 빼고는 잃을 게 없으며 민주주의에 힘입어 오히려 온 세상을 얻을 수 있다.[5]

러시아 혁명가 트로츠키는 부르주아지가 민주주의 혁명에서 등을 돌리는 상황에서 노동계급이 민주주의 혁명을 주도하게 되면 단지 부르주아 민주주의 요구들에서 멈출 이유가 없고 멈추지도 않을 것이라고 주장했다. 노동계급의 주도 아래 민주주의적 과제와 사회주의적 과제가 결합하는 연속혁명론을 주

---

5. 레닌, 『민주주의 혁명에서의 사회민주주의의 두 가지 전술』, 이채욱·이용재 옮김, 돌베개, 1992, 58쪽.

장한 것이다. 이후 역사에서도 민주주의적 과제와 투쟁에 대한 부르주아지의 소심한 태도는 거듭되었다. 그래서 민주주의의 진전은 매우 더뎠다. 주요 국가들에서 성인 남녀 모두에게 보통선거권이 부여된 것은 2차 세계대전 이후의 일이었다. 미국에서는 1970년대 초에 와서야 흑인에게 투표권이 부여되었다. 이런 민주주의의 진전도 주로 아래로부터 일어난 노동자·피억압 민중의 투쟁에 의해서 가능했다.

노동계급과 피억압 민중은 자신들의 집단적 이익을 추구하기 위해 민주주의가 절실히 필요하다. 자본가에 맞서 개인적으로 싸울 수 없는 노동자들은 결사의 자유가 필요하다. 자신들의 권리를 옹호하고 주장할 언론과 출판의 자유가 필요하다. 집단적인 힘을 발휘할 수 있는 집회와 시위, 파업의 자유가 필요하다. 민주주의가 부르주아지 자신의 투쟁이나 부르주아지와 동맹한 투쟁을 통해서 얻은 성과이기보다 부르주아지와 독립적인, 심지어 부르주아지와 맞선 투쟁의 성과라는 사실은 한국의 역사에서도 드러난다.

한국 사회와 반민주적 권위주의

일제에서 해방된 이후 한국(남한)이 북한과 달리 민주주의를 도입했다는 지배적 관념은 사실이 아니다. 해방 후 미군정 아래에서 만들어진 한국 국가는 처음부터 경찰국가였다. 한국

군대는 일본 제국주의에 충성하던 일본군, 만주군 출신들로 채워졌다. 일제의 잔재와 친일파들을 청산하고 독립을 성취하고자 하는 다수 대중의 열망은 짓밟혔다. 소수 친일파 출신 지주와 부자들은 경찰과 서북청년단 같은 우익 깡패들을 이용해 가난한 민중들을 억눌렀다. 1947년 5월에 한국을 여행한 〈미국시민자유연맹〉 의장 로저 볼드윈은 친구들에게 "그 나라는 문자 그대로 경찰 통치와 사적 폭력의 손아귀에 쥐여 있다"[6]고 했다.

이승만은 1948년에 제주도에서 3만여 명을 학살하면서 정권을 세웠다. 그리고 제주 4·3 항쟁과 10월 여순반란사건 등을 통해 강대국의 한반도 분할 점령과 분단 시도에 저항하는 민중저항이 거세게 타오르자 이승만 정부는 일제의 악명 높은 '치안유지법'을 고스란히 베껴서 국가보안법을 만들었다.[7] 최장집은 "이승만 정권은 형식적 서구 민주주의로 포장된 민간독재"[8]였다고 평가한다. 이승만 정권은 미국의 후원과 지원을 바탕으로 한 억압적 국가기구로 권력을 유지했다. 그러나 이 정권은 4·19혁명으로 붕괴한다. 하지만 4·19혁명 이후 힘의 공백 상태를 뚫고 박정희 군부의 반혁명이 성공했다. 5·16 쿠데타 이후 정

6. 브루스 커밍스, 『브루스 커밍스의 한국 현대사』, 한기욱 외 옮김, 창비, 2001, 293쪽.

7. 당시 국가보안법상 '수괴', '간부'로 처벌받은 사람들은 〈조선노동조합전국평의회〉 위원장과 여성·학생·농민 조직 등 대중조직 위원장들이었다. 처음부터 국가보안법은 '간첩'이 아니라 국내의 노동자·민중 운동을 표적 삼았다.

8. 최장집, 『한국 민주주의의 이론』, 한길사, 1994, 133쪽.

치 권력을 장악한 세력은 군부와 관료, 영남에 기반한 정치인, 자본가들이었다.

국가 주도에 의해 강력한 대규모 사적 자본가들(재벌)이 생겨났고 그들이 국가에 의존하는 상황에서 국가 관료와 사적 자본가 사이의 특혜와 상납, 보호와 후원 등 각종 부패한 유착 관계가 생겨났다. 그리고 그것은 몇 가지 특징을 보여 주었다. 첫째, 경제와 정치가 외형상으로 크게 구분되지 않고 융합되어 있었다. 둘째, 노동계급 조직들이 극심히 탄압당했고 거의 허용되지 않았다. 셋째, 자유민주주의가 아닌 일당 독재였다. 야당 정치인과 일부 자유주의 부르주아지도 억압받고 자유를 제약당했다.

한국의 부르주아지는 상대적 후진국의 수많은 부르주아지처럼 이런 권위주의에 대해 결코 진지하고 일관되게 반대하지 않았다. 최장집의 지적처럼 한국의 "부르주아지[는] … 오히려 권위주의 체제가 주도한 경제성장의 중심적인 수혜자들이었다."[9] 따라서 한국에서 권위주의에 맞서며 민주주의를 지향하는 투쟁의 동력은 주로 다른 곳에서 나왔다. 그것은 바로 아래로부터의 노동계급과 피억압 민중의 저항이었다.

1987년의 전환점

9. 같은 책, 379쪽.

한국의 권위주의 체제는 1987년 6월 민중항쟁 전까지 큰 변화 없이 유지되어왔다. 1972년 '유신' 때 이 체제는 더욱더 폭압적이고 권위주의적으로 재편되었다. 박정희의 암살 이후 1980년 '서울의 봄' 때 이 체제는 심각한 도전에 직면했으나 광주항쟁에 대한 '피의 학살'로 다시 가까스로 복원되었다. 그러나 이것은 오래가지 못했다. 1987년 6월의 거대한 민주화 항쟁은 권위주의 체제에 결정적 타격을 가했다. 그리고 그 주역은 노동계급과 피억압 민중·청년 학생들이었다. 6월 항쟁에서 전두환 정권의 후퇴를 목격한 노동자들은 자신감을 얻었고 이어서 자신들의 작업장에서 민주노조 건설과 임금 인상을 위한 투쟁에 나섰다. 7·8·9월 '노동자 대투쟁'이었다.

물론 이 과정에 자유주의 야당과 자유주의적 부르주아지들도 함께했다. 군부의 억압에 반발하며 자신들도 정치 권력에 접근할 수 있기를 바라는 주류 야당 정치인들이 이런 사적 자본가들을 대변하며 군부독재에 반대했다. 그러나 이들은 민주주의 투쟁에서 일관되지 않았다. 특히 노동계급의 투쟁이 분출할수록 이들은 뒷걸음치며 보수성을 드러냈다. 6월 항쟁은 1945년 이래 한국 자본주의 역사에서 가장 중요한 역사적 전환점이었다. 이를 기점으로 권위주의 체제가 자유민주주의 쪽으로 방향을 전환하기 시작했다.[10] 우선 지배 세력은 권력의 안정화를

10. "1987년 6월의 민주화를 위한 범국민적 투쟁은 한국 민주화 과정의 진정한

위해 권력 기반을 확대했다. 기존의 군부, 영남 출신 관료와 정치인뿐 아니라 부르주아 야당과 자유주의 세력에게도 권력에 접근할 수 있는 길이 열렸다.

무엇보다 아래로부터의 강력한 도전에 직면한 지배 세력은 민주노조와 학생회 등 노동계급과 피억압 민중의 조직 건설과 활동을 어느 정도 허용하기 시작했다. 이것은 지배전략과 방식의 변화를 보여 준다. 그동안 '강제와 폭력'을 통한 지배가 우선시되었다면 이제는 '설득과 동의'를 통한 지배가 더 중요해졌다. 이런 변화는 1987년에 시작해 지금까지도 계속되고 있는 과정이다. 그 과정은 단선적이지 않았고 저항과 탄압이 맞물리며 일진일퇴 속에서 조금씩 전진한 과정이었다. 학생들의 시위와 노동자들의 파업이 솟구쳤던 '1991년 5월 투쟁', 1996년에 전두환·노태우 구속을 강제한 학생들의 거대한 투쟁, '50년 만의 정권교체'로 이어진 1997년의 민주노총 총파업… 이런 아래로부터의 대중투쟁의 동력이 이 나라에서 결국 일당 독재를 종식하고 정권교체를 이루었다. 노무현 정권의 등장도 2002년 연말 한국을 들끓게 한 미군 장갑차 여중생 사망 항의 시위, 2004년 탄핵 반대 촛불 시위의 결과였다.

그런데 이 과정은 또한 권위주의적 부르주아지에 대한 자유

출발점"(김세균, 「신자유주의 국가의 대안을 찾아서」, 『21세기 한국정치의 발전방향』, 이정복 엮음, 서울대학교 출판부, 2009.)

주의적 부르주아지들의 타협 과정이었다. 1990년 집권당인 노태우의 민정당과 김영삼의 민주당, 김종필의 공화당 간의 3당 합당으로 민자당이 탄생한 것이 그 대표적 사례다. 1997년 대선 때 김대중의 국민회의와 박정희 군사독재의 후예인 김종필의 자민련이 손잡은 DJP 연합도 한 사례다.

김대중의 민주당은 노무현 정부 출범 후 열린우리당이 떨어져 나가면서 분리되었는데, 민주당은 2004년 한나라당·자민련과 손잡고 노무현 탄핵에 동참했다. 이라크 파병, 한미FTA 등을 추진하던 노무현 정부가 "정책적인 차이가 없다"며 2006년 한나라당에 대연정을 제안했던 것도 타협 시도였다. 이런 타협 과정을 통해서 자유민주주의조차 마뜩잖은 권위주의적 지배자들이 계속 권력에 참여하거나 영향을 미치며 반동을 모색할 수 있었다. 이런 관점에서 '민주정부'의 등장과 10년간의 집권을 평가해야 한다.

'민주정부' 10년과 민주주의

'민주정부'의 등장은 1987년 이후의 변화로 부르주아 야당과 중간계급 일부도 권력을 공유하게 된 결과였다. 김대중·노무현 정부는 일당독재 기간 동안 권력에서 소외되어 있던 지배계급 개혁파(자유주의적 부르주아지)에 기반한 정부였다. 특히 노무현 정권은 집권 초기에는 지배계급 개혁파와 중간계급뿐 아니라 일부 시민단체와 노동조합 지도자들까지 아우르는 다多계급적 기반을 갖고 있었다.

'민주정부' 아래서 1987년 이후 지배전략의 변화는 더 두드러졌다. 채찍('강제와 폭력')보다는 '동의와 설득'을 통한 통치가 더 중요해졌다. 노사정위원회 같은 각종 위원회를 만들어서 노동조합이나 시민단체 지도자들을 지배구조 내로 끌어들이는 데도 더 적극적이었다. 노동조합의 정치 활동 금지 조항도 없어져 노동자 정당의 성장과 국회 진출 길도 넓어졌다.[11]

한국에서 '민주정부'의 등장과 자유민주주의로의 이행은 대단히 불안정하게 진행되었다. 그 이유는 첫째, 민주개혁의 열망을 한몸에 안고 선출된 '민주정부'가 '선출되지 않는 진정한 권력자들'의 민주개혁에 대한 저항 압력에 직면했기 때문이다. 자본주의 국가에서 진정한 권력은 선출된 자들이 아니라 선출되지 않은 자들 — 재벌 총수, 고위 관료, 언론사주, 군 장성, 경찰 총수, 법관 등 — 에게 있다. 한국의 정치·경제 권력을 손아귀에 쥐고 있는 이 실질적 권력자들은 권위주의적 통치 방식에 익숙하기에 민주개혁을 뒤집으려 했다.

---

11. 물론 이것은 수배·구속·해고는 물론이고 목숨까지 내걸고 싸워 온 수많은 노동자·민중들의 투쟁의 성과다. 김대중·노무현 정부는 마지못해 〈전교조〉나 〈공무원노조〉, 노조의 정치 활동을 허용하면서도 동시에 수많은 제약 조건을 가했다. 예컨대 〈전교조〉와 〈공무원노조〉는 노동 3권 중 1.5권만 주어져 있다. 즉 단체행동권에 많은 제약이 있는 것이다. 교사와 공무원의 정치 활동도 여전히 금지되어 있다.

둘째, 이 과정에서 지배계급 내 분열과 갈등이 심각했다. 수십 년간 권력을 독점해 온 지배계급 보수파(권위주의적 부르주아지)와 새롭게 권력에 접근하게 된 지배계급 개혁파(자유주의적 부르주아지) 사이의 쟁투는 흔히 파괴적인 형태로 진행되었다. 서로 검찰 등 국가기구를 이용해 상대방을 공격하면서 심각한 정치 위기가 발생했다. 노무현의 죽음처럼 그것을 극적으로 드러낸 사건도 없을 것이다.

셋째, 자유민주주의로의 이행이 신자유주의 구조조정과 함께 진행되었다. 예컨대 IMF 때 집권한 김대중 정부에서 노사정위가 제일 먼저 통과시킨 것은 정리해고제였다. 노무현 정부에서 노사정위도 비정규직 악법의 통로 구실을 했다. 이러한 신자유주의 정책은 급속한 속도로 양극화를 심화했고 이 때문에 계급 타협 시도는 안정적으로 이루어질 수 없었다. 이런 불안정성과 모순, 긴장들 때문에 '민주정부'에서도 자유민주주의로의 완전한 이행은 여전히 어려웠고 민주주의는 정체하거나 심지어 후퇴하기도 했다. 결국 '민주정부' 10년의 경험은 자유민주주의의 완성조차 지배계급 개혁파를 지지하거나 의존하는 것만을 통해서는 달성하기가 어렵다는 것을 보여 주었다.

'이명박근혜' 10년의 반동과 촛불의 반격

'민주정부' 10년이 낳은 가장 역설적인 결과 중 하나가 바로 이명박 정부의 등장과 박근혜 정부로의 연장이었다. '민주정부'의 기대와 약속을 저버린 행보가 기층 민중들에게 커다란 실망과 환멸을 낳았고, 이런 상황에서 "잃어버린 10년" 동안 와신상담하던 우파가 반사이익을 누리며 권력 탈환에 나섰다. 물론 '민주정부'들에 실망했지만 그렇다고 반민주적인 우파를 지지할 순 없다고 본 많은 사람이 당시 대선 때 기권을 택했고 이것은 사상 최저의 대선 투표율을 낳았다. 그래서 이명박은 유권자 중 겨우 30%의 지지를 얻어 당선했다.

집권한 이명박 정부는 곧장 1987년 이후 아래로부터의 투쟁에 힘입어 전진해 온 민주주의의 성과들을 공격하기 시작했다. 그리고 이것은 박근혜 정부 들어서 더욱 본격화되었다. '이명박근혜' 정부는 한국의 전통적인 대자본가 계급과 권위주의적인 부르주아지에 핵심 기반을 두고 있었다. 이들의 필요와 요구에 따라 이명박근혜 정부는 노동·민중 운동이 1987년 이후 투쟁으로 쌓아 온 민주적 성과들을 허물려 했다.

2008년부터 세계를 휩쓸며 아직도 구조적 문제가 해결되지 않고 있는 경제 위기는 '이명박근혜' 정부의 민주주의 공격을 더 가속화시켰다. '이명박근혜' 정부는 경제 위기 고통 전가와 신자유주의 구조조정을 추진하면서 그에 대한 저항을 짓밟아야 했다. 그러나 그런 시도는 알다시피 2016년 연말부터 2017년 상반기까지 한국 사회를 뒤흔든 거대한 '촛불혁명' 속에서 강력한 도전을 받았다. 우파적인 주류 지배계급은 심각하게 분열했다.

이것은 한국 자본주의와 국가가 경제적·지정학적 위기를 벗어나지 못하고 있는 것과 관련이 깊었다. 한국 경제는 계속 침체해 갔고, 지정학적으로도 한국은 미국과 중국 사이의 갈등이 커지면서 갈수록 난처한 처지로 빠져들고 있었다.

우파적 지배자들은 박근혜의 대응이 이런 위기와 불안정을 해결하긴커녕 악화시킨다고 보면서 불만을 키워 갔다. 최순실 세력이 권력과 이권을 지나치게 주무르면서 지배계급 내부의 불만은 더 증폭되었다. 더구나 박근혜 정권과 정책에 반대하는 저항이 아래로부터 꾸준히 계속되었다. 이미 곳곳에서 인화 요인들이 쌓이고 있던 상황과 조건들 속에서 최순실에 관한 폭로가 방아쇠 구실을 하면서 '촛불혁명'이 터져 나왔다. '촛불혁명' 5개월간 1천700만 명이 만들어낸 아래로부터의 힘은 대단했다. 서울구치소에 최고의 정치권력자(박근혜), 최고의 경제권력자(이재용), 최고의 공안권력자(김기춘)가 모두 같이 수감되는 일까지 벌어졌다.

이 모든 것은 그 추운 겨울에, 멀리 지방에서도 주말마다 서울로 올라오던 보통의 사람들이 만들어낸 것이다. 물론, 촛불은 사회경제적 체제를 뒤바꾼 '사회혁명'은 아니었다.[12] 그것

12. 주로 상부구조에서 새로운 이데올로기와 정책·집단을 대변하는 세력으로 정치권력과 통치 형태가 변화하는 것을 '정치혁명', 그것을 넘어서 계급적 토대에서 새로운 사회제도와 생산양식의 변화까지 낳게 된다면 그것은 '사회혁명'이라고 볼 수 있다. 모든 혁명은 정치혁명이고 거기서 출발하지만, 그것이 사회혁명으로 발전할 것인지는 정해진 것이 아니다. 또 모든 정치혁명에는 사회

은 정치 권력과 통치방식의 변화를 낳는 '정치혁명'에 가까웠다. 박근혜 정권의 몰락은 탄탄해 보이던 권위주의 정권이 한 번 흔들리기 시작하면 급속하게 무너진다는 역사적 교훈을 다시 보여 주었다.

문재인 정부의 5년과 민주주의

우파와 주류 지배자들은 대대적 후퇴 속에서도 박근혜를 꼬리 자르며 위기를 모면하려고 했다. 박근혜 탄핵과 조기 대선 등 '2보 전진을 위한 1보 후퇴'로 시간을 번 후, 자신들의 부와 권력을 지키기 위한 반격을 시도한다는 게 저들의 위기 탈출 방안이었다. 결국 촛불혁명은 헌법재판소의 박근혜 탄핵 인용과 조기 대선, 정권교체, 문재인과 민주당 정권의 등장으로 이어졌다. 거대한 투쟁은 차츰 가라앉았고 선거를 통한 정권교체로 나아간 것이다. 체제의 관리자는 교체되었지만, 기존 지배 질서는 근본적인 타격을 피할 수 있었다.

문재인 정부와 민주당은 촛불혁명의 성과로 집권하게 되었지만, 처음부터 자유주의 야당이자 중도우파로서의 한계를 안고 출발했다. 정부와 민주당 안에도 기득권의 일부이거나 보수적 입장을 가진 세력이 다수 포진해 있었다. 따라서 재벌과 기

혁명의 맹아가 담겨 있다.

득권 세력의 압력에 일관되고 철저하게 맞서리라고 기대하긴 어려웠다. 집권 5년 동안 이런 한계는 계속 문제가 됐다. 그리고 부동산 폭등을 비롯한 정책 실패 속에서 집권 후반기로 갈수록 정권교체 여론이 꾸준히 증가했다. 이것이 주로 진보적 여론의 반발이고, 그 결과 진보좌파가 득세하는 상황이라면 좋았겠지만, 그렇게 해석하기는 어려웠다.

정권교체 여론은 대체로 '남북화해가 안보를 무너뜨리고, 최저임금 인상과 소득주도성장이 경제를 망쳤고, 과도한 시장 개입과 규제가 부동산 폭등을 낳았다'는 프레임 속에서 올라갔다. 중도층과 영남권, 자영계층 속에서 더 급속히 많은 이들이 정부 지지층에서 이탈했고, 2030에서는 '여성이나 양심적 병역 거부자만 챙긴다'며 남성들의 이탈이 특히 두드러졌다. 당연히 정당한 대중의 현실적 분노와 불만이 이 현상의 뿌리에 있지만, 그것이 진보좌파의 프레임 속으로 담아지지 않았다. 반면 기득권 우파 정치세력은 탄핵 이후의 위기와 분열을 극복하며 다시 부활했다. 그들은 새로운 의제와 세력을 규합하고 〈자유한국당〉에서 국민의힘으로 변신하면서, 우파의 재통합을 진척시켜 나갔다.

잊지 말아야 것은 기득권 우파 정치세력은 정치·행정 권력에서 일부 밀려났을 뿐 경제·의회 권력의 핵심을 놓친 적이 없다는 것이다. 자본주의에서 진정한 권력은 선출된 기관에 있지 않다. 그 힘으로 이들은 문재인 정부가 소극적으로 추진하던 개혁조차 대부분 가로막거나 알맹이가 빠진 것으로 만들었다.

결국, 기득권 우파 세력의 방해와 그것에 대한 민주당 정부의 타협과 굴복 속에서 개혁은 계속 유명무실해졌다. 제조업 위기에 세계적 경기 하락까지 닥치자, '소득주도성장'은 경기침체의 책임을 조직노동에 떠넘기는 시장주의 해법에 자리를 내주었다. 부동산 정책에서는 공급 확대, 규제 완화, 세금 축소 등이 해법이라는 전통적 우파의 주장이 대세가 되었다. 코로나 팬데믹까지 덮치면서 이 정부의 운신의 폭은 더욱 좁아졌다.

그 속에서, 소수자 혐오(여성혐오, 혐중)를 선동하는 이준석과 하태경 같은 신우파가 성장해, 여전히 강력한 종북 혐오에 기반한 구우파와 힘을 합치며 더욱 강력해져 갔다. 그리고 마침내 탄핵 이후의 위기와 분열을 극복하며 재구성과 부활에 성공한 기득권 우파는 20대 대선에서 권력을 되찾게 되었다.[13]

반우파 민주연합이 대안인가?

이런 상황이다 보니 많은 사람이 민주 대 반민주라는 구도, 즉 기득권 우파 세력과 그것을 대립하고 있는 민주 세력의 대립

---

13. 박근혜 탄핵 이후 심각한 위기와 분열에 처했던 우파는 다시 국민의힘으로 재결집했고, 검찰개혁을 저지하는 과정에서 우파의 새로운 리더가 된 검찰총장 출신의 윤석열을 대통령 후보로 세워서 아슬아슬하게 권력 탈환에 성공했다.

이라는 구도가 여전히 유효하다는 결론을 이끌어낸다. 누구보다 민주당 자신이 이런 목소리를 높여 왔다. 정의당은 2019년 4월 창원 재보선에서 민주당과 선거연합을 해서 가까스로 승리할 수 있었던 게 사실이다. 2022년 대선 이후에도 정의당이 사퇴하지 않아서 윤석열의 집권을 도왔다는 비난이 쏟아졌다. 단지 사안에 따른 일시적 제휴가 아니라 선거연합이나 공동정부 같은 이야기도 지속해서 제기되어 왔다.

이것은 민주 대 반민주 구도가 지금 가장 중요하고 이 구도에서 민주당이 일관되게 '민주'에 속한다는 가정을 전제로 한다. 그러나 앞서 봤듯이 민주당과 자유주의 부르주아지들은 1987년 이후 자유민주주의로의 이행 과정에서 일관된 민주화 세력은 아니었다. 특히 '민주정부' 10년 동안 이들은 권력을 잡고 신자유주의 정책을 통해 노동자·민중을 억압했고 이를 위해 민주주의를 제약하기도 했다.

> 권력과 명예를 나눠 가졌던 이들은 10년을 아름다운 추억으로 간직하고 있겠지만, 그때 역시 영광만 있었던 게 아니라, 부패와 무능, 배신이 있었으며 시장의 폭력이 있었고, 많은 서민의 고통이 있었다.[14]

---

14. 이대근, 「변하는 이명박, 변함없는 민주당」, 『경향신문』, 2009년 9월 2일.

이것은 '민주 대 반민주 구도가 낡았다'라거나 '민주주의 투쟁은 더 이상 중요하지 않다'라는 뜻은 아니다. 한국 사회에서 자유민주주의로의 이행은 여전히 불충분하고 역전의 가능성도 크기 때문에 자유민주적 기본권을 위한 투쟁은 여전히 중요하다. 문제의 핵심은 민주주의를 위한 투쟁은 여전히 중요한데 그것이 단지 민주당에 기대하고 의존하는 방식으로 가능할 것이냐다. 민주당에 의존만 하다가는 민주주의를 지킬 수 있는 진정한 동력인 아래로부터의 민중의 힘을 주목하거나 발전시키지 못할 수 있다.

대중투쟁은 민주당의 국회 내 활동을 보조하는 수단에 머무르게 되고, 민주주의 투쟁과 생존권 투쟁 등을 연결하기도 어려워진다. 그러다 보면 결국 민주주의 투쟁이 실패의 길로 접어들 수 있다. 이것은 2019년 연말에 선거법과 공수처법의 패스트트랙 과정에서 나타난 문제점이기도 하다. 법안 자체도 민주당이 보수 야당과 절충하고 타협하는 과정에서 알맹이들이 사라졌고, 그것마저 당시 〈자유한국당〉이 결사 저지하면서, 가까스로 통과될 수 있었다. 그것은 2019년 여름부터 가을까지 서초동에 모여서 촛불을 들고 검찰개혁과 언론개혁을 외치던 수많은 대중의 열기를 민주당이 스스로 가라앉히고 나서 벌어진 일이었다.

민주당과 전술적 제휴조차 말아야 하는가?

물론, 이로부터 민주주의 투쟁 속에서 민주당과 어떠한 공조도 있을 수 없다는 또 다른 잘못된 결론을 끌어낼 필요는 없다. 이런 또 다른 편향적 태도를 견지하는 급진좌파들은 보통 러시아 혁명과 볼셰비키를 자신들의 근거로 삼는다. 하지만 막상 러시아 혁명가 레닌은 "어떤 것이든 타협 일반의 허용 가능성을 거부하는 것, 그것은 진지하게 고려하기조차 어려운 어리석은 짓"[15]이라고 이런 태도를 비판했다. "볼셰비즘의 온 역사가 유연한 대응, 협조, 부르주아지 정당을 포함한 다른 정당들과의 타협의 사례로 가득 차" 있다고 했다.[16] 민주당과 우파 야당의 대립 속에 벌어지는 민주주의를 위한 정치투쟁에 무관심하면서, '현장 투쟁'과 '노동자 투쟁'만 강조하는 경제주의적 관점은 부적절하다. 레닌도 이런 경제주의에 대해 매우 비판적이었다.

> 노동자들이 모든 종류의 압제·폭력·학대 – 어떤 계급이 당했건 간에 – 에 대응하는 훈련을 받지 않는다면, 더욱이 사회민주주의 관점으로 대응하는 훈련을 받지 않는다면 노동계급의 의식은 진정한 정치의식이 될 수 없다.[17]

진보좌파는 정치개혁과 검찰개혁 등 민주주의를 위한 과제

---

15. 레닌, 『공산주의에서의 "좌익" 소아병』, 김남섭 옮김, 돌베개, 1992, 33쪽.
16. 같은 책, 75쪽.
17. 클리프, 『당 건설을 향하여』, 125쪽.

들에 누구보다 앞장서 나서야 한다.[18] 대중적 운동과 기구를 만들어 더 일관되고 효과적인 민주주의 투쟁을 만들어가야 한다. 민주주의 투쟁을 확대하려고 노력하면서, 임금·고용·복지 등을 둘러싼 생존권적 요구들을 민주주의 요구들과 결합해야 한다. 사회적 소수자들에 대한 억압과 차별에 반대하는 요구들과도 연결해야 한다. 이런 결합은 민주주의 투쟁과 생존권 투쟁, 차별과 억압에 반대하는 투쟁 모두의 확대 발전을 가져올 것이다.

> 운동은 한 방향으로만 즉, 경제투쟁에서 정치투쟁으로만 나아가는 것이 아니라 반대 방향으로도 움직인다.… 정치투쟁이 확산하여 명확해지고 강화됨에 따라, 경제투쟁은 후퇴하기는커녕 오히려 확산됨과 아울러 더욱 조직화하고 강화된다. 이 두 가지 투쟁 사이에는 상호작용이 존재한다.… 정치 행동의 물결이 고양된 뒤에는 언제나 수많은 경제투쟁의 싹을 틔우는 기름진 퇴적물이 남고, 또 그 역도 마찬가지다.[19]

---

18. 반면, 매우 아쉽게도 한국의 진보정당과 급진좌파들의 대부분은 2019년에 검찰개혁과 언론개혁을 요구하며 기득권 우파와 맞섰던 자생적 촛불 투쟁의 폭발에 철저한 회피와 무시로 일관했다. 그 투쟁이 2016년 촛불의 연장이었음이 분명했는데도, 그 투쟁에 참가한 대중의 의식이 모순되어 있고 후진적이라는 이유로 그 가능성과 의미를 외면했다.
19. 로자 룩셈부르크, 「대중파업론」, 『룩셈부르크주의』, 편집부 옮김, 풀무질, 2002, 193쪽.

그래서 어떤 투쟁과 요구가 더 중심이고 우선이라는 식의 일부 좌파들의 주장은 부적절하다.[20] 투쟁의 결합과 발전은 착취, 억압, 차별을 통해 모든 기층 민중의 삶과 민주주의를 위협하는 사회와 체제에 대한 도전으로 자연스럽게 발전할 수 있다. 그렇다면 그러한 도전이 나아가야 할 대안은 무엇이어야 하는가?

정치적 민주주의를 넘어서 사회경제적 민주주의로

그런 도전은 정당명부식 비례대표제 도입, 국가보안법 철폐, 차별금지법 제정, 사형제 폐지, 국정원과 정보 경찰 등 보안기구 폐지, 검찰 등 억압기구 개혁, 배심원제 도입과 사법개혁 등을 통해 자유민주적 기본권부터 제대로 보장받는 방향으로 나가야 한다. 또 국민투표, 국민소환권, 국민발안권 등 직접 민주주의적 요소의 도입도 필요할 것이다. 선출된 자들이 유권자의 뜻을 거스를 때 그들을 소환할 수 있도록 하고 중요한 정책은 국민 다수의 지지로 직접 발안하거나 투표를 통해 결정하자는 주장은 타당하다.[21] 자본주의에서는 소수의 선출되지 않는 재벌

20. 보통 많은 급진좌파들이 '노동계급의 생존권적 요구와 파업 같은 투쟁이 중심이고 우선이다'는 태도를 취한다.

21. 서구나 남미의 나라들에서 흔히 대기업과 부유층이 선호하는 정책을 관철하는 수단으로 전락한 주민입법제도, 우파와 권력자들이 좌파 정치인들을 끌어내리는 데도 이용되는 소환 투표제 등을 볼 때 직접민주주의 제도 자체가 완전한 해결책은 아닐 것이다.

총수, 고위 관료, 언론사주 등이 정치·경제 권력을 독점하고 있기에 더욱더 그렇다. 정치인들은 유권자가 아니라 이 진정한 권력자들에게 충성하고, 그렇지 않은 경우도 아무런 결정권이 없거나 결국 이들의 압력에 굴복한다.

그래서 '정치적·형식적 민주주의'에 머무르지 말고 '사회경제적 민주주의'로 나아가야 한다는 주장이 제기되는 것이다. 최장집은 "민주적 성격을 보다 많이 갖는 정부일수록 보통 사람들의 사회경제적 권익보다는 … 신자유주의적 경제 체제를 더욱 강력하게 추진"[22]한 결과, 그동안 "절차적 수준에서 민주화와 발전이 없었던 것은 아니지만 … 사회경제적 수준에서 민주화는 퇴보했고 현재에도 계속 퇴보하고 있다"[23]고 평가한 바 있다.

어떤 정당과 정치인이 정부와 국회에 들어가도 결국 삼성의 하수인이 되는 현상은 사회경제적 차원의 민주주의 후퇴를 극명히 보여 준다. 따라서 우리에게는 선거나 의회를 통해 정치 권력에 영향을 미칠 정치적 민주주의뿐 아니라 사회경제적 권력에 접근하고 그것을 통제할 수 있는 사회경제적 민주주의도 필요하다. 그런데 신자유주의뿐 아니라 그것의 뿌리인 자본주의 자체가 실질적 민주주의와 양립할 수 없다는 것이 문제다. 자본주의에서 이 사회를 지배하는 것은 생산수단과 권력기관을 소

22. 최장집, 『민주주의의 민주화』, 후마니타스, 2006, 20쪽.
23. 최장집, 『민주화 이후의 민주주의』, 후마니타스, 2010, 270쪽.

유·통제하는 소수의 지배계급이기 때문이다.

자본주의적 축적은 갈수록 소수 거대 기업에 부와 권력을 집중시키고 정부는 그런 거대기업과 유착해 그들의 이익을 보호하는 구실을 한다. 국가 권력과 유착해서 사회경제적 권력을 휘두르는 대재벌 아래서 민주주의는 갈수록 껍데기가 된다. 더구나 첨예한 경제·사회 위기 때 자본주의 사회는 얼마든지 권위주의 체제로 회귀한다는 것을 파시즘과 쿠데타, 독재로 얼룩진 역사가 거듭 보여 주고 있다. 독일에서 바이마르 공화국이 히틀러의 파시즘으로 바뀌는 것은 순식간이었다. 오늘날 미국이나 유럽 곳곳에서 나타나는 인종주의적 극우파와 신나치의 급성장은 두려움을 자아내고 있다. 우리의 선택은 파시즘 같은 역사의 야만이냐 진정한 민주주의냐가 될 가능성이 크다.

사회주의적 민주주의의 이상과 사회변혁의 필요성

착취 억압받는 민중이 정치 권력뿐 아니라 사회경제적 권력까지 통제하는 것, 그것은 사회주의적 민주주의의 이상이다. 2011년에 중동을 뒤흔들었던 아랍혁명, 2016년 연말에 한국에서 폭발했던 것과 같은 거대한 대중 반란은 이러한 사회로의 발전에 대한 희망을 보여 준다. 그런데 그런 상황에서 자본주의 국가와 억압기구들은 단지 수동적으로 지켜보지 않는다. 특히 대중의 반란이 단순히 정권 교체에 머물지 않고 더 근본적인 사회변혁으로 나갈 여지가 높을 때는 폭력적으로 개입해 기존 체제를 수호하는 구실을 한다. 2011년 '아랍의 봄'이 '겨울'로 바뀌는 과정은 이것을 분명하게 보여 주었다. 이집트에서는 군부가 개입해서 반혁명이 일어났고 학살이 저질러졌다.

레닌은 "피억압 계급의 해방은… 혁명 없이는 불가능할 뿐 아니라 지배계급이 만들어 낸 국가 권력 기구의 파괴 없이도 불가능하다는 것은 분명하다"[24]고 했다. 사회주의적 민주주의로 나가기 위해서는 자본주의 국가 기구를 새로운 대중자치의 민주주의 기구로 대체하는 것이 필수적이다. 그리고 이 과정에서 민주주의를 위한 투쟁과 사회주의를 위한 투쟁은 불가분하게 결합한다. 바로 이런 맥락에서 마르크스는 혁명의 연속성을 강조했다.

> 민주주의자 프티부르주아지가 되도록 빨리 혁명을 마무리 짓기를 바라는 반면에… 우리의 이익과 임무는 많든 적든 재산을 소유한 모든 계급을 지배적인 위치에서 쫓아낼 때까지, 프롤레타리아가 국가권력을 장악할 때까지, 그리고… 결정적 생산력이 노동자들의 손에 집중될 때까지 혁명을 연속시키는 것이다.[25]

---

24. 클리프, 『레닌 평전2』, 446~447쪽.
25. 마르크스, 「공산주의자 동맹에 보내는 중앙위원회의 연설문」(미셸 뢰비, 『연속혁명 전략의 이론과 실제』, 이성복 옮김, 신평론, 1990, 29쪽에서 재인용.)

그리고 역사는 착취·억압받는 민중이 거대한 반란 속에서 기존체제를 뛰어넘는 대중자치의 민주주의와 생산의 자주관리를 건설할 수 있음을 보여 주었다. 마르크스는 "노동의 경제적 해방을 이룩해낼, 마침내 발견된 정치적 형태"라고 1871년 파리 꼬뮌의 경험을 환영하며 사회주의적 민주주의의 내용과 형태를 일반화했다.

> 코뮌의 첫 번째 포고령은…상비군을 폐지하고 그것을 무장한 민중으로 대체하는 것이었다.… 코뮌은 파리의 각 구에서 보통선거로 선출된 자치위원들로 구성되었고, 그들은 [코뮌에] 책임을 지고 언제라도 소환될 수 있었다. 코뮌 성원의 다수는 당연히 노동자들이거나 노동계급이 인정한 대표들이었다.… 코뮌의원들 이하 모든 공무원은 노동자 임금을 받고 일해야 했다. 고위 공직자들이 누리던 특권과 특혜는 고위 공직 자체와 함께 사라졌다.[26]

이런 모습은 1905년과 1917년 러시아 혁명 때 등장한 노동자 소비에트(평의회)에서 더 발전되었다. 소비에트에서는 직장과 지역에서 열리는 대중 집회에서 선출되고 언제든지 소환 가능한 대표자들의 기구가 중요한 사회경제적 문제들을 결정했다. 이러

---

26. 클리프, 『레닌 평전2』, 448~449쪽.

한 사회주의적 민주주의에서는 정치적 민주주의뿐 아니라 사회경제적 민주주의가 가능해진다.

이러한 노동자 권력 기관과 사회주의적 민주주의의 기구는 자본주의 체제에 맞서는 거대한 대중 투쟁과 반란 속에서 등장한다. 레닌은 소비에트가 "그 누구의 고안물도 아니다. 그것은 프롤레타리아 계급투쟁이 보다 확산하고 치열해지면서 그 투쟁으로부터 성장해 나온 것"[27]이라고 지적했다. 그런 노동자 국가와 사회주의적 민주주의에서도 "억압은 여전히 필요하겠지만, 이제는 착취당하는 다수가 착취하는 소수를 억압하게 될 것이다." 이처럼 "다수가 소수의 착취자를 억압하는 것은 비교적 아주 쉽고 간단하… 므로 억압을 위한 특별한 기구의 필요성도 사라지기 시작할 것"이라고 낙관했다. 하지만 실제 역사적 현실은 순조롭거나 단순하지가 않았다.

러시아 혁명이 보여준 가능성과 변질

러시아 혁명의 의의와 성과는 놀라운 것이었다. 1백 년도 전에 기층 민중들이 스스로의 힘으로 거대한 혁명을 일으키고 오랜 전제왕조를 무너뜨리며 전쟁을 끝냈다. 그래서 노동자와 농민 등 기층 민중들이 스스로 민주적 자치와 자주관리를 통해

27. 같은 책, 176쪽에서 재인용.

서 사회를 운영할 수 있다는 가능성을 보여 주었다. 보통 많은 역사가와 심지어 좌파들조차 이 과정에서 레닌 같은 지도자와 볼셰비키의 역할을 과장하는 경향이 있다. 하지만 러시아 혁명의 핵심적인 동력과 주축은 기층 민중 자신들이었다. 먼저 차르를 무너뜨린 2월혁명은 특정한 지도자나 당이 만들어낸 것이 아닌 자생적 대중 반란의 폭발이었다.

보통 레닌의 머리에서 나왔다고 오해되는 '4월 테제'는 이미 2~3월부터 거리의 대중들 속에서 자연스럽게 터져 나온 구호였다.[28] 또 결정적 고비였던 8월에, 코르닐로프 장군이 주도한 반혁명 쿠데타를 막아낸 것도 자발적으로 행동에 나선 기층 민중들의 힘이었다. 당시에 트로츠키는 감옥에 있었고, 레닌과 주요 지도자들은 도피 중이었기에 여러모로 볼셰비키는 사태에 영향을 미치기 어려웠다.[29] 이 속에서 기층 민중의 분노와 요구를 적극 수용하고 지지하면서 볼셰비키는 급성장할 수 있었다. 그런데 그것은 보통 말하듯이 '광범하고 느슨한 독일식 사회민주당과는 달리 중앙 집중적이고 철의 규율을 가진 직업혁명가들로 구성된 볼셰비키가 명확한 방향을 제시하면서 대중이 그 지

---

28. 라스 리, 「"모든 권력을 소비에트로" 구호의 일대기」, 『다른세상을향한연대』, 2017년 11월 4일 입력, 2021년 2월 5일 접속, https://bit.ly/39YycY1.
29. 알렉산더 라비노비치, 『혁명의 시간』, 류한수 옮김, 교양인, 2008. 라비노비치는 최근에 쓴 글에서 심지어 당시 레닌이 도피 중에 보낸 편지의 지시를 그대로 따랐다면 혁명에 재앙이 되었을 것이라고 지적한다.(Alexander Rabinowitch, "How the Bolsheviks Won", *Jacobin*, https://bit.ly/2YKJ4SO.)

도를 받아들이는 과정'은 아니었다.

오히려 레닌은 충실한 카우츠키 노선의 지지자였고, 자신들이 러시아에서 독일 사회민주당과 같은 모델을 고스란히 구현하고 있다고 생각했다. 혁명 과정에서도 볼셰비키가 대중의 분노와 요구를 잘 흡수할 수 있었던 것은 자율성과 정치적 이견, 토론이 보장된 느슨하고 열린 구조를 갖추고 있었기 때문이었다.[30] 그리고 마침내 10월 혁명을 통해서 임시정부를 무너뜨린 볼셰비키는 모든 권력은 기층 민중의 자치지구인 소비에트에 있다고 선언했다.

여기서 우리가 주목해야 할 것은 이미 임시정부는 러시아 민중의 신뢰를 잃고 있었다는 것이다. 반면 볼셰비키의 주장과 노선에 대한 지지는 1917년 내내 급속히 성장했고, 이것은 당시 소비에트 선거에서 볼셰비키가 압도적 지지를 받는 것으로 나타났다. 즉, 10월에 볼셰비키는 단지 무장봉기를 통해 강제로 권력을 찬탈한 것이 아니라, 소비에트 선거에서 확인된 러시아 민중 다수의 지지라는 정당성을 바탕으로 집권했던 것이다. 그런데 '전 러시아 소비에트 2차 대회'를 며칠 앞두고 비밀스럽게 추진된 무장봉기는 소비에트 내에서 민주적으로 논의되고 결정된 것은 아니었다. '소비에트 대회'는 이것을, 그것도 멘셰비키와

30. 라스 리, 「볼셰비즘과 혁명적 사회민주주의」, 『다른세상을향한연대』, 2016년 9월 26일 입력, 2021년 2월 5일 접속, https://bit.ly/3cVemPe.

사회혁명당이 항의하며 퇴장한 상황에서 사후 승인을 할 수밖에 없었다.

이후 볼셰비키는 인민위원회를 구성하고 전쟁 중단, 노동자 생산관리, 토지개혁, 소수민족의 자결권, 여성의 권리 등에 대한 의미 있는 포고령들을 발표해 나갔다. 하지만 소비에트의 다수 대중이 기대했던 볼셰비키가 주도하면서도 사회주의 정당들이 공동으로 구성하는 연립정부는 구성되지 못했고, 사실상 볼셰비키의 단독정부가 계속되었다. 러시아 민중의 민심이 변화하는 가운데 그다음 해에 이어진 제헌의회 선거에서는 사회혁명당이 볼셰비키의 두 배가 넘는 지지를 얻었지만 진행되던 방향을 바꾸지는 못했다. 멘셰비키와 사회혁명당은 신문 검열, 당원 체포, 선거 입후보 금지에 직면하며 소비에트에서도 밀려 나갔고, 결국 볼셰비키만이 유일 합법 정당이 되어 갔다.[31]

소비에트는 갈수록 유명무실해지기 시작했다. 1918년 1월부터 공장위원회는 사실상 해체의 압력에 놓였다. 노동조합은 노동자들에게 규율을 부과하고 생산성 증진을 강요하며 그것을 어기는 사람에게는 징벌을 가하는 기구로 변화해 갔다. 1919년부터는 여성, 아동노동에 대한 보호들이 폐지되고, 야간노동과

---

31. 소비에트 선거 자체도 제도적으로 볼셰비키에 유리하게 설계되었다. 도시 노동자에게 더 인기 있는 볼셰비키가 더 많은 자리를 얻을 수 있도록, 도시에서는 2만 5천 명당 1명, 농촌에서는 12만 5천 명당 1명의 대표자를 뽑을 수 있도록 한 것이다. 또 '생산적 노동을 하지 않는 사람'이라는 이유로 수많은 사람에게서 투표권과 참정권을 박탈했다.

초과 노동이 합법화되었다. 12시간 노동제가 도입되고 강제노동 징집이 시행되었다. 경쟁을 촉진하기 위한 불평등한 성과 배급제가 도입되었다. 이제 소비에트는 노동자·농민의 아래로부터의 요구와 의견이 분출하는 민주적 자치기구로서의 성격을 상실해 갔다. 모든 결정권을 볼셰비키로만 구성된 인민위원회가 독점했고, 인민위원회는 소비에트에 보고하거나 승인받지 않고 법령을 공표했으며, 지방 소비에트는 중앙 소비에트가 하달한 명령을 집행하는 기구로 성격이 변해갔다.

노동자 자주관리는 파괴되었고 1인 경영이 도입되었다. 반대당만 금지한 것이 아니라 볼셰비키당 안에서도 지도부에 이견을 제시하는 분파는 금지되었다. 파업에 가담한 노동자는 해고되고 배급권이 몰수되었고, 멘셰비키 당원은 파업의 배후로 몰려 체포되었다. 1921년에 수도에서 식량 공급 개선을 요구하는 시위와 파업이 벌어지자 시위를 금지하고 계엄령을 선포하기도 했다. 러시아 혁명의 아래로부터의 요소를 환영했지만, 볼셰비키의 집권 초기를 직접 경험하고 커다란 실망을 하게 된 반전운동가이자 아나키스트 엠마 골드만은 이렇게 뼈아픈 지적을 한다.

> 공산주의 정당은 정부 실권을 충분히 잡았다고 느끼자마자, 대중 운동의 범위들을 제한해가기 시작했다.… 새로운 독재 전부에 굴복하기를 거부한 모든 정당과 모임은 사라져야 했다.

아나키스트들과 좌파 사회주의 혁명가들이 첫 번째 대상이었고, 그다음은 멘셰비키와 우파에 속한 다른 정적들이었다. 마지막으로는 자신만의 의견을 갖고자 갈망했던 모든 사람이 대상이 되었다. 모든 독립적인 단체들의 운명도 비슷했다. 그들은 새로운 국가의 욕구에 복종하든지 아니면 다 같이 파괴되었다. 소비에트가 그랬고 노동조합들과 협동조합들이 그랬다. 이 세 가지는 혁명의 희망을 실현할 위대한 요소였다.[32]

이와 같은 러시아 혁명의 변질과 타락은 스탈린 시대로 넘어가면서 더욱 극심해졌고, 하나의 모델로 굳어졌다. 이 모델은 이후 동유럽 사회주의 국가들로 확산해 갔고 1989년~1991년에 그 나라들이 몰락할 때까지 사회주의를 대표하는 모델로 유지되었다. 오늘날 중국과 북한에서도 그 모델은 여전히 기본적 틀을 유지하고 있다. 이런 모델들에서 대개 생산은 국유화되어 있고 공산당 관료들의 통제를 받았다. 권력은 공산당 일당에게 독점되어 있고 민주주의와 자유는 짓눌렸다. 권력의 독점과 세습, 권력을 둘러싼 암투와 숙청, 이것이 이들 나라를 상징하는 이미지다. 자본주의적 민주주의의 한계를 뛰어넘어 진정한 민주주의를 실현할 것이라고 기대되었던, 사회주의적 변혁의 시도가 왜 이런 결과를 낳게 되었을까? 그 원인을 밝혀내고 실패

---

32. 엠마 골드만, 「나의 러시아 2년」, 1923.

로부터 교훈을 끌어내는 것은 사회주의적 민주주의를 여전히 대안으로 보존하기 위한 필수적 과제이다.

국가자본주의론의 설명력과 한계

사회주의적 변혁의 시도가 소련, 중국, 북한 같은 사회와 체제를 낳은 이유에 대해서 다양한 분석과 설명 시도가 있었다. 사회주의적 변혁의 시도는 필연적으로 독재와 전체주의를 낳을 수밖에 없다는 주장, 그런 사회는 '타락한 노동자 국가', '관료집산주의', '국가사회주의' 등 진정한 사회주의 사회가 아니었다는 주장 등이 있었다. 하지만 가장 설득력 있고 이론적으로도 엄밀한 주장은 그런 사회가 사회주의가 아니라 또 다른 자본주의, 즉 국가자본주의였다는 주장과 이론이다.[33] 이 국가자본주의 이론을 가장 앞장서서 주장한 사상가는 토니 클리프이다.[34] 토니 클리프가 던진 의문은 다음과 같은 것이었다. '노동자들의 자기해방 활동도 없고, 노동자 민주주의도 존재하지 않고, 노동자들이 생산을 통제하지도 않는 그런 사회가 사회주의라면 도대체 마르크스주의는 무엇이란 말인가?'

클리프는 중요한 것은 국유화나 계획경제 같은 법적 형식이

---

33. 정성진, 「스탈린주의 소련 경제 : 마르크스주의적 분석」, 『대안적 경제체제의 이론과 역사』, 한울아카데미, 2007.

34. 토니 클리프, 『소련은 과연 사회주의였는가』, 정성진 옮김, 책갈피, 2011.

아니라 계급적 내용과 성격이라고 보았다. 이에 따라 소련 같은 사회는 소수의 관료집단이 생산수단을 소유·통제하며 노동계급을 억압·착취하는 국가자본주의라고 주장했다. 이는 '국유화가 사회주의라면 비스마르크의 담배 전매도 사회주의냐'라던 엥겔스의 문제의식과 같다.[35] 국가자본주의론에 따르면 소련의 국가 관료들은 서구 시장 자본주의와 군사적 경쟁의 압력 속에서 노동자들에게서 더 많은 잉여가치를 짜내기 위해 행동했고, 또 잉여가치의 더 많은 부분을 확대재생산에 다시 투자했다. 즉 인민의 필요를 위한 생산이 아니라 '생산을 위한 생산, 축적을 위한 축적'이었던 것이다.[36] "국가를 '소유하고' 있으며, 축적 과정을 통제하고 있는 러시아 관료는… 전통적 자본가 계급의 부분적 부정인 동시에 자본가 계급의 역사적 사명의 가장 진정한 인격화"라는 게 클리프의 주장이었다.

이처럼 국가자본주의론은 마르크스주의적 틀과 방식을 이용해 소련 사회의 성격과 동력을 설명했다는 점에서 의의가 있었다. 이런 분석은 특정한 형식과 제도가 아니라 노동계급 대중

35. 엥겔스는 『반뒤링론』에서도 "국가가 생산력을 더 많이 장악할수록 국가는 모든 자본가의 현실적 집합체가 되며 더 많은 시민들을 착취하게 된다"고 했다.
36. 소련 경제학계에서 주도적이었던 '수리경제학파'는 이런 현실의 이론적 반영이었다. 수리경제학파는 "기업의 수익성을 증대하기 위한 유인을 어떻게 제공할 것이냐"를 중시하면서 "이윤과 수익성(률) 크기가 성과 평가의 유일한 기준이 되어야 한다"고 했다.(김동혁, 「소련 사회주의 경제개혁의 쟁점과 수리경제학파의 등장」, 『참세상』, 2015년 4월 15일 입력, 2022년 3월 16일 접속, https://bit.ly/3avy812.)

스스로가 투쟁 속에서 주체가 되어서 사회를 바꾸고 민주적으로 운영하는 것이 사회주의의 핵심이라는 점을 강조하게 해 준다. 하지만 이 이론은 과연 소련을 하나의 거대한 공장으로 보는 것이 맞는지, 주되게 군사적 경쟁 속에서 작동하는 동학을 어떻게 시장경쟁과 교환가치의 문제와 연결할 것인지 등에서 몇 가지 이론적 약점을 가지고 있다. '가치법칙이 작동하지 않고, 교환가치가 아닌 사용가치를 추구하는 체제가 과연 자본주의일 수 있냐'는 반론이 제기되어 왔다.[37]

무엇보다 사회주의 변혁을 위한 시도가 실패하면서 이 같은 체제로 변질한 원인이 무엇인지의 문제는 여전히 남는다. 변질의 시점과 원인, 과정에 대한 설명이 너무 불충분할 뿐 아니라 설득력이 없는 것이다. 클리프와 그 지지자들은 대체로 스탈린주의와 스탈린이 주도한 1928년 반혁명에 책임을 지우면서, '레닌주의'적 이론과 실천을 신화화하기 급급했다. 스탈린 이전에 이미 존재했던 변질과 후퇴의 조짐들은 보통 외면하거나 '엄혹한 상황이 강요한 불가피한 타협'으로 정당화하기만 해왔다. 그러나 우리는 어떤 금기나 성역도 없이 의문을 던져야 한다. 스

37. "클리프 이론의 빈틈은 세 가지다. 첫째, 소련을 가치법칙이 작동하지 않는, 노동 분배가 바로 '계획'되는 하나의 공장으로 보았다. 둘째, 마르크스의 사용가치와 교환가치 개념을, 서로 맞서지만 한 테두리 안에 있는 '통일체'(unity)로 보지 않고, 따로 떼어놓고 있다. 셋째, 국가자본주의를 사회주의로 옮아가는 시기로 보았다."(이진, 『마르크스 가치론으로 본 소련 자본주의 논쟁』, 경상대학교 대학원, 2011.)

탈린의 반혁명만이 문제였을까? 스탈린 이전의 후퇴가 그 길을 닦았던 것이 아닐까? 오늘날 많은 좌파에게 여전히 신화로 남아있는 레닌과 '레닌주의'에 변질의 요소가 있었던 것 아닐까? 1917년 10월 혁명과 볼셰비키의 실천은 단순 반복되어야 할 모범 답안일까?

'레닌주의'의 신화와 그것이 낳은 문제들

스탈린주의는 노동계급의 역사적 사명을 대변한다고 가정된 당이 독재적 권력을 행사하면서 사회주의로 나아간다는 사상이다. 그 과정에서 일어나는 민주주의 파괴, 인간적 희생 등은 부수적 피해로 간주되고, 노동계급은 사회주의적 인간형으로 계몽되어야 할 대상으로 여겨진다. 그런데 이런 요소는 레닌과 볼셰비키의 전통 자체에서 어느 정도 찾을 수 있다는 것을 부정하기 어렵다.[38] 지식인 엘리트들이 주도하는 변혁에 대한 사상의 맹아는 20세기 초 레닌의 저작인『무엇을 할 것인가』에서부터 발견된다.

---

38. 마르셀 리브만은 '일당체제에 대한 레닌의 책임은 실질적이고 결정적'이라고 지적한다.(마르셀 리브만,『레닌의 혁명적 사회주의』, 정민규 옮김, 풀무질, 2007.) 정성진도 '레닌주의'에 대한 날카로운 비판적 재검토를 보여 준다.(정성진,「레닌의 사회주의론 재검토」,『혁명과 이행』, 한울, 2017.)

> 사회민주주의 의식은 노동자들 외부로부터만 도입될 수 있다.… 노동자계급은, 자신들의 노력만으로는, 단지 노동조합 의식만을 발전시킬 수 있다.… 사회주의의 이론은… 교육받은 유산 계급의 대표자들, 지식인들이 정교화한 철학, 역사 및 경제 이론으로부터 생겨났다.[39]

이런 요소와 맹아는 레닌과 볼셰비키가 아직 권력을 잡기 전에는 뚜렷하게 발전하지 않았고, 노동계급의 아래로부터의 자발성과 잠재력에 대한 강조와 섞여 있었다. 앞서 보았듯이 볼셰비키는 상당히 활동가들의 자율성이 보장된 조직이었고, 자유로운 토론과 논쟁이 어느 정도 허용되었기에 1917년 혁명 과정에서 성장할 수 있었다. 하지만 권력을 잡고 나서부터 문제점이 드러나기 시작한다. 레닌과 트로츠키 같은 볼셰비키 지도자들은 민주주의를 부차적인 수단으로 취급하고, 기층 민중을 변혁의 주체라기보다는 계몽의 대상으로 보는 관점과 태도를 갈수록 분명히 해갔다.

이 당시 레닌은 노동계급의 능력을 불신했다. "너무나 분열되고 타락하고 부분적으로 부패해 있어서 … 프롤레타리아트 전체를 포함하는 조직으로는 직접적으로 프롤레타리아트

---

39. 칼 카우츠키의 영향력이 뚜렷한 이런 부분에서 레닌의 관점은 '아래로부터의 사회주의'라고 보기 어렵다.

독재를 수행할 수 없다. 그것은 전위에 의해서만 수행될 수 있다."(1920) 이에 따라서 레닌은 "자주관리는 환상이고 유해하다. 과도기에는 1인 경영이 더 유리하다"고 주장했고, "민주주의에 관한 모든 헛소리들은 쓸어버려야 한다"(1920)라거나 "반대에 재갈을 물려야 한다"(1921)고 주장했다. "공장 경영자의 뜻에 대한 대중의 무조건적 복종이 요구된다. 독재자가 노동계급의 의지를 대표할 수 있다"는 것이 레닌의 생각이었다.[40]

트로츠키도 비슷했다. "우리는 인간 생명의 소중함에 대한 칸트적, 종교적, 채식주의적 지껄임에 관심 없다. 문제는 피와 강철로만 해결될 수 있다." "국가는 소멸하기 전에 프롤레타리아 독재라는 가장 무자비한 형태를 거친다." "당은 노동계급의 역사적 임무를 위한 역사적 도구이므로 항상 옳고 누구도 당에 대항해서 옳을 수 없다."[41] 이런 분명한 관점 속에서 1917년 혁명이 이룩한 성과들의 후퇴가 시작된 것이다. 이것은 '혁명의 고립 때문에 사기 저하되고 계급의식이 충분히 발전하지 못했던 노동자들이 스스로 원했던 방향'이 아니었다. 레닌과 볼셰비키가 앞장서서 채택한 노선이고 아래로부터 반대와 저항이 있었지만, 볼셰비키는 그것을 억누르고 추진했다.[42]

---

40. 레닌, 『프롤레타리아 독재에 대하여』, 편집부 옮김, 앎과 함, 1989.
41. 레온 트로츠키, 『테러리즘과 공산주의』, 노승영 옮김, 프레시안북, 2009.
42. 특히 수도인 페트로그라드에서 식량 공급 개선 요구 시위와 푸틸로프 공장에서 파업이 시작되고 이것이 크론시타트 반란으로 이어진 1921년 상반기가 중요했다. 하지만 계엄령을 선포하고 시위를 금지한 볼셰비키는 파업 가담자

일부 좌파들은 '엄혹한 상황에서 불가피했다'며 당시의 이런 문제들을 변호해 왔다. 안으로 반혁명 세력이 노동자 국가를 위협하고, 밖으로 제국주의·자본주의 국가들이 포위하고 있는 상황에서 대안이 없었다는 것이다.[43] 이런 논리는 소련, 중국, 북한 등에서 나중에 스탈린주의를 정당화한 논리와 크게 다를 바 없다. 히틀러가 집권하고 전쟁을 확대하던 1930년대의 스탈린 정권처럼 엄혹한 상황을 핑계 대기 좋은 상황도 없었을 것이다. 이런 상황 논리를 비판해 온 좌파들이 레닌과 볼셰비키가 비슷한 논리로 권력을 독점해 나간 것에 대해 '불가피한 상황'을 말하며 변호한다면 그것은 모순일 수밖에 없다.[44]

한때 볼셰비키로서 러시아 혁명에 참여했던 빅토르 세르주는 이렇게 돌아본다. "볼셰비키는 자신들이 진리를 알고 있다고

의 배급권 몰수, 대량 해고와 체포로 대응했다. 크론시타트 반란도 유혈 진압되었고 주동자 수백 명은 즉결 총살되었다. 당연히 이런 볼셰비키 정권에 대한 대중의 감정은 좋을 수 없었고 소비에트에서 민주적 선거가 진행된다면 권력을 잃을 가능성이 높았다. 하지만 그런 일은 일어나지 않았다. 왜냐하면 다른 야당은 모두 불법화되어 있었고 입후보 자체가 불가능했기 때문이다.

43. 그러나 최근의 역사적 연구는 내전이 끝나서 외부적 압박이 감소하고 경제위기가 해소된 상황에서도 후퇴가 계속된 것을 지적하고 있다. 한다. (사이먼 피라니, 「노동자들과 소비에트 국가」, 『다른세상을향한연대』, 2019년 5월 6일 입력, 2021년 2월 7일 접속, https://bit.ly/2Z176sV.)

44. 러시아 혁명 당시 내전에서 적군이 승리한 것은 볼셰비키가 '불가피한 후퇴'라며 채택한 징병제와 상명하복, 탈영병 총살 같은 것들 때문이 아니라, 오히려 사라지지 않고 남아있었던 혁명적 이상주의 덕분이었다는 스티브 스미스의 지적은 곱씹어 볼 필요가 있다. (스티브 스미스, 『러시아 혁명』, 류한수 옮김, 박종철출판사, 2007).

자신했고 다른 생각은 반동적이라고 보면서 이단 심문관처럼 변해 갔다. 그러면서 자연스럽게 권위주의가 탄생했다." 그런데 스탈린의 박해를 당하며 추방당한 트로츠키와 지지자들도 마찬가지였다는 게 세르주의 탄식이다.

> 핍박을 당하는 사람들의 심리 상태가 박해자들의 태도와 똑같았다. … 그들이 스탈린주의에 반대하다 가루가 되고 있었다는 사실을 상기하면 얄궂다고 하지 않을 수 없다. … 제4인터내셔널의 서클들에서는 트로츠키의 입장에 반대하면 누구든 쫓겨났다. 소련의 관료들이 우리를 겨냥해 사용하던 것과 동일한 언어로 비난이 퍼부어졌음은 물론이다.[45]

---

45. 빅토르 세르주, 『한 혁명가의 회고록』, 정병선 옮김, 오월의 봄, 2014. 영국의 사회주의자이자 역사가인 이언 버철도 최근 비슷한 지적을 했다. "내 세대에게 있어서 마르크스주의에서 스탈린주의에 대안적인 전통이 있다는 발견은 극히 중요한 것이었다. 그럼에도 불구하고 나는 트로츠키주의 전통이 처음부터 결함이 있었다고 생각한다. 그의 고립과 스탈린주의자들의 끔찍한 공격 때문에 트로츠키는 마르크스주의에 대해서 매우 방어적인 접근을 했다. 더구나 그는 이 운동에 자신의 입장과 분석을 강요하려 했고 그것에 동의하지 않는 사람들은 배제시켰다. 그 결과 빅토르 세르주와 알프레드, 마거리트 로스메르와 같은 진정한 혁명가들은 제4인터내셔널에 결코 가입하지 않았다. 그리고 그 결과 제4인터내셔널의 전체 역사는 분열의 역사이고, 각 집단은 자신들이 진리를 독점하고 있다고 주장하고 있다. 트로츠키에게서 배울 것은 여전히 많지만, 그러나 '트로츠키주의'는 죽었다." (Selim Nadi, "Between Sartre and Cliff : Ian Birchall, a heterodox Marxist's trajectory", *RS21*, 2019년 5월 29일 입력, 2021년 2월 7일 접속, https://bit.ly/3aGjYdA.)

트로츠키의 좌익반대파 또한 스탈린이 추진한 강제적이고 폭력적인 산업화 정책들을 기본적으로 지지했던 것이 사실이다. 트로츠키는 그런 방향을 '사회주의의 강화'라고 봤고, 이에 대한 저항과 파업은 '불법'이라고 비난했다.[46] 민주집중파와 노동자반대파는 분명 달랐고 더 나은 입장이었지만, 이들 모두는 볼셰비키의 권력 독점을 동의했다는 점에서 같았다. 결국 이런 변질은 권력 장악 이후 내전과 경제 위기라는 조건 속에서 발아한 것이지만, 이데올로기 속에 이미 씨앗이 담겨 있었다고 봐야 한다. 권력을 잡기 전에는 대중정당을 건설하고 지지를 얻기 위해서도 다른 의견을 허용하고 민주주의를 수용했지만, 권력을 장악하고 나서는 사회주의라는 '목적'을 위해서 민주주의라는 '수단'은 제한되거나 포기될 수 있다고 여겨졌다. 이것은 대개 부르주아적 세력과 시도에 대한 '프롤레타리아의 독재(민주주의)'라는 이름으로 정당화되었다. 반면 이에 대한 거부는 '민주주의에 대한 부르주아적 잣대'라고 비난받았다. 정치적 다원성을 허용하고 민주주의를 끝까지 포기하지 않는 것이 왜 중요한지에 대한 인식과 이론이 존재하지 않았던 것이다.[47] 그 문제점은 권력 장악 이후에 부각되기 시작되었고, 열악한 상황이 문제를 더욱 악화시켰다. 이것이 하나의 이론으로 확립되어서 전파

---

46. 존 에릭 마로, 「트로츠키와 좌익반대파」, 『다른세상을향한연대』, 2017년 4월 25일 입력, 2021년 2월 7일 접속, https://bit.ly/39ZRVGW.
47. 스미스, 『러시아 혁명 : 1917년에서 네프까지』.

되기 시작하면서 악순환은 더욱 심화해 갔다.

좌파의 뒤틀린 전통 : 러시아 혁명 이후부터 오늘날까지

이처럼 러시아 혁명의 후퇴와 변질 속에서 나타난 모습들이 '레닌주의'라는 하나의 전통으로 만들어져서 오늘날의 좌파들에게 여전히 큰 영향을 미치고 있다. 이것은 1917년 직후부터 시작된 문제다. 당시 국제적 좌파들은 자연스럽게도 1917년의 모범을 자신들의 지역에서 반복 적용하려고 했다. 여기저기서 좌파조직들은 조건과 상황을 충분히 살피기보다는, 시급히 무장봉기를 조직해 '프롤레타리아 독재'를 수립하고자 조바심을 보였다. 그런데 그 '모범'은 혁명 초기에 자유롭고 민주적인 분위기의 볼셰비키가 아니라, 권력 장악 이후에 다른 정당과 당내 이견들을 억누르기 시작한 볼셰비키였다. 이것은 1920년 여름의 코민테른 가입 승인을 위한 "21개 조건"에서 분명히 드러났다.

> 현 정세에서 공산당은 가능한 한 중앙집중주의적인 방식으로 조직되어 있어야만, 거의 군대의 규율과 같은 철의 규율이 그 안에서 승리해야만, 그리고 당 중앙이 광범위한 권력을 행사하는 위엄 있고 권위 있는 기관이어야만 그 임무를 수행할 수 있을 것이다.

여기서는 민주적 절차에 대해서는 거의 언급이 없고, 독점적인 강조점은 중앙집중주의에 있다.[48] 1921년 봄 제10차 당 대회에서 통과된 '분파 금지' 결의안에서는 생각이 다른 사람들을 당에서 추방할 권리가 더욱 분명해졌다. '무장봉기와 권력 장악'이라는 도식이 독일 공산당의 공세 이론과 '3월 행동'이라는 재앙을 낳은 이후에 치러진 1921년 코민테른 제3차 대회에서도 문제가 드러났다. 이 사태에 분명히 큰 책임이 있는 코민테른 집행위원회ECCI에 대해 솔직한 비판은 나오지 않았다.[49] 1923년 10월 독일 혁명의 패배 직후에는 문제가 더 악화했다. 코민테른 지도부는 이 패배에 대한 비판적 성찰을 회피한 채 독일 공산당KPD이 철의 규율과 이데올로기적 동질성을 갖추지 못한 것이 패배의 원인이라고 진단했다. 이에 따라 "볼셰비키화" 캠페인이 시작되었다. 상명하복의 규율, 견해의 차이를 용납하지 않는 풍토가 "볼셰비키화"와 "민주집중제"라는 이름으로 확산해 갔다.[50]

1917년 혁명의 절정까지도 볼셰비키와 멘셰비키와 다양한 좌파들이 러시아사회민주노동당RSDLP이라는 하나의 당 안에

---

48. 루크 쿠퍼, 「레닌주의를 넘어서」, 『다른세상을향한연대』, 2017년 1월 27일 입력, 2021년 2월 7일 접속, https://bit.ly/3p0hADv.
49. 이언 버철, 「코민테른 3차 대회」, 『다른세상을향한연대』, 2018년 1월 29일 입력, 2021년 2월 7일 접속, https://bit.ly/36VqPim. 코민테른 지도부는 충분한 평가 없이 '공동전선'으로 방향을 바꿨는데, 그러면서도 대중적 노동조합에서 철수해 따로 '적색노조'를 건설하자는 매우 모순되는 정책을 함께 제시했다.
50. 찰리 포스트, 「레닌주의 논쟁」, 『다른세상을향한연대』, 2015년 11월 17일 입력, 2021년 2월 7일 접속, https://bit.ly/2YWo9MX.

서 협력하고 토론했었다는 역사적 사실은 잊혔다. 이탈리아와 프랑스 등 모든 나라에서 기존의 사회민주당에서 공산당이 분리해 나오는 것이 당연한 정답처럼 요구되었다.[51] 이것은 "카우츠키적" 관점의 "계급 전체의" 당이라는 개념에 반대하여 "새로운 유형의 당"을 도입했다는 "레닌주의"로 정당화되었다. 정작 레닌 자신은 그런 말을 쓰거나 주장을 한 적이 없는데 말이다.[52] 국제적 사회주의 운동 속에 하나의 전형적 모델과 경직된 전통이 계속 굳어져 갔다. 러시아 혁명 과정에서 레닌과 볼셰비키가 대부분의 문제에 대해 답을 제시했고, 좌파의 임무는 그 원칙과 강령의 순수성을 지키는 것이며, 이에 대한 거부는 배신이라는 관점이었다. 대부분의 조직이 '레닌주의'의 진정한 전통을 이은 '순혈'인가, '이단'인가로 구분되었다. 그런 좌파들은 1917년 혁명도 노동자·민중의 투쟁이 낳은 위대한 성과보다는, 레닌이 얼마나 놀랍도록 뛰어나고 현명하게 시의적절한 전략 전술을 펼쳤는가를 강조하는 경향이 있었다.

또 이런 '레닌주의' 조직일수록 분열할 가능성이 높았다. 조

---

51. 이탈리아에서는 기존의 사회당이 전쟁을 찬성한 것도 아닌데, 코민테른은 공산당의 분당을 강요했다. 이런 정책이 사회주의와 노동운동에 끼치는 파괴적 분열을 비판한 파울 레비(Paul Levi)는 독일공산당에서 추방되었다.
52. 라스 리, 「마르크스주의와 역사의 멜로드라마」, 『다른세상을향한연대』, 2016년 2월 5일 입력, 2021년 2월 7일 접속, https://bit.ly/3p5a1eR. 이런 '레닌주의 당'의 가장 적극적 주창자는 스탈린이었다. "당은 기회주의적 요소들을 가진 당원들을 제거함으로써 스스로를 강화한다. 볼셰비키 당은 제2인터내셔널의 사회민주당들과는 근본적으로 다른 새로운 종류의 당이었다."

직 안에서 이견과 토론이 잘 허용되지 않으니 노선 차이는 분열로 이어질 수밖에 없었다. 강령적 순수성을 고집하다 보니 '불순한 이견'을 솎아내서 추방하는 일들이 반복되었다. 결국 서로 비슷한 강령을 가졌지만 여러 개로 나누어진 '레닌주의' 조직들이 서로 자신을 '정통'이라고 자처하면서 상대를 '이단'이라고 공격하는 현상이 나타났다. 누가 진정한 계승자인지를 다투면서 서로 '기회주의', '개량주의', '멘셰비즘', '부르주아적 일탈'이라고 비판했다. 이런 레닌주의 조직들의 공통점은 대중적 기반의 취약, 내부적 민주주의의 부족, 통제나 교체되기 어려운 지도부, 엄격한 내부규율에 대한 집착 등이었다.[53]

결국 조직은 갈수록 경직되고 열린 토론도 어려워졌다. 그것은 사회와 현실의 변화에 따라 구체적 분석을 하며 새로운 혁신을 시도하는 것을 어렵게 만들었다. 왜 러시아 혁명 이후에는 대부분의 '레닌주의' 조직들이 결코 볼셰비키와 같은 대중적 정당으로 성장하지 못했는지에 대한 답은 여기서 찾을 수 있다. 이렇게 주변화될수록 이런 소규모 좌파조직들은 더욱더 이데올로기적 정통성과 선명성에서 자신들의 존재 의미와 자신감을 찾으려 했고, 그 결과 그들의 사상은 더 경직화되는 경향이 나타났다.[54]

---

53. 존 리델은 이것을 "소집단 맑스주의"라고 부르며 설명한다.(존 리델, 「코민테른 초기의 당내 민주주의와 오늘날」, 『다른세상을향한연대』, 2017년 3월 22일 입력, 2021년 2월 7일 접속, https://bit.ly/3cQXw49.)

새로운 혁신과 재정립을 위한 고민의 실마리들

오늘날 우리는 여전히 자본주의 체제를 근본적으로 변혁하고 새로운 대안적 사회를 건설해야 한다는 과제를 안고 있다. 해결되지 않는 불평등, 계속되는 전쟁과 전쟁 위험, 환경파괴와 기후변화가 예고하는 대재앙, 그리고 세계 곳곳에서 극우의 인종주의자들의 득세와 소수자에 대한 혐오와 차별 등은 위기의식을 더욱 높이고 있다. 더구나 착취, 억압, 차별은 어느 하나가 우선이고 중요하다고 볼 수 없을 만큼 유기적으로 교차해 있고 자본주의는 가부장제, 인종주의, 제국주의와 구조적으로 얽혀 있다. 따라서 가부장적이고 인종차별적이고 제국주의적인 자본주의를 폐지하고 모든 피억압 민중과 소수자에 대한 억압과 차별, 식민주의, 계급 착취를 같이 끝내야 한다. 이것은 또다시 투쟁과 쟁점의 분리, 단절이 아니라 그것의 연속과 교차를 추구

---

54. '레닌주의' 조직의 실패를 보여주는 가장 최근 사례는 2019년 봄에 벌어진 〈미국 국제사회주의조직〉(ISO)의 위기와 해산이다.("TAKING OUR FINAL STEPS", 〈SocialistWorker.org〉, https://bit.ly/3oVCEuT.) 2013년에 있었던 성폭력 사건을 지도부가 은폐했던 것이 드러나 커다란 논쟁, 반성과 평가가 진행되다가 결국 조직을 해산했다. 이들 또한 '레닌주의'라는 이름으로 몇 가지 방향을 유지해 왔다. 지도부의 중앙집중적이고 독점적 권한, 교체되지 않는 핵심 지도자들, '행동 통일'이란 이름으로 비판과 이견의 차단, 분파 금지 등이 그것이었다. ISO는 국제사회주의 경향(IST)에서 발전해 나온 조직들 중에서 그나마 덜 경직되어 있고 개방적이라는 평가를 받던 조직이어서 더 충격적이었다. IST의 뿌리라고 할 수 있는 영국 사회주의노동자당(SWP)에서도 앞서서 비슷한 사건과 논란이 이어져 왔다.

해야 한다는 문제의식과 이어진다. 사회변혁은 연속적이면서도 교차하는 과정이어야 하는 것이다.[55]

이러한 사회주의적인 변혁을 향한 길에서 민주주의의 문제는 매우 핵심적이다. 착취와 억압에 고통받는 사람들은 민주적 과정과 토론을 통해서만 현재 체제의 문제점을 인식하고 강력한 공동의 투쟁을 건설할 수 있기 때문이다. 민주적이고 열린 방식을 통해서만 연대를 건설하고 투쟁에서 승리하며 혁명적 대안으로 함께 나갈 수 있기 때문이다. 그런 사회주의적 이상이 민주주의에 대한 무시와 잘못된 관점 때문에 심각하게 변질할 수 있다는 것을 역사는 보여 주었다. 따라서 오늘날 '사회주의는 원래 그 자체로 민주주의적인 것', '민주주의가 없다면 그 사회는 사회주의가 아니다'라는 말만으로는 부족하다. 그런 실패가 반복되지 않을 수 있는 새로운 길을 찾아가야 한다. 사회주의의 이름으로 행해진 모든 이론과 실천을 철저하고 근본적으로 재검토해야 한다. '노동계급 스스로의 자기 해방', '아래로부터의 사회주의와 민주주의'를 중심으로 해서 변혁의 전략과 전술, 이론 모두를 재구성하고 혁신할 수 있어야 한다.

1917년 혁명에서 등장했던 아래로부터의 요인들을 더욱 강

---

55. 나는, 이 책 1장 「마르크스주의와 여성 억압 ― 모순의 교차와 투쟁의 결합」에서 혁명은 "민주주의적 과제와 사회주의적 과제를 연속적으로 수행해 나가는 과정일 뿐 아니라, 착취와 억압과 소외로부터의 해방을 교차시키며 해결해 나가는 과정"이라고 주장했다. 이에 따라서 연속혁명론을 넘어선 '교차혁명론'에 대한 주장과 논의를 제기한 바 있다.

화·발전시키는 것이 우리가 가야 할 길이다. 기층 민중을 혁명의 주체로 만들고, 그들 자신의 자치기구에 권력이 쥐어져야 한다. 생산과 사회의 민주적이고 자주적인 관리는 어떤 이유로도 가로막히지 말아야 한다. 민주적이고 열린 조직만이 현실과 투쟁 속에서 배울 수 있고 대중과 함께 혁명적 대안으로 나갈 수 있다는 통찰에 기반을 두어야 한다. 착취·억압받는 대중이 미래에 우리의 지도를 따라서 변혁에 나설 것이라고 믿을 게 아니라, 무엇보다 지금 현실에 존재하는 대중 속에서 그들의 경험과 주장을 듣고 거기서 함께 배우려 해야 한다.

이런 방향이 의식성에 대한 포기이고 결국 개혁주의에 타협하게 될 것이라는 생각은 틀렸다. 영국의 사회주의자인 루크 쿠퍼는 "(지도부에 이상주의적인 도덕적 우월성을 부여하는) 중앙집중화된 통제가 개혁주의를 막아 준다고 상상"하지만 그 "정반대가 진실"이라고 지적한다. "즉, 엘리트가 아니라 구성원들에 의해 운영되는 완전히 민주적이고 참여적인 조직만이 개혁주의적 '유혹'을 성공적으로 물리칠 수 있다"는 것이다.[56] 오늘날 사회주의자들은 어떻게 참여적이고 다원적인 형태의 조직과 운동을 통해서 혁명적 투쟁으로 나아가고 사회를 변혁할 것인지를 고민하고 이론화해야 한다. 어떤 조직에서든 아래로부터의 통제와 민주주의가 우선이라는 것을 인식해야 한다. 개방적이

---

56. 쿠퍼, 「레닌주의를 넘어서」.

고, 다원적이며, 비위계적인 조직을 만들어야 하고 민주적 선출과 통제, 투명한 보고와 공개를 받아들여야 한다.

마르크스든 레닌이든 전술, 전략, 심지어 원칙까지도 성역이나 금기가 없는 열린 토론과 혁신적 재구성의 대상이 되어야 한다. '정통'에 대한 집착과 고수가 아니라 모든 경계를 넘어서는 '이단'적 상상력과 접근방식이 너무나 필요하다. 이견을 제시할 자유와 열린 토론이 가로막히지 않아야 투쟁하는 대중들 속에서 듣고 배울 수 있기 때문이고, 혁명적 대안이 진정으로 대중적 설득과 동의를 얻어낼 수 있기 때문이다. 설득되거나 동의하지 않는 상황에서 행동 통일의 강제가 없어야 하며, 결정에 따르지 않을 권리가 보장되어야 한다. 사상적으로 단일한 당이 혁명을 지도한다는 관념, 특정한 집단만이 혁명의 주체라는 관념도 벗어나야 한다. 혁명은 아래로부터 기층 민중이 협력과 토론 속에서만 만들어 나갈 수 있을 것이다. 또 착취·억압받는 대중들 모두가 혁명의 주체가 될 수 있다. 그들 중에서 특정 집단만이 중심적 주체가 되고 나머지는 보조적 역할을 하는 것이 아니다.

특히 중요한 것은 사회주의를 추구하는 세력이 더 많은 권한과 권력을 갖게 되었을 때, 사회주의와 민주주의의 이상과 원칙을 포기하지 않는 것이다. 자본과 권력에 적용했던 엄격한 잣대를 자신들에게도 동일하게 적용하고, 권력을 독점하기보다 대중에게 돌려주려고 노력해야 한다. 엄혹하고 힘든 상황일수록 '불가피하다'며 후퇴하지 말고 이런 방향에서 답을 찾으려고 해야 한다. 그런 상황일수록 상층의 소수가 판단하는 게 아니라, 다수 대중의 집단적 지혜와 민주적 자치에 문제를 맡겨야 한다. 러시아 혁명의 변질에 대해 당대에 가장 날카롭게 비판했던 로자 룩셈부르크도 이 점을 강조했다. 혁명적 이상주의는 최대한의 자유와 민주주의 속에서만 발현될 수 있기에 그것을 제한하는 것은 진보의 원천을 차단하게 된다는 것이 로자 룩셈부르크의 주장이었다.

> 사회주의는 노동자의 이름으로 독재를 행하는 훌륭한 사람이 가져다주는 크리스마스 선물이 아니다.

> 친정부 인사와 집권당을 위한 자유는 진정한 자유가 아니다. 생각이 다른 사람의 자유가 진정한 자유다. 어떤 당도 현명함을 독점할 수 없고, 답을 서랍 속에 가지고 있을 수 없다. 끝없는 실험과 시행착오, 토론 속에서만 답을 찾을 수 있다.[57]

그리고 어떠한 순간에도 인간적 가치와 인간에 대한 존중, 고통에 대한 공감이 유지되어야 한다. 인간은 혁명이라는 역사

57. 룩셈부르크의 이런 경고와 통찰력은 매우 소중하지만, 그 자신이 체계적인 대안적 이론과 실천을 이미 제시했다고 보기는 힘들다. 한편, 룩셈부르크 자신도 실천에서는 레닌과 비슷한 오류를 범했다는 비판도 존재한다.

의 목적을 위한 수단이나 재료가 아니라 그 자체가 스스로 해방되어야 할 주체이고 목적이기 때문이다.[58]

58. 레닌이 간혹 사용한 "인간 재료"라는 표현은 그 점에서 매우 적절치 않은데 오늘날 일부 좌파는 그 표현을 가져와서 즐겨 쓰면서도 안타깝게도 아무 문제의식이 없어 보인다.

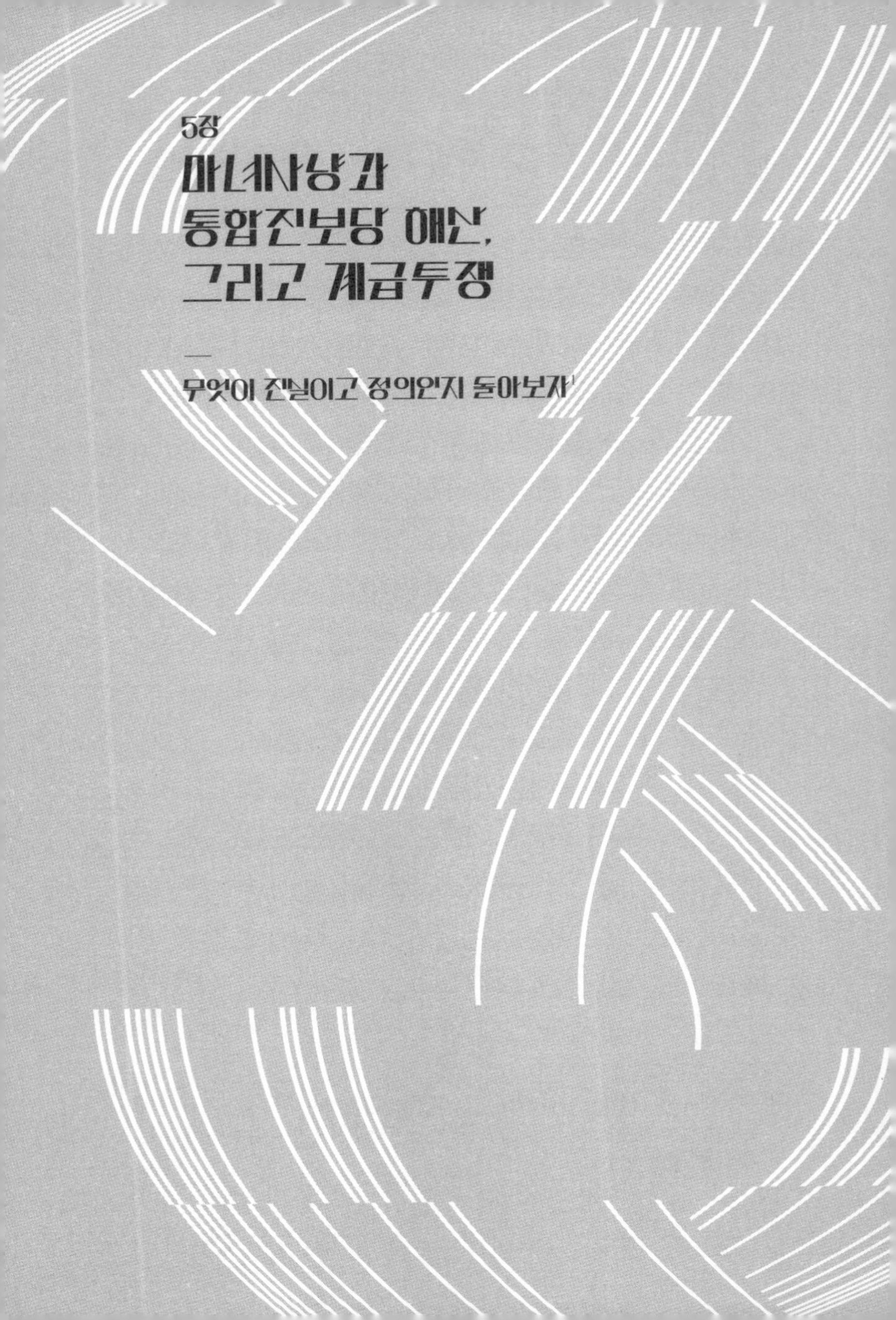

5장

마녀사냥과 통합진보당 해산, 그리고 계급투쟁

—

무엇이 진실이고 정의인지 돌아보자[1]

2014년 12월 19일, 헌법재판소는 통합진보당(이하 진보당)을 해산시켰다. 합법적 절차에 따라 등록되고 선거에서도 여러 명의 의원이 당선된 진보정당을 강제로 해산시킨 것이다. 당시 대통령 박근혜는 이것이 "역사적 결정"이라고 했는데, 정말이지 이것은 또 하나의 '사법사상 암흑의 날'로 기록되어야 한다. 물론 진보당 해산은 좀 더 넓은 눈으로 살펴봐야 할 문제다. 당시 미국의 오바마 정부는 중국의 부상을 견제하기 위한 '아시아 회귀' 속에 북한 악마화를 계속하고 있었다. 진보당이 해산된 날, 유엔에서도 북한 인권 결의안이 통과되었다. 이런 지정학적 환경의 뒷받침 속에서 박근혜 정부에게 종북몰이는 '절대 반지'와 같았다. 박근혜의 등장도, 기반도, 당선도, 통치도, 위기 탈출도 '종북'을 빼면 설명되지 않는다. 2013년 대선 부정 문제로 코너로 몰리던 박근혜를 구한 것은 국정원이 기획한 '내란음모' 사건이었다. 2014년 세월호 참사에 이어서 연말에는 '정윤회 게이트'로 위기에 빠지던 박근혜 정부에게 진보당 해산은 반전 카드가 되었다.

당시 한국의 지배자들은 노동자 공격과 쥐어짜기에 매달리고 있었다. 연금 개악, 정리해고 요건 완화, 기간제 기간 연장, 파견업종 확대 등이 그것이다. 이 때문에 저들에게는 민주주의가 거추장스러울 수밖에 없었다. 민주주의는 '우리가 탄 배는 침몰

---

1. 이 장에 인용된 일부 개인적 트위터나 블로그의 게시글들은 시간이 많이 지난 현재는 삭제되어서 정확한 링크를 적어두지 못했다. 그 외에는 글쓴이와 출처를 최대한 정확하게 표기하려고 노력했다.

하고 있다'고 말할 수 있는, '살기 위해서는 가만있지 말자'고 소리칠 수 있는 자유이기 때문이다. 지배계급의 답은 언제나 분명하다. '가만히 있어라.' 헌법재판소는 이런 지배계급의 고민과 위기의식을 대변했다. 게다가 그들이 마련한 제단 위에는 안성맞춤의 마녀사냥감이 올라가 있었다. 이 사냥감은 이미 '부정과 폭력도 서슴지 않는 사람'이라는 멍에를 쓰고 있었다. 많은 이웃조차 이 '마녀'의 친구로 보일까 봐 거리를 두고 있었다. 일부 이웃들은 '나는 저 마녀와 생각이 다르고, 지지하지 않는다'고 고백하고 있었다. '저 사람이 마녀와 친했다'는 고발도 있었다. 불쏘시개가 충분한 상황에서 헌법재판관들을 기름을 뒤집어쓴 마녀에게 불을 붙이기만 하면 되었다. 그 '마녀'는 바로 이석기 의원, 이정희 대표, 진보당이었다. 정부가 제출한 증거 17만 쪽을 뒤져도 '종북'의 분명한 증거가 없다는 것도 무의미했다. 편견과 조작 속에 재판 결과는 처음부터 정해져 있었다.

헌재는 '진보당은 비민주적·패권적으로 활동해 왔으며, 북한식 사회주의를 추구하며, 이런 목적을 위해서는 부정과 폭력도 서슴지 않는 집단'이라고 판정했다. 이 내용은 사실 이미 많은 사람의 머릿속에 사실로 굳어져 있었다. 진보당 해산은 이후에 정권과 공안기관에 '종북몰이 면허증'을 준 것과 마찬가지 효과를 낼 수 있게 되었다. 민주노동당, 진보당 출신 정치인들은 주홍글씨를 달고 다니게 되었다. 먹구름은 진보당에만 드리워진 것이 아니었다. 진보당과 거리가 가깝고 긴밀한 관계를 맺고 있던 노동조합과 대중단체들부터 시작해 불길이 번져 갔고, 진보당과 거리를 두고 선을 그어 온 진보단체나 정당들도 불똥을 피하기 어렵게 되어 갔다. 이것은 안 그래도 기울어진 운동장이었던 우리 사회의 정치적 지향을 더 오른쪽으로 옮길 수 있었다. '진보정당 없는 가짜 민주주의'와 '노동자 목소리 없는 양당체제'로의 경향은 더욱 강해지게 되었다. 그나마 살아남은 진보정당들은 더욱 오른쪽에서 포지션을 잡게 되었다. 결국 사회적 약자와 소수자들의 목소리가 들리기는 더욱 어려워졌다.

그들이 '시급히 제거'하고 싶어 한 것은 단지 진보당이 아니었다. 그것은 바로 우리가 이 정권과 기득권 체제에 맞서서 저항하고 연대할 권리였다. 이석기 의원 등의 언행은 빌미에 불과했다. 우파적 지배자들은 전국적 조직망과 현장 기반을 가진 진보당을 다른 진보진영과 이간질해 와해시킨다면, 전체 진보·노동운동에 큰 타격을 가할 수 있다는 것을 알았다. 이 같은 '종북몰이'는 박근혜 정권의 가장 핵심적인 통치 수단이었다. 사실 박근혜 정권은 그리 견고하지 않았다. 집권 첫해 국정원 게이트는 우파의 위기와 균열을 보여 주었다. 무엇보다 박근혜 집권의 정통성이 의심되었다. 지배계급 분열은 채동욱 찍어내기와 윤석열 항명 사태로 이어지다가 수습된 바 있다. 박근혜는 선거 부정 문제를 덮기 위해 NLL 대화록 공개 등 온갖 물타기를 했었다. 그런데 가장 강력한 물타기 카드는 '내란음모' 마녀사냥이었다. 진보의 분열과 위기를 이용한 종북몰이로 반박근혜 세력을 위축시키려는 것이었다.

지리멸렬한 민주당은 박근혜의 전략이 관철되는 데 조력자 노릇을 했다. 민주당은 박근혜 세력과 타협하면서 찬물을 끼얹고 거듭해서 반박근혜 세력의 뒤통수를 치면서 힘 빠지게 했다. 박근혜가 '대선 불복하려는 거냐'라고 호통치면 소스라치며 지레 꼬리를 내리곤 했다. 그럼에도 대선에서 국정원을 이용한 댓글공작과 선거 부정 의혹의 불씨는 쉽게 꺼지지 않았다. 그러자 박근혜는 내친김에 헌정사상 초유의 폭거라는 진보당 해산청구로까지 치달았다. 이처럼 종북몰이의 핵심 고리에는 명백히 진보당이 있었다. 한때 인터넷에서 유행한 '종북 셀프 테스트'에서도 첫 번째 질문은 "당신은 통합진보당 당원입니까?"였다. 마침내 진보당은 강제 해산당했다.

왜 사태는 이렇게까지 발전했던 것인가? 이것은 단지 강성 우파 정부로서 박근혜의 무지막지한 공격의 결과로서만 볼 수는 없다. 진보진영이 이런 공격에 힘을 모아 제대로 맞서지 못한 것도 돌아봐야 한다. 그리고 이것이 낳은 진보정당의 분열과 갈등, 다양한 후유증들은 촛불과 정권교체를 거치고 난 지금까지도 남아있다. 또 우파 정치 세력과 기득권 카르텔의 공격 수법, 검찰과 주류언론의 유착과 협공, 민주당의 타협과 굴복, 진보진영의 혼란과 분열은 그 이후에도 2019년 검찰대란(소위 '조국 사태') 국면이나 2020년 윤미향 의원에 대한 마녀사냥 등에서도 유사한 패턴을 드러내고 있다. 따라서 나는 이 글에서 진보당 마녀사냥에 대한 규명과 분석을 통해 이런 점들을 같이 돌아볼 수 있는 디딤돌도 놓고자 한다.

박근혜의 핵심병기 — 종북몰이 마녀사냥

사실 '내란음모 마녀사냥'은 처음부터 황당무계한 마녀사냥이었다. 통합진보당 이석기 의원이 소위 'RO' 조직원들에게 "유사시에 대비해 총기를 준비하라"고 지시하고, "준비한 총기로 국내 주요시설에 대한 타격 준비 내용까지 지시"했다는 게 공안당국의 주장이었다.[2] "RO는 남북한 간의 전쟁이 벌어질 경우 KT 혜화지사와 분당 인터넷데이터센터IDC 등 대규모 국가 통신 시설을 파괴하고 군수물자 이동과 민간인 이동을 차단, 지연시키기 위해 경부선 호남선 등 주요 철도 시설을 파괴할 계획"을 세웠다는 것이었다.[3] 이것이 선거 부정 문제로 궁지로 몰리던 박근혜와 국정원의 국면 전환용이고, 노동운동을 위축·분열시키려는 시도라는 것은 명백했다. 그러나 진보진영의 대응은 굼떴다. 특히 2013년 8월 29일에 '이석기 녹취록'이 언론에 공개되면서 혼란이 커졌다. 진보진영에서는 너도나도 '시대착오적인 망상

---

2. 이들은 '대중은 큰 거짓말에 훨씬 더 쉽게 속는다'는 나치 선전상 괴벨스의 말을 신봉할 것이다.
3. 유성열·남경현, 「"이석기, 통신-철도-가스시설 파괴 모의"」, 『동아일보』, 2013년 8월 29일.

에 사로잡힌 진보당과 선 긋고 거리 두기'에 나서기 시작했다.

당시 압수수색 당했던 이영춘 〈민주노총〉 고양 파주지부장은 진보 단체들마저 "'조작된 내란음모 사건'이라는 문구를 쓸 수 없다"고 발언했던 것을 "무엇보다 마음이 아팠던" 일로 기억한다.[4] 이미 당시 마녀사냥 속에서 많은 사람이 약속이나 한 듯이 말과 글머리에 '나는 이석기와 생각이 다르지만', '나는 진보당이 아니지만'을 덧붙이고 있었다. 박래군 〈인권운동사랑방〉 대표도 이 점을 지적했다.

> 2013년 8월 28일 … 이날 이후로 사람들은 … 정치적 견해를 말할 때 '나는 종북이 아니다', '나는 통합진보당에 반대한다'는 등의 말을 깔아놓아야 하는 상황이 되었다.[5]

심지어 일부는 우파와 함께 진보당에 돌을 던지기 시작했다. 그 절정은 정의당이 국회에서 새누리당, 민주당과 손잡고 체포동의안을 통과시킨 행위였다. 당시 심상정 의원은 "국민은 헌

---

4. 2014년 2월 12일, '내란음모 사건 피해자 인권침해 보고회'. 나도 직접 참가해서 방청했다.
5. 박래군, 「국정원의 다음 타깃은 '나', 누가 말려줄텐가」, 『오마이뉴스』, 2013년 9월 19일 입력, 2021년 2월 7일 접속, https://bit.ly/3rzo3Hp. 〈다산인권센터〉도 당시 성명에서 "정치인뿐만 아니라 글을 쓰고 말을 하는 모든 이들이 '북한'과 '이석기'와 '통합진보당'에 대한 생각을 밝히지 않고 입장 발표하길 두려워하는 현상"을 지적했다.

법 밖의 진보를 절대 용납하지 않을 것"이라며 "이런 낡고 위험한 시대착오적인 세력이 있다면 법에 의해서 단죄되어야" 한다고 말했다. 노회찬 전 의원은 "이번 기회에 진보정당 전체가 혁명론과 같은 극단주의는 넘어서야 한다"고 했다. 이는 박노자가 지적했듯이 "왕따 놈에게 너도 같이 침을 뱉지 않으면 너도 왕따 된다!"는 압박에 굴복한 것이었다. 당시 진보당 이정희 대표가 국정원의 녹취록에 대해 조목조목 반박하고 폭로하는 장문의 기자회견을 해도, 그것의 취지를 보도하는 곳은 단 한 곳도 없었다. 그리고 '농담'이라는 한 단어만 남아서 조롱거리가 되었다.[6]

많은 진보 인사들이 그 조롱 대열에 동참하고, '거짓말과 말 바꾸기'를 비판했다. 희대의 악법인 국가보안법으로 탄압받고 있고 광기 어린 여론재판이 벌어지고 있는 상황에서 말이다. 당시 상황은 정말 끔찍했다. 진보당 당사에 우익들이 난입해 폭력·난동을 벌였고, 길거리에서 이정희·이석기 허수아비 화형식과 전기톱으로 목 자르기 퍼포먼스가 벌어지고 있었다. 이 상황

---

6. 2013년 5월 12일 모임에 참가한 진보당 당원은 이렇게 말했다. "9월 4일 이정희 대표가 5장짜리 기자회견문을 발표했다. 구체적으로 해당 녹취록에 대해 상세히 해명하고 있다.… 그런데 최종적으로 농담, 이렇게 언론이 요약해버리는 건 너무나 일방적으로 매도하는 거 아닌가 하고 생각한다. 농담이라고 예로 든 건 '부산 가면 총을 구할 수 있는 거 아니야' 한 거다. 그걸 진담인 것처럼 발표한 것을 두고 이정희 대표가 농담이었다고 해명한 거다. 기억이 난다. 부산 가면 총을 구할 수 있다? 다들 웃었다."(홍용덕, 「국정원 말만 찰떡같이 믿는 세상, 백색테러 공포 실감」, 『한겨레』, 2013년 11월 2일.) '내란음모' 재판 과정에서도 이 증언은 사실이었음이 드러났다.

에서 일부 진보 인사들은 진보당 활동가들을 '사이비 종교 집단', '정치적 발달장애'라고 비아냥대며 '말 바꾸거나 거짓말하지 말고 사실을 솔직히 말해라'고 다그치고 있었다. 하지만 국정원이 흘린 녹취록의 신빙성은 처음부터 매우 의심스러웠다. 국정원도 '『한국일보』에 준 적이 없다'고 발뺌했고, 인터넷에는 취사선택해서 과장된 요약본만 돌아다녔다. 나는 이것의 전문(62페이지가량)을 구해 읽어 보며 국정원의 조작을 더 확신하게 되었다. 노무현 NLL 대화록도 마사지한 자들 아닌가. 녹취록을 공개한 『한국일보』 기자도 "이석기 의원 언급 가운데 '총기' 발언은 없었다. '총기'를 준비하라는 언급도 없다"[7]고 인정했다.

결국 '내란음모' 재판 과정에서 조작 의심은 사실로 드러났다. 국정원의 조작은 이런 식이었다. "전쟁 반대 투쟁을 호소하고"는 "전쟁에 관한 주제를 호소하고", "구체적으로 준비하자"는 "전쟁을 준비하자", "절두산 성지"는 "결전 성지", "준비 정도와 상관없이"는 "정규전과 상관없이" … 이것이 조작이 아니면 무엇인가.[8] 녹음파일에는 이석기 의원이 "칼 갖고 다니지 마시라. 총? 총 갖고 다니면 안 돼 … 우리는 죽자고 싸우는 게 아니에요"라는 말을 한 것도 사실로 드러나 있다. 『한국일보』에 실린 녹취

7. 조현호, 「한국 기자 "분위기에 맞게 녹취록 요약 … 총기 준비 발언은 없어"」, 『미디어 오늘』, 2013년 8월 30일 입력, 2021년 2월 7일 접속, https://bit.ly/3oVGFzt.

8. 녹취록은 무려 272곳이나 조작되었다는 게 나중에 드러났다.

록에도 나와 있던 말이니 놀랄 것도 없다. 따라서 'RO라는 지하조직이 내란음모를 꾸몄다'는 것은 명백한 조작이었다. 〈경기동부연합〉 경향 활동가들의 네트워크가 존재하고, 거기서 비슷한 토론을 했을 수는 있다. 그러나 그것을 무시무시한 내란음모를 꾸민 지하조직으로 몬 것은 왜곡, 과장일 뿐 아니라 분명히 조작이다. 영남위원회, 민혁당, 일심회 때도 그랬다. 매번 공안 당국은 부분적인 사실을 엄청나게 부풀려서 사건을 조작했다.[9] 미국 매카시즘 시기에 로젠버그 부부에 대한 마녀사냥 때도 줄리어스 로젠버그가 일부 사소한 간첩행위를 한 것은 사실이었지만, 사건 자체는 분명한 조작이었다.

따라서 진보진영은 왜곡·조작에 바탕을 둔 이 엉터리 마녀사냥에 처음부터 함께 힘을 모아서 맞서야 했다. 물론 자신들과 진보당의 차이점이나 비판적 이견을 숨길 필요는 없었다. 그러나 탄압이야말로 이것을 자유롭게 토론하고 비판하지 못하게 한다는 점을 분명히 해야 했다. 하지만 진보진영의 상당수는 팔짱 끼고 쳐다보며 '그럴 줄 알았다'라는 식의 태도를 취하거나 '별로 너희를 돕고 싶지 않다'는 태도를 노골적으로 드러냈다. '진보당이 또 우리에게 흙탕물을 튀기고 있다'며 원망하는 분위기도 나타났다. 이것은 단지 탄압이 낳은 위축 효과로만 볼

---

9. 괴벨스는 "99가지의 거짓과 1개 진실의 적절한 배합이 100%의 거짓보다 더 큰 효과를 낸다"고 했다.

수는 없다. 이것은 진보당에 대한 진보진영 다수의 오랜 부정적 태도와 관련 있다. 여기에는 물론 진보당을 주도하는 자주파의 패권적이고 잘못된 행태가 큰 영향을 끼쳤다. 많은 진보진영의 활동가들이 경험 속에서 이런 크고 작은 일들을 직접 겪고 접해 온 게 사실이다.

그러나 이것만으로는 설명이 충분치 않다. 진보진영의 다수파로서 훨씬 더 두드러지기는 했지만, 자주파만 항상 잘못된 태도를 보인다고는 볼 수 없다. 또 자주파 동지들이 올바른 태도로 운동에 기여한 경우도 있는데 말이다. 따라서 진보당이 진보진영 내에서도 일종의 따돌림을 당하는 듯한 분위기를 해명하려면 더 많은 것들을 살펴봐야 한다. 나는 그중에 중요한 한 고리가 '2012년 진보당 경선 부정 사태'에 있다고 생각한다. 이 사태를 거치면서 진보당의 자주파는 '파렴치하고 위선적이며 가까이하거나 방어할 가치가 없는 집단'이 되어 버렸다. 이처럼 자신들의 정적을 위선자로 만들어서 여론재판을 하고 공격하는 것은 이후에도 기득권 우파의 주요한 전략이 되었다. 이 글에서 내가 주되게 다루고자 하는 것은 바로 이 부분이다.

진보 분열과 반목의 분기점 — 경선 부정 사태

'진보당 당권파가 의원 자리에 눈이 멀어 체계적·조직적으로 부정을 저지르고, 이를 덮어버리고 책임지지 않기 위해 동지를 향해 조직적 폭력까지 자행했다'는 게 당시 진보진영의 대체적 인식이었다. 이것이 사실이라면 정말이지 용납할 수 없는 일이었고, 진보의 대의에 어긋나는 일이었다. 따라서 진보진영의 다수가 진보당 당권파에 대해 큰 환멸감을 느끼고 부정적 태도를 가지게 된 것은 극히 자연스러웠다. 게다가 앞서 참여당과의 통합 과정에서 보인 진보당 당권파의 패권주의적 태도, 청년비례 경선에서 부정 시비 등을 보아 온 사람들이 이런 반응을 보이는 것은 이해할 만도 했다. 그러나 그 후 몇 년 동안 이 사태에 대해 새로운 사실들이 계속 드러났다. 뭔가 개운치 않은 기분으로 이 사건을 기억하던 나는 여기에 관심을 가졌다. 그리고 진실은 다른 곳에 있었다는 것을 알게 되었다.

이 사태의 출발점은 오옥만 후보와 윤금순 후보의 갈등에서 비롯되었다. 당시 오옥만은 온라인 투표에서 앞섰지만, 현장 투표에서 역전당해 윤금순에게 순위 1번을 주고 9번으로 밀렸다. 국회의원직을 얻지 못할 처지가 된 것이다. 그러자 오옥만은 윤금순 측의 현장 투표에서 부정이 있었다는 의혹을 제기했다. 진보당 지도부는 일단 총선을 치른 후 진상조사를 하겠다고 약속했다. 그래서 부정이 확인되면 윤금순 후보를 사퇴시키겠다고 약속했다. 한편, 오옥만의 온라인 투표에서 부정이 있었다는 의혹도 제기되기 시작했다. 총선 후, 첫 단추부터 잘못 끼워졌다. 부정 의혹을 받고 있던 쪽의 사람들로 진상조사위원회(이하 진상조사위)가 구성된 것이다. 양자로부터 독립적인 사람들로 구성하는 게 당연한데 말이다. 이렇게 구성된 진상조사위는 막상 윤금순, 오옥만에 관련된 의혹을 조사해서 밝혀내지 않았다.[10] 진상조사위는 구체적으로 누가, 어떻게, 어떤 부정을 저질렀는지 밝혀내지 않았다. '이런 부정을 저지른 어느 선본의 누구에게 책임이 있다'는 결론을 내지 않았다. 대신 '모두에게 책임이 있는 총체적 부정·부실이니 경쟁명부 후보는 모두 사퇴하자'라는 결론이 나왔다.[11]

진상조사위원장이자 진보당 공동대표인 조준호는 당권파를 겨냥한 폭로전과 언론 플레이에 나섰다. '소스 코드가 조작되었다, 데이터를 수정한 것 같다, 누군가 서버로 접근한 직후 이석기 득표가 수직으로 상승했다, 주민등록번호 뒷자리가 똑같거나 2000000으로 된 유령 당원들이 있다, 투표용지가 뭉텅이로 붙어있었다, 당원 수십 명의 거주지가 한 중국집으로 되어있다….' 당권파에 대한 이런 공세는 '종북' 색깔론과 연결되기 시작했다. 참여당 출신의 진보당 부산 금정구 의원인 이청호는 진상조사위 발표 전부터 "검찰 고발"을 운운하며 TV조선에 나와 당권파를 공격했다. 유시민도 "'당신 당은 왜 애국가를 부르

10. 당시 경북 영주와 제주도라는 구체적인 투표소까지 지목되었었다.

11. 유시민 등은 오락가락하며 처음에는 2, 3번 사퇴를 나중에는 1, 2, 3번 사퇴를, 결국은 경쟁명부 전원 사퇴를 주장했다. 총체적 부정·부실이라면서 같은 선거 시스템으로 찬반 투표가 이뤄진 전략명부 후보들과 지역 경선 결과들은 문제 삼지 않았다. 김재연과 조윤숙은 경쟁명부로 보기 힘들다는 점도 잘 해명되지 않았다.

지 않느냐'는 질문을 많이 받는다"며 가세했다. 조중동은 물론 신이 났다. "이들은 지구상에서 가장 사악한 체제인 북한을 옹호하고 대변해온 세력답게 부정투표로 당원들의 권리를 유린하는 정치행태 역시 북한을 닮았다."[12]

『한겨레』나 『경향신문』 등도 크게 다르지 않았다. 『한겨레』는 "부정을 저지른 주체가 당권파인지는 아직 불분명하다"면서도 "당권파한텐 안되었지만… 이제 정치의 현장에서 벗어나 역사의 한 페이지로 넘어가야 할 때"라고 주문했다. "주사파식 접근은 점점 설 자리를 잃고 있다"는 이유였다.[13] '부정의 진상은 아직 모르겠지만, 종북 이미지 때문에 야권연대에 도움이 안 되는 진보당 당권파는 빠져줘야 한다'는 것이었다. 진보당 안팎의 진보 인사들도 이런 분위기에 힘을 실어주었다. 그래서 거의 '범국민'적인 진보당 당권파 도려내기 분위기가 형성되었다.[14] "민노당에 지하지도부가 있었던 게 아닌지 의문"이라는 유시민 등의 발언은 그것의 추임새가 되었다.

감히 당권파를 편드는 목소리는 찾기 힘들었다. 진보당 당

---

12. 「[사설] 진보당 당권파, 정말 不正 없었으면 自請해 수사 받으라」, 『조선일보』, 2012년 5월 7일. 이 신문은 사건 발생 이후 3주 동안 단 이틀을 제외하고 매일 진보당 관련 기사를 1면에 실었다.
13. 백기철, 「월 1만 원 당비로 진보의 재구성을」, 『한겨레』, 2012년 5월 22일.
14. 당시 시청했던 〈SBS 시사토론〉(2012년 5월 18일)이 기억난다. 우익 전원책, 뉴라이트 최홍재, 김민웅 목사, 진보신당 김종철 부대표가 패널로 나왔다. 출연자들은 한목소리로 당권파를 비난했다. 최홍재는 신이 나서 "오늘처럼 화기애애한 자리가 없었다"고 했다.

권파는 이미 여론재판에서 부정의 주범으로 낙인찍혔다. 중앙위 폭력 사태는 여기에 완전히 못을 박았다. 당권파에 대한 전 사회적 혐오감은 극대화되었다. 이들은 시대착오적이고 패권적이고 부정과 폭력도 서슴지 않는 집단이 되었다. 반면 유시민과 심상정이 주도하는 신당권파는 이런 당권파를 견제할 주체로 부각되었다. 심지어 '운동권의 낡은 관행'에서 자유로운 참여계 덕분에 곪은 관행이 드러났다는 평가까지 나왔다.[15] 검찰은 거리낌 없이 진보당 서버와 당원 명부를 탈취해 갔다. 진보당 신당권파는 이것을 사실상 방조했다고 한다.[16] 이어서 신당권파는 사퇴를 거부하는 이석기, 김재연 의원에 대한 제명과 출당을 추진하기 시작했다. 두 사람이 부정에 책임이 있다는 증거가 없었는데도 말이다. 당시 한 여론조사에서는 "객관적인 조사 후 책임을 물어야 한다"는 답이 더 많았지만 무시되었다.[17]

사태는 도의적 책임에 따라 사퇴를 권고하는 수준을 넘어

---

15. " '운동권 문법'에 익숙했던 기존 민노당·진보신당 인사들과 달리, 참여계의 눈에는 경선 부실·부정 의혹은 상식 밖의 수준이었다."(천관율, 「통진당 당권파, '승자의 저주' 걸렸나」, 『시사IN』 245호, 2012년 5월 29일.)
16. 이상규 의원은 "검찰이 압수수색을 하기 위해 당사에 들이닥쳤을 때 혁신비대위가 협조했다는 사실을 비대위원으로부터 직접 들었다"고 했다.(윤완준·이남희, 「이석기-김재연 출당 착수… 당권파 "숙청" 두 시간 회의 방해」, 『동아일보』, 2012년 5월 26일.)
17. 『한겨레』·KSOI 조사 결과. 특히 진보당 지지층에서는 61.8%가 이렇게 답했다. 하지만 『한겨레』는 온라인에 이 기사를 올렸다가 금방 삭제했다. "혼선 안 주고자"라는 이유였다.(『미디어오늘』, 2012년 6월 2일.)

섰다. 두 사람에 대한 제거는 무엇보다 우파의 요구였다. 박근혜는 당시 "기본적인 국가관이 의심을 받고 있는…[두 사람이] 자진 사퇴하지 않으면 제명해야 한다"고 말했다. 민주당은 두 사람을 진보당이 스스로 쳐내라고 강력히 주문했다. 동시에 신당권파는 진보당의 정책과 노선을 더 오른쪽으로 이동시키려 했다. 이미 유시민은 "대한민국 실정과 세계사적 조류에 맞도록 [노선을] 현대화하는 것이 필요하다"라고 운을 띄우고 있었다.[18] '통합진보당 새로나기 특위'가 만들어졌고 "한미동맹의 해체로 오해 받고 있는 지점에 대해 재검토", "'재벌해체론'은 현실성과 타당성 면에서 재검토", "비례대표 100% 전략공천" 등의 주장들이 쏟아져 나왔다. 심상정은 "2008년 혁신의 실패로부터 오늘의 사태는 예고된 것"이라며 "혁신의 과제를 매듭지으려고 [돌아]온 것"이라고 했다.[19]

'새로나기 특위'는 조중동의 지지도 받았다.[20] 『조선일보』 고문 김대중은 "통합진보당 새로나기 특위의 혁신파들"을 지목해 "대한민국의 주류가 포용해야 할… 정통 진보 세력"이라고 했

---

18. 석진환·조혜정, 「유시민 "이정희는 이석기보다 100배 소중했다"」, 『한겨레』, 2012년 5월 31일.
19. 조혜정·석진환, 「심상정 "진보정당내 눈에 보이지 않는 지하권력 존재한다"」, 『한겨레』, 2012년 6월 4일. 2008년에 심상정은 국가보안법으로 탄압받던 일심회 당원들을 제명하고 당을 온건한 방향으로 이동시키려고 하다가 주로 당내 좌파가 주도한 강력한 반대에 밀려 실패했었다.
20. "개혁된 진보"(『조선일보』), "혁신 담보할 리더십"(『중앙일보』), "의미 있는 변화"(『동아일보』).

다.[21] 그러나 진보당 신당권파가 일사천리로 추진하던 이런 조치들은 걸림돌에 걸리고 만다. 의원 총회에서 이석기·김재연 제명안이 한 표 차이로 부결된 것이다.[22] 이미 한 지붕 두 가족이던 진보당은 그 후 급속하게 쪼개졌다. 그 후에도 우파는 종북몰이를 통해 우파를 결집하고 진보를 위축·분열시키려 했다. 민주당은 '종북'과 선을 그으며 우파에 굴복했다. 우파는 정국의 주도권을 쥐고 대선까지 끌고 갔다. 결국 위기와 분열 속에 2012년 대선에서는 진보의 독자적 목소리가 사라졌다. 16대, 17대 대선과 달리 말이다. 독자적 진보 후보를 지지했었던 많은 사람이 매우 찝찝한 기분으로 문재인에게 투표할 수밖에 없었다. 대선 결과는 박근혜의 승리였다.

나중에 드러난 진실

이 모든 사태는 진보당 당권파가 체계적·조직적 부정을 저질렀다는 것을 기정사실로 해서 전개되었다. 그러나 그 후 1년간 이런 의혹들과는 다른 사실들이 거듭 밝혀졌다. 지금부터 이 점을 살펴보자. 먼저 조준호의 진상조사위는 '형상 관리 프

---

21. 「[김대중 칼럼] '진보당 사태' 잘 터졌다」, 『조선일보』, 2012년 5월 29일.
22. 이때 유시민은 "야권연대는 불가능해졌고, 새누리당이 주장하는 자격심사를 통한 제명 주장을 민주당이 마냥 배척하기는 어렵게 되었다"고 반응했다.(통합진보당 당원게시판, 2012년 7월 29일.)

로그램이 없어서 부정의 구체적 내용과 책임 소재를 밝히기 어렵다'고 했었다. '당권파가 투표 시스템에 형상 관리 프로그램을 두지 않은 것 자체가 부정을 저지르고 밝힐 수도 없게 하려는 의도'라는 뜻이었다. 그러나 이는 사실이 아니었다. 투표 시스템에 누가 접속해서 무엇을 했는지 모두 담고 있는 것은 '로그 기록'이었다. 1차 진상조사위가 이것을 확인하지 않은 것은 교통사고에서 블랙박스를 열어보지 않은 격이었다.[23]

반면 2차 진상조사위는 로그 기록을 확인했다. 2차 진상조사위는 그 임무를 외부 전문가인 김인성의 팀에 맡겼다.[24] 김인성은 특히 '디지털 포렌식' 전문가로 이명박의 디도스 공격과 민주당 대선후보 당내경선 논란 때도 민주당의 의뢰로 문제를 조사했었다.[25] 김인성 팀은 로그 기록 조사를 통해 그동안 제기된 많은 의혹이 사실이 아님을 밝혀냈다.

> 소스 코드 조작을 통한 투표값 조작, 특정 후보의 득표값 고의 누락, 데이터베이스 접근을 통한 투표 결과 조작 등… 모든 의

---

23. 경선 부정 사태 당시에 나는 이런 전문 용어들을 잘 몰라서 사태의 진실을 알기가 더 어려웠던 것 같다.
24. 김인성은 전 한양대 컴퓨터공학과 교수이고 네이버의 악행을 파헤친 『두 얼굴의 네이버』 등의 책을 쓴 저자로 유명했다. 한국에 리눅스를 소개하는 데서도 선구적이었다.
25. '디지털 포렌식'은 컴퓨터나 온라인상에 남아있는 증거·흔적을 찾아내는 기술이며 수사기법이다.

혹은 투표값 열람을 통해 근거가 없음이 밝혀졌다.[26]

김인성은 '서버를 열어 본 것은 선관위 관련자였고 투표 시스템의 정상적 운영을 위해 시스템 오류를 해결한 것 외에 다른 조작을 가한 흔적은 없다'고 밝혔다.[27] 주민등록번호 뒷자리가 똑같거나 2000000으로 된 유령당원 의혹, 투표용지가 뭉텅이로 붙어있던 현상, 당원 수십 명의 거주지가 한 중국집으로 되어 있던 것 등도 그 후 조사 과정에서 부당한 의혹 제기인 것이 밝혀졌다.[28] 결국 총투표의 87%를 차지한 온라인 투표에서 '당권파의 조직적·체계적 부정'은 없었다. 그런데 김인성은 조사 과정에서 놀라운 발견을 했다. "무슨 일이 있었는지는 로그에 적나라하게 기록되어 있었고 그것을 본 저희들은 경악할 수밖에 없었습니다."[29] 참여계 오옥만 후보가 온라인 투표에서 벌인 체

---

26. 김인성, 『통합진보당 비례대표경선 온라인 조사 보고서』, 2012.
27. 온라인 투표 과정에서 일어나는 버그를 해결·관리하기 위해 서버를 열어보는 것은 불가피하다고 한다. 실제로 강기갑 비대위도 2012년 6월 26일 서버 접근 차단 상태에서 당직 선거를 하다가 버그가 일어나 하루 만에 선거를 중단시켰고, 결국 다시 예전 시스템으로 선거를 진행했다.
28. 그것이 부당한 의혹 제기였던 이유는 다음과 같다. 가족 당원은 주민등록번호 뒷자리 일부가 같을 수 있었던 것이다. 주민등록을 안 한 해외 당원에게 임시로 2000000을 부여했던 것으로 밝혀졌다. 2차 진상조사위의 현장 실험에서도 실제로 남아있던 접착제 때문에 모아놓은 투표용지가 다시 붙는 현상이 나타났다. 철거대책위의 집단 가입으로 거주지가 같은 곳으로 돼 있었던 것이다 등.
29. 김인성 블로그, 「통합진보당 재선거 사태에 대하여」, 2012년 6월 28일.

계적·조직적 부정을 발견한 것이다. 오옥만 측은 콜센터와 대포폰까지 동원해서 부정을 저질렀다. 부정은 공식 투표소도 아닌 제주도에 있는 고영삼의 건설업체 사무실에서 벌어졌다. 여기서 선관위 관리자 아이디를 도용해 미투표자 조회를 6천 번 실시하고, 밝혀진 것만 수백 건의 대리 투표를 한 것이다.

이것은 큰 후폭풍을 낳을 수 있었다. '부정의 소굴'로 묘사된 당권파가 아니라, '부정 척결의 주체'로 보이던 신당권파의 참여계가 오히려 문제였으니 말이다. 오옥만은 〈시민주권모임〉 운영위원이자 〈노무현재단〉 기획위원이었다. 심지어 고영삼은 경선 부정 1차 진상조사위 위원이었다. 그런데 이상한 일이 일어났다. 2차 진상조사위는 김인성의 이 '온라인 투표 시스템 분석 보고서'를 폐기해 버렸다.[30] 진상 조사가 아니라 진상을 은폐한 것이다. 이 폐기를 주도한 사람은 2차 진상조사위 간사이던 참여계 이정훈이었다.[31] 2차 진상조사위는 또다시 "부정의 주체를 밝히고 부정이 얼마나 있었느냐를 따지고 묻는 것 자체가 무의미[하다.] … 부정은 부실에서 싹터났으며 부실은 부정에서 만연

---

30. 이 보고서의 일부 내용이 언론에 유출되었다는 이유였다. 곧 '김인성도 경기동부연합이다'는 얘기가 나돌았다. '너도 경기동부지?'라는 낙인찍기가 만연한 씁쓸한 현실이었다. 다만 그로부터 오랜 시간이 지난 최근 김인성의 정치적 태도는 매우 혼란스럽다.

31. 이정훈은 당내경선 당시 진보당 중앙당 조직국장이었다. 오옥만 측이 사용한 선관위 관리자 아이디는 이정훈이 유출한 것이다. 결국 이정훈은 검찰 수사에서 오옥만의 부정에 연루된 사실이 드러나 구속되었다.

했다"는 모호한 결과를 발표했다. 2차 진상조사위 김동한 위원장(성공회대 법학과 교수)은 이 결과를 동의할 수 없다며 사퇴했다.[32] 부정을 저지른 사람들이 다른 이들에게 누명을 씌우고, 진실이 드러나지 않도록 온갖 방해를 한 것이다. 안타깝게도 김인성이 밝혀낸 진실에 관심을 가지는 사람은 거의 없었다. 당시 시사평론가 유창선은 이렇게 논평했다.

> [진보당] 혁신비대위, 그리고 대한민국의 언론들[은]… 그렇게 경선 부정의 실상에 목소리를 높이다가, 막상 그 경악할 증거가 발견되었다니 애써 다른 곳으로 시선을 돌리고… 침묵하거나 동문서답하고 있다. … 진실은 이제 자신들이 가려는 길을 거추장스럽게 만드는 장애물에 불과할지 모른다.[33]

검찰도 만들어내지 못한 꼬투리

이제 부정선거 논란의 칼자루는 검찰로 넘어갔다. 검찰이

---

32. 김동한은 "법학자의 양심에 기초해서 봤을 때 이번 조사는 객관성과 공정성이 철저히 보장되지 못했다"고 했다.
33. 유창선의 페이스북, 2012년 7월 1일. 유창선 역시 '경기동부'가 아니다. 그는 종편에도 가끔 출연하며 민주당 좌파 정도의 포지션이었다. 내란음모 마녀사냥 때도 진보당 편이 아니었다. 유창선은 "[진보당 당권파가] 정치적으로 마음에 들지 않는다 해서 … 진실을 은폐하는 데 가담하거나 동조하는 것은 대단히 잘못된 모습"이라고도 했다.

탈취해 간 서버와 당원명부 속에는 13년 동안 입·탈당한 각급 노조와 시민단체 소속 20만 명의 기록이 담겨있었다. '앞으로 10년간 공안기관의 밥벌이는 해결되었다'는 말이 나올 만했다. 게다가 검찰이 가져간 서버에는 당내경선에서 당원들 각자가 누구에게 투표했는지까지 담겨있었다. 이것은 1차 진상조사위와 유시민, 조준호, 심상정 공동대표에게 책임이 있다. 이들은 당권파의 부정을 입증하기 위해 당원 개개인의 투표값을 열었다. 당시 조준호 진상조사위 위원장은 투표 시스템 제공 업체에 "당원 개개인이 투표한 내역 데이터의 제출을 요구"했고 이를 받아냈다.[34] 이것을 검찰이 탈취해 간 것이다. 검찰은 당연히 당권파의 부정을 잡아내기 위해 먼지털이식 수사를 했다. 전국 14개 지방검찰청 공안부 검사가 총동원되어서 반년 동안 수만 명을 수사 대상으로 삼고 무려 1천7백35명을 소환 조사했다.[35] 검찰은 당원들의 개인 정보, 휴대폰 사용기록, 문자 메시지까지 다 들여다보았다.

그러나 검찰도 소스 코드 조작, 서버 접근과 데이터·투표값 조작 등을 찾아내지 못했다. 다만 오옥만 등이 저지른 조직적 부정은 검찰도 알아냈다. 결국 2013년 연말 검찰은 20명을 구속 기소하고 442명을 불구속 기소하는 수사 결과를 발표했다.

---

34. 1차 진상조사위가 '엑스인터넷'에 보낸 공문, 2012년 4월 20일.
35. 『경향신문』, 2013년 3월 20일.

구속 기소자는 오옥만, 고영삼, 이정훈 등 대부분 콜센터·대포폰까지 동원해 수백 건의 대리투표를 한 참여계였다. 이들은 부정 의혹을 앞장서 제기했을 뿐 아니라 진상조사위원 노릇까지 했었다. 이영희, 이경훈 등 일부 노조 관료들도 구속되었다.[36] 반면 부정 의혹 때문에 제명과 출당까지 당할 뻔한 이석기·김재연은 아무 혐의가 없어서 기소조차 되지 않았다. 물론 불구속 기소 442명 중에는 당권파 당원들도 많았다. 그러나 이들은 대부분 부모, 배우자, 친구, 동료 등의 부탁을 받아 온라인 투표를 대신해 준 혐의였다. 이것은 기소 자체가 억지였다. '강도·살인을 저질렀다'라고 해놓고 증거가 없자, '그래도 이 사람들이 무단 횡단은 했다'고 우기는 꼴이었다.[37] 이렇게 되자 이제 진보진영 내에서도 다른 목소리가 불거지기 시작했다. 영화배우 김여진은 진상을 잘못 알고 있었다고 억울해했다.

> [그동안 우리가] 들었던 이름은 오로지 이석기, 김재연뿐이었다. … [이런 사실이 진작 알려졌다면] 억울하다고 분신까지 하는 그런 일은 없었지 않았겠나 싶다. 나 역시 조금 다른 감정을 갖

---

36. 〈민주노총〉 정치위원장이던 이영희는 현대차 우파 관료 이경훈과 공모해 조직적 부정을 한 것이 드러나 같이 구속되었다. 구속될 당시 두 사람은 각각 안철수 캠프와 문재인 캠프에 가 있었다.
37. 처음에 검찰은 '당권파의 조직적 부정'이랄 게 없자, 동일 IP 투표를 문제 삼았다. 그러나 같은 사업장·학교에 있는 노조·학생회에서 동일 IP가 많은 것은 당연했다. 그러자 지푸라기라도 잡듯이 이쪽으로 방향을 돌렸다.

게 되었겠지 … 그토록 환멸에 가까운 배신감을 갖진 않았겠지 … 징그럽다는 듯이 바라보지 않았겠지.[38]

『경향신문』 원희복 선임기자는 뒤늦게 사과했다. "부정 경선을 가장 먼저, 가장 가열 차게 제기한 세력은 유시민계"인데 막상 그들이 부정의 주범이었다는 것이다. "사태가 여기까지 이른 데 우리 언론의 책임이 큽니다. 분위기에 매몰되어 하이에나처럼 물어뜯기 바빴지 진실을 보지 못했습니다. 죄송합니다. 사과드립니다."[39] 『오마이뉴스』 최규화 기자도 반성했다.

부정경선, 당권파, 경기동부, 종북 세력, 폭력 집단 …. 확인하고 검증할 틈도 없이 쏟아져 나온 말들은 제대로 걸러지지 못하고 날마다 헤드라인을 달궜습니다. 한쪽에서는 목숨까지 걸고 저항했지만, 이미 확신에 찬 언론은 그들의 말을 들어주지 않았습니다. '진보'를 표방하는 언론 역시 다를 바 없었습니다. … 저 역시 반성합니다. 누구의 잘못인지 가려지기도 전에 부정선거의 장본인으로, 패권주의 정치의 주도 세력으로, 심지어 종북주의 세력으로 낙인찍힌 이들에게 사과합니다.[40]

---

38. 김여진 블로그, 2012년 11월 14일.
39. 『경향신문』, 2013년 3월 20일. 물론 기자 개인 명의로 그것도 온라인 기사에서 사과하는 것에 그쳤다.
40. 최규화, 「'하이에나' 언론에 건강한 태풍이 불기를」, 〈14하12 : 기록하는 사람 최규화 작가의 글창고〉, 2013년 3월 25일 입력, 2022년 3월 16일 접속, https://

이 외에도 『미디어 오늘』 백병규 전 편집국장[41], 『천안함 프로젝트』의 신상철[42] 등이 '이제는 진실을 말해야 한다'고 목소리를 냈다. 물론 대부분의 개혁·진보 언론과 지식인들은 여전히 침묵했다.[43]

살인강도는 안 했지만, 무단횡단은 했다?

'살인강도범은 아니었지만 무단횡단범이기는 하다'는 검찰의 기소도 얼마 후 빛이 바래고 말았다. 서울중앙지법이 이 부분에 대해 무죄 판결을 내린 것이다. 검찰의 442명 불구속 기소에 따라 전국 40여 곳 지방법원에서 같은 사안의 재판이 진행되고 있었다. 법원은 그 재판들을 일단 중지시키고 서울중앙지법에서 집중 심리를 진행해 기준을 마련하려 했다. 서울중앙지법은 온라인 투표시스템 전문가, 진보당 진상조사보고서 작성자, 진보당 선관위 관계자 등을 증인으로 불러 조사했다. 그리고 서

bit.ly/3aLOT87. 이 글도 최규화 기자 개인 블로그에 실렸을 뿐 『오마이뉴스』는 여전히 침묵했다.

41. "[이 사건에서는] '사실' 여부는 중요하지 않은 지지와 배제의 문법이 지배했다."
42. "통합진보당 사태는 천안함 사건이 그러했듯이 또 하나의 불편한 진실로 다가왔다."
43. 김인성은 "놀랍게도 진보 진영과 자칭 진보 언론들까지 검찰이 이석기의 죄를 찾아내 구속하기를 바라고 있는 분위기"라고 지적했다.(김인성, 「이정희 후보 선거 공보물에 적힌 저의 주장에 대해서」, 〈미닉스의 작은 이야기〉, 2012년 12월 7일 입력, 2022년 3월 16일 접속, https://minix.tistory.com/412.)

울지역에서 불구속 기소된 47명 전원에게 무죄 판결을 내렸다. 판결 요지는 다음과 같았다. '진보당 당내경선 온라인 투표에서 조직적 부정은 사실이 아닌 것이 밝혀졌다.[44] 다음으로 인터넷 미숙이나 시간 부족 등 때문에 가족·친척·동료 한두 명의 투표를 대신해 준 것은 도의적으로는 몰라도 법적으로 무죄다.'[45] 사실 이것은 당연한 결과다. 이 정도의 '위임투표'는 개선할 문제이긴 했지만, 아무래도 심각한 부정이라고 보기 어려웠다. '조직적이고 체계적인 부정'을 밝혀내지 못하자 이거라도 걸고넘어지려 한 것이 억지였다.

한편, 이 판결에서 많은 사람이 간과하는 측면이 있다. 재판부는 '투표 의사를 위임받지도 않고 조직적이고 대규모로 진행한 대리투표[46]는 처벌할 수도 있다'고 했다. 즉 오옥만 등의 행위를 말하는 것이다.[47] 결국 진보당 당권파가 굴레처럼 쓰고 있

44. "통합진보당 자체조사 및 검찰의 수사 결과로도 인터넷 투표 시스템 자체에 의한 투표 결과 조작 등은 없었던 것으로 밝혀졌다."(「서울중앙지방법원 제35형사부 판결문 2013고합274」, 25쪽.) 이 재판에 1차 진상조사위를 주도한 참여계 박무가 직접 증인으로 나와 "투표값을 확인했지만 부정은 없었다"고 증언했다.

45. "가족·친척·동료 등 일정한 신뢰관계가 있는 사람들 사이에서 위임에 의해 이뤄지는 통상적인 수준의 대리투표는… 선거제도의 본질적 기능을 침해하는 것이라고 보기는 어렵다."(같은 글, 20쪽.)

46. "선거권자의 의사를 왜곡하는 상당한 규모의 조직적 대리투표", "위임 받은 적이 없음에도 위임받은 것처럼 속여서 투표"(같은 글.)

47. 이처럼 당권파의 조직적·체계적 부정은 없었고, 오히려 참여계의 부정만 드러난 상황에서도 '당권파가 뭔가 부정을 했을 것'이라는 태도는 이해할 수 없다. 검찰·법원도 못 밝힌 것을 '그래도 뭔가 있었을 것'이라는 것은 거의 '유죄

던 부정선거 의혹은 1년이 지나서야 어느 정도 벗겨졌다. 하지만 그토록 융단폭격을 쏟아붓던 사람들[48]이 지금도 대부분 모르는 척 입 다물고 있다.[49] 그래서 당권파는 여전히 '부정'의 낙인을 말끔히 씻어내지 못하고 있다. 서울중앙지법의 진보당 무죄 판결 이후 조중동은 '종북 판사, 종북 판결' 운운하며 판사 이름을 공개해 버렸다. 이에 밀려 얼마 후 광주지법에서는 똑같은 사안에 대해 "관습법에 따라" 유죄 판결을 내려 버렸다. 또 2013년 11월 28일에 대법원에서도 관련 사건에 대해 유죄 판결이 내려졌다. 그러자 언론들은 "진보당 대리투표 유죄 확정"이라고 보도했다. 이것은 정말 악의적 보도였다. 왜냐하면 대법원에서 유죄가 확정된 사람들은 바로 참여계 오옥만의 부정을 도운 사람들이었기 때문이다. 그들은 더 이상 진보당 당원도 아니었다. 하지만 모든 언론은 마치 서울중앙지법의 판결이 대법원에서 뒤집어진 것처럼 보이도록 보도했다.

결국 진보당 당권파가 굴레처럼 쓰고 있던 부정선거 의혹

추정의 원칙'으로 보일 정도다.

48. 2012년 5월 21일부터 6월 8일까지 진보당 관련 기사는 조선·동아가 127건과 145건, 경향과 한겨레가 160건과 142건이었다. 반면 이명박 내곡동 사저 비리 관련 기사는 조선 2건, 동아 1건, 경향 1건, 한겨레 2건이었다.(『미디어 오늘』, 2012년 6월 23일.)

49. 김인성은 이렇게 일갈했다. "정의당은 자신의 잘못을 사죄해야 합니다. 진보당을 악의 소굴로 묘사해 온 자칭 진보 언론들은 1면에 사과문을 발표해야 합니다. 이를 회피하는 자들은 더 이상 진보가 아닙니다."(김인성 트위터, 2013년 10월 6일.)

은 한참이 지나서야 일부나마 벗겨졌다. 하지만 여전히 많은 사람이 이런 진실을 모르고 있거나 굳이 알려고 하지 않고 있다. 여전히 많은 사람들이 '당권파가 뭔가 부정을 했을 것'이라는 태도를 취하고 있다. 그래서 당권파는 여전히 '부정'의 낙인을 씻어내지 못하고 있다.[50] 물론 '종북', '부정'과 달리 '폭력'은 명백히 진보당 당권파의 잘못이었고 옹호할 수 없는 일이다. 그러나 '폭력'은 당시의 구체적 맥락과 동떨어져 벌어진 일이 아니었다. 그 맥락 때문에 더 괘씸한 일로 받아들여지고 있었다. '부정을 저지른 자들이 그것을 덮고 책임지지 않기 위해 계획된 폭력을 저질렀다'라고 말이다. 유시민은 "매우 잘 준비하고 현장에서 아주 조직적으로 지휘해서 폭력 사태를 일으켰다"고 했다.[51] 그러나 앞서 살펴봤듯이 '부정'의 진실은 사뭇 달랐다. 따라서 김인성의 지적처럼 폭력 사태는 "당원들의 억울함이 표출된 우발적인 사고"로 보는 게 더 타당해 보인다.[52] 그럼에도 불구하고 폭력은 명백히 진보당 당권파의 잘못이었고 옹호할 수 없는 일이다. 그것은 사태를 더욱 악화시키기만 했다.

비극의 뿌리 — 무리한 통합과 무원칙한 야권연대

50. '내란음모' 사건의 검찰 공소장에도 경선 부정과 중앙위 폭력은 이석기 등을 단죄할 필요성을 입증하는 주요 근거로 기록되어 있었다.
51. MBC 라디오 인터뷰, 2012년 5월 14일.
52. 김인성 블로그, 2013년 4월 1일.

왜 이런 난장판이 벌어졌던가. 역설적이게도 비극은 진보당 당권파가 앞장서 추진한 강령 후퇴와 참여당과의 통합에서부터 실마리를 찾을 수 있다. 특히 이석기 의원 자신이 가장 적극적으로 이것을 주장했다고 한다. 전국회의 김장호 의장은 "참여당과 통합만 하면 원내 20석, 30석도 가능하고 연립정부도 갈 수 있을 거라는 과도한 정세 인식과 주관적이고 선거 공학적인 판단이 우경화의 시작이었다"고 후회했다.[53] 물론 노회찬, 심상정 등도 이 방향으로 나가려는 데서 누구보다 적극적이었다. 통합 직후, 총선 후보 선출을 위한 당내경선을 앞두고 진보당은 '당비 한 번만 내면 당권을 주는 규정'을 마련했다.[54] 그리고 무려 3만 5천여 명이 새로 밀려 들어왔다. 명백히 당내경선을 위한 쪽수 늘리기였다. 여기서 문제의 불씨가 마련되었다.[55] 졸속 통합은 곧 파열음을 내기 시작했다. 이정희, 유시민, 심상정 세력은 "권력의 배분 방식과 배분 내용을 놓고 사사건건 충돌"했다. "어차피 상대방은 도구화되었기 때문에 동지적 문제 제기와 결과 수용은 애당초 존재하지 않았다."[56] 이정희 대표 또한 이

53. 장여진, 「노동포럼, 대선과 노동정치 방향 토론, 노동세력들의 공감대와 이견들 확인」, 『레디앙』, 2012년 8월 25일 입력, 2021년 2월 8일 접속, https://bit.ly/3tF55kf.

54. 기존 구도에서는 불리한 참여계 등의 강력한 요구였다.

55. 이때 들어온 사람들은 당내경선과 총선 직후에 대부분 탈당했다. 경선에서 오옥만을 찍은 사람 중에 58%, 윤난실을 찍은 사람 중에 61%. 이석기를 찍은 사람 중에 15%가 탈당했다. 『민중의 소리』, 2012년 6월 26일.

56. 김장민, 진보당 당원게시판에 올린 글, 2012년 8월 3일.

렇게 돌아본다.

> 뜻이 맞아서, 잘해보자는 마음으로 뭉치는 게 아니었다. … 저도 그랬고, 그분들도 그랬다. … 욕심, 출세, 야권 단일후보만 되면 나도 국회의원이 될 수 있어, 그런 마음들이 확 일어났다. … 그런 마음에 대한 벌이었다고 이제는 생각이 든다.[57]

총·대선에서 야권연대와 연립정부까지 바라본 3자 통합은 진보당을 권력 투쟁의 장으로 만들었고, '고삐 풀린 권력투쟁'은 파국으로 치달았다. 참여계가 기대와 달리 겨우 국회 의석 한자리를 얻으면서 비극은 예감되었다.[58] 대의가 아닌 실리를 위한 결합은 실리를 못 챙긴 쪽에서 불만을 낳았다. 화학적 결합은 없었기에, 상호 불신은 극에 달했다. 아마 참여계는 자신들처럼 당권파도 부정을 저질렀다고 확신했을 것이다. 그래서 부정을 책임지고 무대에서 내려가라고 요구했다. 유시민, 심상정 등은 당권을 쥐고 대선 대응과 야권연대 추진을 주도하려 했을 것이다. 당권파의 '종북성'이 야권연대와 대선 승리에 도움에 안 된다고 보고 있던 자유주의 언론·지식인들이 여기에 가세했다.[59]

---

57. 정혜규, 「이정희 "편한 길 보였지만 거짓말하면서 갈 수 없었다"」, 『민중의 소리』, 2012년 11월 12일 입력, 2021년 2월 8일 접속, https://bit.ly/3tMEFNM.
58. 유일하게 당선된 참여계 강동원은 유시민 쪽보다는 민주당에 가까웠다.
59. 이석기 의원은 당시 "모든 매체의 질문이 그거[북한의 3대 세습에 대한 견해]였다. 카메라만 대면 무조건 그걸 계속 물었다"고 회고한다.(최성진, 「"박근혜

대선이 얼마 남지 않았던 것이다.[60] 당권파의 패권적 행태에 피해를 보고 상처받아 온 사람들도 굳이 당권파를 방어하려 하지 않았다.[61]

여기에 오옥만 측이 못된 장난을 쳤다. 오옥만 측은 스스로 부정을 저질러놓고, 진상조사위에 들어가서 진상을 은폐하며 당권파의 부정으로 사태를 몰아갔다.[62] 어느 시점에는 유시민, 조준호, 심상정 등도 진실을 알았을 것이다.[63] 아마 당원 개개인의 투표값까지 강제로 열어 본 후로 추측된다. 하지만 이미 진실은 별로 중요하지 않았다. 어느 순간 이들의 논리는 '부정을 누가 얼마나 저질렀는지는 중요하지 않다'로 바뀌었다. 이 파국이 노동운동에 끼친 해악은 매우 크다. 사실 진보당의 의석수

식 메카시즘에 민주당이 흔들린 셈", 『한겨레』, 2013년 3월 22일 입력, 2021년 2월 8일 접속, https://bit.ly/3q0icKK.)

60. 2004년 송두율 마녀사냥을 다룬 〈경계도시2〉 영화를 보면 송두율에게 공개 전향을 강요하는 진보 인사들이 강조하는 게 '총선이 다가온다'였다.

61. 자주파인 소위 '부울경'도 초기에는 이석기 의원을 물러나게 해서 사태를 봉합하자는 입장이었다. 2008년 일심회 사건 때 자주파 일부가 타협을 모색했듯이 말이다.

62. 진보당 당권파는 참여계와 오옥만이 이런 농간을 부리는 것을 방치한 책임이 있다. 총선 전에 즉시 부정 의혹을 조사해서 조치하고, 이후라도 의혹 당사자들을 배제한 공정한 진상조사위원회를 구성했다면 이런 농간은 어려웠을 것이다.

63. 유시민은 2012~2013년에 벌어진 종북몰이 마녀사냥에서 대체로 침묵·방조하는 태도를 취했다. 반면 2019년 검찰대란 국면에서 벌어진 '조국몰이'에서는 나름 용기 있게 이의를 제기하며 검찰·언론의 마녀사냥과 '가족인질극'을 날카롭게 비판했다. 나는 전자에 대해서는 비판적이지만, 후자에 대해서는 인정하고 평가하는 입장이다.

는 민주노동당 때보다도 늘었다. 지방의원 수까지 합치면 몇 배의 성장이었다. 그러나 중요한 것은 그게 아니었다.

당시에 진보당 당원들은 어디 가서 진보당을 지지한다거나 당원이라고 말도 못 하게 되었다. 죄지은 사람처럼 고개를 못 들고 다니게 되었다. 노동자들의 사기는 바닥으로 떨어졌고 곳곳에서 분열의 골이 깊게 파였다.[64] 김진숙 〈민주노총〉 지도의원이 이 사태가 휩쓸고 지나간 현장의 분위기를 잘 표현했다. "현장에 가보면 활동가들 어깨가 바닥까지 처져 있다. 조합원들이 후원금 돌려 달라, 탈당한다 난리란다. 가족들한테도 쪽팔리다 한단다. 회사 관리자들까지 비웃는단다."[65] 한쪽에는 여전히 참여당과의 통합 추진 등을 반성적으로 돌아보지 않는 진보당이 있었다. 패권적으로 추진된 방향 때문에 수많은 사람의 가슴 속에 응어리가 생겼는데도 말이다. 이석기 의원은 "나는 여전히 대중적 진보정당의 노선은 옳았다고 본다. … 문제는 노선이 아니라 노선을 구현하는 방법"이라고 했다.[66] 『민중의 소리』도 "통합진보당을 건설한 것은 … 정당한 행동이었다"고 했다. 2013년 정책 당대회에서도 진보당은 "진보통합과 야권연대를 변함없이 추진해야 한다"며 "5년 늦어졌을 뿐 잘못된 것은 아니다"라고

---

64. 예컨대 기아차 화성공장에서는 이 사태로 7백여 명이던 민주노동당 당원 수가 반 토막이 났고, 진보당과 정의당으로 쪼개져 반목하기 시작했다고 한다.
65. 김진숙 트위터, 2012년 5월 5일.
66. 최성진·윤형중, 「"박근혜식 메카시즘에 민주당이 흔들린 셈"」.

했다.[67] 참여계와의 통합 이후 벌어진 온갖 끔찍한 사태로 진절머리가 난 사람들은 이런 태도를 받아들이기 어려웠다.

다른 쪽에는 참여당과의 통합을 현실에서 유지하고 있던 정의당이 있었다. 심상정 의원 등이 한때 참여당과의 통합에 반대했던 것은 자주파를 견제하기 위한 핑계일 뿐이었다. 심상정 의원은 "현실적 노선을 추구하는 진보주의자와 시장 통제에 대해 분명한 전략을 갖고 있는 진보적 자유주의자, 이 연대 세력이 잘 융합[해야 한다]"고 했다. 반면 "구당권파[는] … 대중정당으로 가기 위해서는 반드시 뿌리 뽑아야 할 낡은 요소"라고 저주했다.[68] 무엇보다 정의당은 종북 마녀사냥에 거듭 굴복하며 동지의 등에 칼을 꽂았다. '내란음모' 마녀사냥 때 심상정 의원의 "헌법 밖 진보" 발언은 충격이었다. 심상정 의원은 "이석기 사태는 진보정치가 수용할 수 있는 범위를 분명하게 정리했다는 면에서 중요한 전기"라고 평가했다.[69] 이석기 체포동의안을 새누리당, 민주당과 함께 처리한 것이 이 잘못된 태도의 절정이었다. 『조선일보』는 이런 심상정 의원을 "연일 소신 발언을 이어가고 있다"며 칭찬했고, 당시 새누리당 김무성은 심상정에게 자신이

---

67. 최지현, 「진보당 정책당대회 "통합과 연대 변함없는 전략 방침"」, 『민중의 소리』, 2013년 6월 29일 입력, 2021년 2월 8일 접속, https://bit.ly/39YX7ut.
68. 심상정, 「"민주당 왼쪽 방으로는 진보 정치 어렵다"」, 『프레시안』, 2012년 8월 17일 입력, 2021년 2월 8일 접속, https://bit.ly/2N6PGIE
69. 「눈길 끌다 눈총 받는 진보의 활로 찾기」, 『한국일보』, 2013년 10월 25일 입력, 2021년 2월 8일 접속, https://bit.ly/3rK0ETN.

꾸린 연구모임 〈퓨처라이프〉의 공동대표 자리를 제안했다.

마녀사냥에 연대로 맞서며 그 흐름을 끊어내야

종북몰이가 악화시킨 진보정당의 위기와 분열은 지금까지도 그 여파가 계속되고 있다. 이런 공백을 안철수 같은 기회주의자들이 낚아채 가던 모습은 씁쓸하기만 했었다. 진보 분열 과정에서 '종북몰이'는 우파의 꽃놀이패였다. 어느 운동이나 집단이든 '종북이고 진보당과 관련 있다'고 하면 분열·위축 효과가 나타났다. 박근혜 정부는 이런 진보진영의 분열과 갈등, 반목을 이용하려 했다. 진보당을 공격해도 다른 진보진영이 방관하도록 유도하고, 그것이 분열의 골을 더 깊게 하면서 진보진영 전체를 사기 저하·위축시킬 것이라고 본 것이다. 노동운동 속에 두려움과 자괴감, 무기력이 퍼지도록 만들고, 급진적 주장을 할 때 스스로 눈치 보도록 만들려는 것이었다.[70] 실제로 당시에 많은 사람이 진보당에 대한 극심한 탄압을 애써 못 본 척했고, 진보당과 거리 두기를 하려 했다.

예컨대 그나마 진보당 방어 입장이라는 노동당은 마녀사냥

---

70. 미국 매카시즘이 노동운동에 끼친 영향에 대한 조너선 닐의 평가는 참고할 만하다. "두려움과 수치심이 노동조합 내 좌파를 분열시켰다.… 사회주의 사상을 표명하는 것에 대한 두려움이 널리 퍼져있었다", "문제는 그 활동가들을 알고 있었지만 너무나 두려워서 그들을 방어하지 못한 수많은 현장 투사들에게 미칠 영향이었다."

이 한참인 상황에서 『한겨레』 신문 1면 하단 통 광고를 냈었다. “종북에 묶인 시대착오적 진보도, 국정원도 우리를 절망스럽게만 합니다.” 그리고 “낡은 진보를 넘어선 새로운 진보”를 표방했다. 조심스럽게 방어에 나서던 사람들마저도 약속이나 한 듯이 꼭 ‘나는 이석기 의원에 비판적이지만’, ‘나는 진보당이 아니지만’이라는 단서를 붙였다. 밀양 송전탑 반대 투쟁에서 벌어진 일은 상징적이다. 밀양 투쟁에 진보당이 연대하자 조중동은 ‘진보당 의원들이 와서 구덩이를 파고 자살을 권유했다’며 마녀사냥했다. 세월호 진상규명 투쟁에서도 마찬가지였다. 이제 진보당은 오면 반갑기보다는 부담스럽고 껄끄러운 존재가 되었다. 당시 이상규 의원은 “[국정원 선거 개입] 대책위 분들도 ‘진보당이 많이 와주는 건 좋은데 당 깃발은 내리고 오면 안 될까’라고 말한다. … [오더라도] ‘티는 내지 말아 달라’고 한다”고 토로했다.[71] 〈국정원 내란음모 정치공작 공안탄압 규탄 대책위〉 한 관계자도 이렇게 말했다.

> 같이 모여 공동 대응해야 할 사안에서도 서로 따로 대응하거나 함께 모인다고 하더라도 분란이 생기는 경우도 있다. … 집회에 통합진보당이 결합하는 걸 경기를 일으키며 싫어하는 사람

---

71. 이상규, 「‘이석기 사태와 진보’에 답한다①」, 『오마이뉴스』, 2013년 10월 9일 입력, 2021년 2월 8일 접속, https://bit.ly/3p3nljQ.

들이 많아서 내가 통합진보당 측에 깃발 같은 거 너무 많이 들고나오지 말라고 부탁해야 할 정도[이다.][72]

〈국정원 내란음모 정치공작 공안탄압 규탄 대책위〉에는 주요 시민사회단체가 가입하지 않았다. 이름을 올린 단체들도 방어 행동에는 소극적이었다. 이 대책위가 방어 집회를 열어도 참가자는 거의 진보당 당원들뿐이었다.[73] 이것은 '평소 진보당의 행태가 낳은 업보'라거나, 진보당과 다른 단체들의 정견의 차이만으로는 설명하기 어려운 현상이었다. 물론 진보당에 대한 '종북몰이'는 "과거 안보 위협과 공포의 대상이던 북한이, 체제 경쟁에서 뒤처져 업신여김의 대상으로 추락한 현실에 터 잡고 있다."[74] 이런 북한 체제와 정권에 대한 진보당 지도자들의 태도는 동의하기 어려웠다. 북한 체제는 남한 체제와 마찬가지로 억압·착취 체제일 뿐이다. 그러나 우리는 북한 체제의 지배계급과 남한에서 북한 정권에 우호적인 투사들(자주파 활동가들)을 구분해야 한다. 북한의 스탈린주의 관료들은 억압·착취를 행

---

72. 장여진, 「정당해산 청구에 모두 비판, 통진당과의 연대는 소극적, 왜?」, 『레디앙』, 2013년 11월 7일 입력, 2021년 2월 8일 접속, https://bit.ly/3jrbJpA.
73. 마르틴 니묄러의 시 「그들이 처음 왔을 때」는 나치가 공산당, 사민당, 노조원 등을 차례로 잡아갔으며, 처음부터 함께 맞서야 했다고 말한다. 이 시는 많이 인용되었지만, 실제로는 별로 적용되지 않았다.
74. 박창식, 「'박근혜 1년'과 문화 연구 필요성」, 『한겨레』, 2014년 2월 20일 입력, 2021년 2월 8일 접속, https://bit.ly/3aGJ3VP.

하는 장본인인 반면, 남한의 자주파 활동가들은 억압·착취에 맞서 싸워 온 노동운동의 중요한 일부이기 때문이다.

따라서 노동운동 활동가들은 종북몰이 마녀사냥에서 진보당을 분명히 방어하고, 박근혜에 맞선 공동 투쟁 속에서 협력하는 것이 타당한 방향이었다. 진보당에 대한 이견은 그런 연대와 투쟁 속에서 비판하고 토론하는 것이 옳았을 것이다. '서울시 공무원 간첩 사건'을 조작한 국정원이 내란음모 사건도 조작한 것이라는 진실을 분명히 말했어야 했다. 나아가 진보당 마녀사냥의 분기점이 된 2012년 경선 부정 사태의 진실도 말했어야 했다. 오류를 솔직하게 인정하고 바로잡는 것이 중요했다. 사회변혁을 지향하는 활동가들이 "두려워해야 하는 것은 그릇된 수치심 때문에 잘못을 인정하고 바로잡기를 거부"(레닌)하는 것이다. 이 나라 기득권 우파 지배자들은 자유, 정의, 평화, 평등을 요구하며 자신들의 부와 권력을 위협하는 모든 움직임을 '종북'이라고 몰아왔다. 〈전교조〉도, 〈민주노총〉도, 강정 해군기지 반대 투쟁도, 밀양 송전탑 반대 투쟁도, 세월호의 진실을 위한 투쟁도, 성소수자 인권 요구도 모두 '종북'이라는 것이 이들의 논리였다. 서구에서는 '이슬람 테러리스트에 맞선다'는 이유로 도청·고문과 민주적 기본권의 제약이 정당화되듯이 이 나라에서는 '종북'이 그것을 대체하고 있고, 국가보안법이 그런 구실을 해 왔다.

촛불 항쟁, 박근혜 정부의 몰락, 정권교체를 거치면서 이것은 어느 정도 약화한 것이 사실이지만, 완전히 사라졌다고 보기 어렵다. 여전히 광화문의 태극기 부대는 종북 혐오를 중심으로 해서 무슬림, 이주민과 난민, 성소수자 등에 대한 새로운 혐오와 마녀사냥을 결합하고 있다. 그리고 8년 넘게 감옥에 있는 종북몰이의 희생자 이석기 의원의 석방을 요구하는 목소리는 진보정당과 진보진영에서도 별로 높지 않다. 이것이 촛불을 거쳐서 정권교체가 일어나고 문재인 정부 집권 4년이 넘도록 아직도 이석기 의원이 석방되지 않고 있는 중요한 이유다.[75] 그러나 좌절만 할 수는 없다. 더 이상 물에 빠진 사람과 거리 두기, 불 난 집과 선 긋기, 낙인찍힌 사람 따돌리기는 그만둬야 한다. 다 같이 힘을 모아서 이러한 낙인찍기와 혐오, 마녀사냥의 흐름을 완전히 끊어내야 한다. 그것은 종북몰이 마녀사냥에 대한 잘못된 대처 속에서 분열과 갈등의 골이 깊어지고, 정치적 후퇴와 혼란이 이어져서 아직도 힘을 잘 회복하지 못하고 있는 진보진영이 다시 일어설 수 있는 중요한 고리가 될 것이다.

75. 이석기 의원은 이 책을 준비하고 있던 2021년 12월 24일에 8년 3개월의 수감 생활 끝에 가까스로 성탄절 특사로 가석방되었다. 사면 복권은 아니었다.

:: 결론 — 플랫폼 자본주의와 코로나 시대의 변혁 이론

지금까지의 글들에서 나는 마르크스주의 이론과 사회주의 사상의 부단한 혁신을 강조하며 나름의 시도를 해 보았다. 이러한 이론적 혁신이 중요하고 필요한 이유는 우리가 변혁하고자 하는 현실 자체가 끝없이 역동적으로 변화하고 있기 때문이다. 결론에 해당하는 이 글에서는 최근에 두드러지는 몇 가지 현실적 변화를 추가적으로 분석하면서 우리가 앞서 수행하고 강조한 이론적 혁신이 여기에 부합하고 적용 가능한 것인지를 살펴보고자 한다.

먼저 볼 것은 신자유주의적 자본주의의 '플랫폼 자본주의'(디지털 경제)로의 변화 경향이다. 닉 서르닉Nick Srnicek에 따르면 2008년 금융 위기를 전후해서 본격적으로 등장한 플랫폼 자본주의는 데이터를 새로운 원료로 삼아서 추출, 정제, 사용하며 발전해 왔다. 데이터는 많이 모일수록 더 많은 쓸모가 생겨나는 원료이며, 디지털 인프라 구조로서 플랫폼은 막대하게 쌓여가는 데이터를 독점적으로 추출, 분석, 활용하면서 발전해 왔다. 플랫폼은 소비자, 광고주, 서비스 제공자, 생산자, 공급자 등을 서로 매개하면서 더 많은 데이터가 더 많은 가치 창출로 이어지는 "네트워크 효과"를 일으키며 성장했다.[1] 서르닉은 플랫폼 자본주의의 출현 배경을 이렇게 설명한다.

> 중요한 문제는 1990년대 호황과 거품이 디지털 경제의 기초인 인프라 구조를 낳았다는 사실에 있다. 그리고 경제 문제의 해결책으로 초완화적 통화정책이 출현했다는 사실에 있다. 1990년대까지만 해도 인터넷은 주로 비상업적 용도로 쓰였다. 그러다가 호황을 거치면서 대대적인 상업화가 이뤄졌다. 이런 흐름에는 금융투기가 크게 작용했다. 막대한 벤처 자본이 흘러들어 투기를 자극했고 주식 가치는 천정부지로 치솟았다.… 이런 상황에서 1990년대 후반 금융자본은 새로운 배출구를 찾기 시작했다. 그것이 바로 정보통신 산업이었다.[2]

플랫폼 자본주의는 수평적 네트워크를 건설해 우리에게 더 많은 선택권을 주겠다면서 등장했다. 뭔가 공공성 있게 느껴지는 '공유경제'라고도 했다. 하지만 플랫폼 자본주의는 신자유주의적 자본주의의 부조리를 더 격화시키며 노동자들에게 심각한 위협이 되고 있다. 자동화, 디지털화, 아웃소싱 속에서 자본주의의 모순은 더욱 심각해진다. 일자리 자체가 건당 수수료를 받는 용역·위탁으로 기본급, 상여금, 퇴직금, 사회보장도 없는

1. 닉 서르닉, 『플랫폼 자본주의』, 심성보 옮김, 킹콩북, 2020, 45~51쪽.
2. 같은 책, 27쪽.

불안정한 것들이다. '프리랜서', '디지털 특수고용 노동자'들은 그때그때 필요한 만큼만 고용되고 일자리는 쪼가리 일거리로 해체된다. 사용자도 증발한다. '예컨대 음식배달 플랫폼 노동자의 사용자는 누구인가? 플랫폼 기업인가? 배달대행업체인가? 음식점 주인인가? 소비자인가?'[3]

> 이런 회사의 가장 악명 높은 부분은 외주에 의존하는 노동자 고용이다. 미국에서 이런 플랫폼은 노동자를 '종업원'보다는 '독립계약자'로 취급한다. 이로 인해 급여, 시간 외 수당, 병가 수당, 기타 비용이 줄어들어 전체 노무비가 30% 가까이 감소한다. 게다가 종업원 신분이 되어야 훈련을 받기에 교육비용까지 외주로 맡겨진다.[4]

플랫폼 자본주의화는 기존 제조업체에서 대대적 구조조정도 부르고 있다. 예컨대 자율주행차가 일반화되면서 스마트폰 앱을 구동해 필요한 시간에 필요한 위치에 차량을 불러서 사용할 수 있게 된다면, 차량을 구매하거나 스스로 운전할 필요가 줄어들 것이다. 자동차 판매시장은 축소될 것이고, 자동차 회사들은 '자동차 제조+판매'가 아닌 모빌리티mobility 서비스 제

---

3. 박장현, 「정보자본주의 시대의 노동, 노동자」, 『레디앙』, 2019년 4월 17일 입력, 2021년 2월 8일 접속, https://bit.ly/3p654mc.
4. 서르닉, 『플랫폼 자본주의』, 80쪽.

공을 통한 서비스 업체로 변신할 것이다. BMW와 다임러는 지분을 공통 투자하여 모빌리티 서비스 전문회사로 변화를 시도하고 있고 현대차도 "현대자동차를 '자동차 제조업체'에서 '스마트 모빌리티 솔루션 제공업체'로의 전환"하겠다고 말하고 있다.[5] 이것은 전기차로의 전환과 디젤엔진에서 전기 배터리로의 전환과 맞물려 자동차 회사와 수많은 부품회사, 하청업체들에서 엄청난 구조조정을 낳을 것이다.

이 과정 속에서 플랫폼을 장악하고 데이터를 독점한 자본은 계속 거대해지고 불평등은 더 첨예해진다. '네트워크 효과'는 승자독식 경향을 강화하기 때문이다. 기계와 설비 등 별다른 유형자산도 없이 플랫폼 선점 효과만으로 데이터와 정보를 독식하면서 순식간에 거대기업으로 성장하게 된다. 플랫폼 기업은 상품을 직접 생산하거나 유통하지 않고, 자산은 기업 바깥의 이용자들이 보유하고 있다. 유명한 문구처럼 '아마존은 단 하나의 매장도 없고, 우버는 단 한 대의 자동차도 없고, 페이스북은 단 하나의 콘텐츠도 생산하지 않고, 에어비앤비는 단 하나의 건물도 없다.' 그런데 2004년에 이용자 500명으로 시작했던 페이스북은 2018년 현재 20억에 가까운 이용자가 있고, 작은 창고에서 시작한 월마트는 오늘날 전 세계에 1만 1천 개 매

5. 김상하, 「자동차 산업의 '빅뱅'이 다가온다.」, 『프레시안』, 2018년 10월 30일 입력, 2021년 2월 8일 접속, https://bit.ly/2Ltbdeb.

장과 연계하고 있다. 오늘날 세계에서 자산가치가 가장 높은 기업들은 대부분 플랫폼 기업들이고, 글로벌 4대 플랫폼 기업(페이스북·애플·구글·아마존)의 시가 총액은 910조 원에 달한다.

> 이는 소유의 종말이 아니라 소유의 집중이다. '접속의 시대'라는 찬사는 현실을 오도하는 공허한 미사여구에 불과하다. 마찬가지로 린 플랫폼에서는 자산 없는 가상 조직이 추구되지만, 다른 한편에서는 반대 경향이 출현한다. 가장 중요한 플랫폼 회사가 거대한 인프라 구조를 구축하고, 막대한 자금을 쏟아부어 다른 회사를 인수하거나 자사의 역량을 확충하는 것이다. 이런 회사는 단순한 정보의 소유자가 아니라 사회기반시설의 소유자로 변신한다.[6]

이러한 플랫폼 독점기업들은 우리의 취향, 선호, 의식까지도 데이터화하는데 그 데이터를 분류하고 종합하는 알고리즘에는 성과 인종에 대한 사회적 편견도 스며들어 있다. 서르닉은 "이런 과정은 [조직 내부의 승진이나 평가가 아니라] 평판 체계로 노동자를 통제하려고 한다. 그러나 평판 체계는 그 자체로 젠더화되고 인종차별적이며 사회적 편견에 취약하다"라고 지적했다.[7]

---

6. 서르닉, 『플랫폼 자본주의』, 95쪽.
7. 같은 책, 81쪽.

이는 당연히 계급의식과 투쟁 모두에 영향을 줄 것이다. 따라서 '아무리 변해도 자본주의는 자본주의이고, 노동계급은 노동계급일 뿐'이라는 태도는 여기서 더더욱 문제가 된다. 변화된 현실을 구체적으로 분석하고, 그에 따라 정치적 혁신을 추구하는 것이 매우 중요해진다. 그 점에서 자본주의가 가사노동이나 돌봄노동을 자연화시켜 무급으로 강탈하던 것과 오늘날 여가시간에 무급으로 이뤄지거나 특수고용, 자영업화하는 디지털 노동을 비교하는 분석은 흥미롭다. 이러한 선구적 분석들[8]에 따르면 디지털 자본주의에서는 생산과 소비, 고용과 자영, 여가와 노동의 경계가 무너지고 우리의 모든 시간이 착취, 강탈의 대상이 될 수 있다. 플랫폼은 사용자(수용자)의 데이터를 상품화하고 이를 광고와 교환하며 그 대가로 커뮤니케이션 수단을 제공한다. 사용자는 정보의 소비자일 뿐만 아니라 콘텐츠, 사회적 관계, 네트워크 효과를 사용가치로 생산하는 생산적 소비자prosumer이다. 이러한 디지털 노동은 임금이 낮거나 없고, 사회적으로 노동으로 인식되기 어렵고, 강화되는 자기착취 속에 노동의 소외, 불안정성은 더 심각해진다는 것이다. 닉 서르닉도 같은 지적을 한다.

---

8. 홍석만, 「디지털 전환과 노동의 미래」, 『참세상』, 2017년 10월 13일 입력, 2021년 2월 8일 접속. https://bit.ly/3oXfMva. 장흥배, 「플랫폼노동, 현황과 전망」, 정치경제연구소 대안, Alternative Working Paper, No. 13. 2019년 8월 14일 입력, 2021년 2월 8일 접속, https://bit.ly/2YUCpWp.

새로 출현한 모델은 '자유/무료노동'free labour의 착취에 의존할 뿐이다. 이런 관점에서 보자면 구글과 페이스북은 아주 간단히 이윤을 창출한다. 이용자를 부불노동자로 다루기 때문이다. 이용자는 상품(데이터와 콘텐츠)을 생산하고 기업은 그 상품을 전용해 광고주와 다른 이해 집단에 팔아치운다.[9]

이러한 혁신적 접근은 계급 이론과 변혁 전략의 혁신으로 나가야 하고 구체적 요구, 전술과도 연결되어야 한다. 예컨대 스페인에서 〈포데모스〉Podemos는 수년 전부터 이런 디지털 의제를 정책과 공약으로 발전시키고 있다. 모든 데이터의 협동조합적 소유를 우선하고, '도시 데이터 공유부'City Data Commons를 형성하여 집적하고, 데이터의 집적과 분석을 투명하고 민주적인 의사결정 과정에 맡기며, 빅데이터의 정책적 활용이나 보호에서 공적 모델을 우선하자는 등의 대안을 제시하고 있다.[10] 이처럼 공공플랫폼을 개발해서 데이터를 공유하고 민주적으로 통제해야 할 필요성은 분명해지고 있다. 디지털 자본주의와 강탈적 축적에 맞선 반자본주의적 변혁의 전략은 무엇인지를 고민과 응답해야 할 필요성도 갈수록 커지고 있다. 이것은 내가 앞서 분석한 신자유주의적 자본주의의 특징과 노동운동의 과제

---

9. 서르닉, 『플랫폼 자본주의』, 59쪽.
10. 장흥배, 「규제 완화, 플랫폼 경제의 공공성을 사유화하기」, 『프레시안』, 2018년 8월 18일 입력, 2021년 2월 8일 접속. https://bit.ly/3jpCTgI.

에 대한 고민과 긴밀히 연결될 뿐 아니라 그 분석과 고민을 더욱 확장할 필요를 제기한다.

코로나19 팬데믹의 시대

플랫폼 자본주의와 더불어 오늘날 무엇보다 중요하게 다가오는 현실의 변화는 바로 2020년부터 시작된 코로나19 팬데믹 시대로의 진입이다. 사실 코로나 팬데믹은 충분히 예상 가능한 일이었다. 이언 앵거스는 지금의 재앙이 충분히 예측 가능한 것이었지만, 이 체제는 대비를 가로막았고 지금도 문제를 악화시키고 있다고 지적한다.

> 3년 전 세계보건기구는 공중보건 기관들에 소위 '질병 X' 즉 세계적인 전염병을 일으킬 수 있는 새로운 병원체의 출현 가능성에 대비할 것을 촉구했다. 부유한 나라 중 아무도 응답하지 않았고, 그들은 단지 신자유주의적 긴축 정책을 계속해 의료 연구와 건강관리에 대한 투자를 삭감했다. 심지어 '질병 X'가 도착한 지금도 각국 정부는 인명 구조보다 은행과 석유회사 구조에 더 많은 돈을 쓰고 있다.[11]

---

11. Angus, "Ecosocialism or barbarism".

좀 더 구체적으로 살펴보자면 사스, 메르스에 이어서 코로나19 같은 인수공통 전염병이 계속 나타나는 것은 신자유주의적 자본주의가 낳은 결과이다. 먼저, 이것은 야생동물에 대한 잘못된 관리와 상업적 유통의 문제 때문이다. 산림파괴, 기후변화, 도로와 도시 확장이 야생동물의 서식지를 파괴하고 이동시키면서 인간과 야생동물의 직접적 접촉을 늘리게 했다. 이것은 인간이 만들어낸 생태환경 파괴의 결과이면서 기업형 밀집 사육과 공장식 축산의 문제와도 연결되어 있다. 돈벌이를 위해 좁은 곳에서, 많은 동물을, 빨리 키우려고만 하는 그런 곳에서는 바이러스도 많이 빨리 키워지고, 종을 넘어서 번지며, 돌연변이를 일으키게 된다.

두 번째로는 신자유주의가 낳은 급격한 도시화와 슬럼화를 봐야 한다. 경제와 금융이 압축 성장하는 나라들에서는 농민들을 저임금 노동자들로 도시로 급격히 빨아들이면서 난개발과 철거가 반복되기 마련이다. 그런 도심과 변두리의 슬럼가는 과밀한 주거, 낮은 수준의 주민 영양 상태, 비위생적 공공시설, 상하수도 시설과 공공 방역 체계의 부족 등으로 특징지어진다. 그리고 이것은 어디선가에서 시작된 바이러스가 번져나가는 데 가장 좋은 환경이 된다.

세 번째로 봐야 할 연결된 문제는 공공의료의 부족과 의료의 영리화이다. 전염병을 잘 관리하고 확산을 막는 데는 공공의료 시설과 공공병원이 절대적으로 중요하다. 바이러스를 차단하고 박멸하는 데는 (평소에는 돈이 안 되고 별로 필요도 없는) '음압 시설'을 갖춘 격리병상이 필수적이다. 반대로 대책 없는 병원의 다인실은 오히려 바이러스를 배양, 전파하는 허브 구실을 한다. 또 돌봄 부담이 모두 개개인에게 전가되는 구조는 지역사회로 2차 감염을 부채질하는 효과를 내고, 격리 대상자에게 아무 복지나 생계지원이 없으면 몸이 아픈 사람이 먹고살기 위해 억지로 일하러 돌아다니면서 바이러스가 전파된다. 민간병원들에서 만연한 비정규직 차별도 질병 관리의 구멍으로 작동한다.

게다가 신자유주의적 세계화는 오늘날 전 세계적으로 하루 비행 여행객만 9백만 명인 세상을 만들어냈다. 명절 기간에 중국에서만 연인원 30억 명이 이동하는 상황이었는데, 이런 초연결 시대에 더 이상 '우리'와 별 상관없는 '저들'만의 문제라는 것은 있을 수 없게 되었다. 나아가 다국적 제약회사들의 지적재산권과 특허권과 수익 논리 때문에 백신과 치료제 개발과 비축이 가로막히거나 독점된 상황도 인류 모두가 직면한 공동의 위험이 되고 있다. 결국 코로나19 팬데믹은 오늘날의 자본주의가 만들어낸 일련의 팬데믹 중에서 가장 최근의 것일 수 있다.

지금 신자유주의적 정치경제 체제의 모순 속에서 코로나바이러스는 사회적 거리두기가 어렵고 공공의료가 부족한 사회들에서 급속히 대규모로 퍼지며, 주요 국가들에서 막대한 인명 피해를 낳고 있다. 2020년 연말에 백신이 개발되면서 희망이 생겨나는 듯하지만, 코로나19의 변종과 변이가 계속 나타나고 있을 뿐 아니라, 앞으로 새롭고 더 위험한 바이러스가 출현할 가능성도 배제할 수 없다. 나아가 갈수록 재앙으로 향하는 기후위기는 코로나19 팬데믹과는 비교할 수도 없는 재앙적 미래를 경고하고 있다.

> 아마도 어느 시점에서는 COVID-19보다 더 치명적인 바이러스가 하나 더 나타날 것이다. 팬데믹은 자연 세계와 그 안에 있는 인간의 활동 사이에 현재 펼쳐지는 '신진대사 균열'의 한 측면이다. 인간의 활동이 자연환경에 돌이킬 수 없는 피해를 주고 있는 다른 많은 일이 있다. 그러나 다가오는 기후 재앙은 그들 모두를 왜소하게 보이게 만든다.[12]

한편, 코로나19 팬데믹은 이 체제에 존재하는 모순과 문제점을 우리가 더 분명하게 깨닫게 만드는 계기가 되기도 했다. 대표적으로 팬데믹은 오늘날 우리가 가사노동과 돌봄노동과 같은 사회적 재생산 노동 없이는 생존할 수 없다는 것을 보여 주었다. 국제기구나 주류학자, 언론들도 그것을 인정하고 지적한다. 돌봄, 간호, 보육, 요양 등에 종사하는 노동자들을 영국에서는 '주축 노동자'key workers, 미국에서는 '필수 직원'essential employ-

---

12. Neil Faulkner, "History's Greatest Crisis Has Begun", *Mutiny*, 2020년 6월 26일 입력, 2021년 2월 8일 접속, https://bit.ly/3p0M9sT.

ees이라고 부른다. 장하준도 이렇게 지적했다.

> 이번 위기를 통해 우리는 시장에서 거래되지 않기에 전혀 보수를 받지 않는(거의 대부분 여성들이 행하는) 가사 및 육아 노동, 그리고 주로 저임 노동자들이 종사하는 의료(의사는 제외), 양로, 교육, 식자재 생산과 판매, 배달 등을 포함하는, 소위 '재생산 경제'reproductive economy, 혹은 '돌봄이 경제'care economy가 사회의 존재와 경제활동의 지속을 위해 얼마나 필수 불가결한 것인가를 보았다.[13]

이런 통찰은 이미 작업장 안에서의 상품 생산만이 아니라 작업장 밖에서의 노동력 재생산이, 따라서 착취만이 아니라 억압과 차별도 자본주의 체제의 핵심이라는 것을 지적하는 사회적 재생산 이론으로 발전해 있다. 나는 이 책에 실린 관련 논문에서 사회적 재생산 이론에 대해 주목했다. 이런 관점은 실비아 페데리치의 분석을 보면서 더욱 강화되었다. 페데리치는 '마르크스는 노동력의 재생산이 요리, 세탁, 보육 등 여성의 무급 가사노동을 필요로 한다는 것을 보지 못했다'고 비판하면서 대부분 여성들이 무급으로 수행하는 돌봄, 가사노동이 노동력 재생산

13. 장하준, 「코로나19 이후의 경제 및 사회 개혁」, 『민중의 소리』, 2020년 7월 3일 입력, 2021년 2월 8일 접속, https://bit.ly/36V7pd8.

의 열쇠이며 자본축적에서 핵심적이라는 것을 지적했다.[14]

사회적 재생산 노동이 인간에게 필수적이라는 통찰은 단지 페미니스트들에게서만 발견되는 것도 아니다. 예컨대 정신의학자이자 의료인류학자인 아서 클라인먼은 치매에 걸린 부인을 10년 동안 간병한 자기 자신의 경험을 바탕으로 '돌봄은 숭고하고 신성하고 삶을 가치 있게 만들며 인간애의 실존이면서 우리를 더 나은 인간으로 만들고, 정신적 성숙으로 인간을 완성하는 일이며, 무엇보다 영혼의 돌봄'이라고 강조한다.[15] 국제기구나 각국 정부에서 사회적 재생산 노동이 만들어내는 가치를 화폐로 환산해 계산하려는 시도도 나타나고 있다. 이에 따라 "미국의 한 연구 결과 무급 노인 돌봄은 2006년 미국 경제에 약 350조 달러의 경제적 가치를 산출했다는 연구"가 나왔고, "국내의 통계청이 2018년 무급 가사노동의 경제적 가치를 국민총생산 대비 20.9~24.3%로 추산"하기도 했다.[16]

문제는 이처럼 중요하고 필수 불가결한 노동이 대부분 여성, 비정규직, 저임금, 불안정 노동자들이나 가족 구성원들(대부분이 여성)에 의해서 수행되면서 저평가되고 그 책임과 부담에 대한 사회적 지원이 너무나 부족하다는 데 있다. '사회적 거

---

14. 실비아 페데리치, 「마르크스를 넘어 — 페미니즘, 마르크스주의와 재생산 문제」, 『참세상』, 2018년 6월 25일, https://bit.ly/3oUTMkl.
15. 아서 클라인먼, 『케어』, 노지양 옮김, 시공사, 2020.
16. 이창곤, 「무급돌봄노동 가치, GDP 대비 최대 3%」, 『한겨레』, 2021년 1월 10일 입력, 2021년 2월 8일 접속, https://bit.ly/36RN2xG.

리두기' 속에서 아이들, 노인들, 돌봄이 필요한 수많은 사람을 보살피는 정말로 힘들고 중요한 일들이 과연 누구에게 떠넘겨지고 있는가. 자본주의는 삶이 사회적으로 재생산되어야 유지될 수 있지만, 자본주의에서 중요한 것은 삶이 아니라 이윤을 만드는 것이다. 그래서 사회적 재생산 노동자들은 심각하게 과소평가되고, 가장 적은 임금을 받으며, 가장 먼저 해고되고, 끊임없는 성희롱과 직접적 폭력에 직면한다.[17] 하지만 나오미 클라인은 지금 밑바닥에서 혹사당하고 있는 바로 그 사람들이 이 사회를 변혁할 힘을 가진 주체라고 말한다.

> 만약 여러분이 필수 노동자들이 누구인지 본다면, 그것은 노동계급이고 불을 켜는 사람들이다. 우편물을 배달하는 사람들이고, 노인들을 돌보는 사람들이다. 우리는 우리가 누구를 말하는지 안다. 우리는 세상을 움직이게 하는 사람들에 관해 이야기하고 있다.… 나는 자본주의의 다른 시대에는 다른 지렛대가 있다고 생각하는데 그것이 우리의 희망이다. 그것은 그렇게 혹사를 당해온 필수노동자들에게 놓여 있다. 자신과 가족도 돌보지도 못하고 COVID-19 환자들을 돌보기 위해 파견된 간호사들처럼 지금 당장 당연하고 정당하게도 격분한 많은 노

---

17. THE MARXIST FEMINIST COLLECTIVE, "On Social Reproduction and the Covid-19 Pandemic — SEVEN THESES", *SPECTRE*, April 3, 2020년 4월 3일 입력, 2021년 2월 8일 접속, https://bit.ly/3q0IcFT.

동자가 있다. 그리고 우리가 그들을 동원할 수 있다면 바로 거기에 힘이 있다.[18]

사회적 재생산의 위기와 계급투쟁의 새로운 물결

그리고 사회적 재생산 부문을 중심으로 여성과 다인종 노동자들이 주도해서 투쟁이 촉발되고 확산하는 것은 코로나 팬데믹을 거치면서 나타날 미래가 아니라 바로 코로나 이전부터 이어져 온 현재의 이야기이다. 이미 미국에서는 구성원의 대다수가 여성과 다인종인 교사 파업이 노동운동의 갱신을 이끌어 왔다. 지난 몇 년간 칠레, 아르헨티나, 폴란드, 스페인 등에서는 반성폭력과 낙태권 등을 둘러싼 시위와 파업의 물결이 전국적으로 벌어져 의미 있는 성과를 거두어 왔다. 이것은 3월 8일 국제여성의 날을 맞이해 몇 번이나 '국제적인 여성 총파업'이 호소되고 성사되는 결과로도 이어져 왔다. 한국에서도 강남역 사건을 기점으로 분출된 여성들의 목소리와 행동은 불법 촬영 항의 시위 등을 거치며 확대되어 왔고, 학교 비정규직 노동자와 청소 노동자들이 노동운동의 새로운 주역이 되고 있다.

신시아 아루자는 계급 형성의 새로운 국제적 과정이 되고

---

18. Naomi Klein, "Naomi Klein on How to Rebuild From the Disaster of Neoliberalism", *Jacobin*, 2020년 10월 2일 입력, 2021년 2월 8일 접속, https://bit.ly/3oXRroT.

있는 이러한 투쟁을 새로운 "페미니즘적 계급투쟁"이라고 규정한다. "두 번째 물결이 끝난 후 약 40년 후에 도착한 페미니즘의 세 번째 물결"이라는 것이다.[19] 나아가 사회적 재생산 분야를 중심으로 여성과 다인종 노동자들이 전 세계적 투쟁 물결을 주도하고 있는 것은 우연의 일치가 아니라 신자유주의가 낳은 사회적 재생산의 위기와 관련 있다고 지적한다.[20] 낸시 프레이저도 같은 지적을 한다. 우리는 '노동조합을 가진 백인 남성 산업노동자들의 행동'이라는 1930년대에 뿌리를 둔 계급투쟁에 대한 이미지를 벗어나야 하고, 사회적 재생산을 둘러싼 이러한 투쟁들뿐 아니라, 성적 학대에서 벗어난 안전한 일터를 위한 미투MeToo 투쟁들까지 계급투쟁으로 볼 수 있어야 한다는 것이다.

> 신자유주의는 우리가 사회적 재생산의 영역이라고 부르는 것들을 맹렬히 공격해 왔다. 이것은 사람들을 지원하고 그들의 재생산을 지원하는 모든 활동과 프로그램, 즉 출산, 양육, 노인 돌봄, 그리고 사적 가정 내에서 진행되는 일에서부터 공교육, 의료, 운송, 은퇴 소득, 그리고 주택과 같은 것들에 이르기까지를 의미한다. 신자유주의가 그 모든 것을 짓밟았다. … 그것은

19. Cinzia Arruzza, "From Women's Strikes to a New Class Movement : The Third Feminist Wave", *Viewpoint Magazine*, 2018년 12월 3일 입력, 2021년 2월 8일 접속, https://bit.ly/2N3qGlF.
20. Cinzia Arruzza, "How Women Are Leading the Class Struggle", *Splinter*, 2019년 5월 13일, 2021년 2월 8일 접속, https://bit.ly/3q1Josq.

돌봄과 사회적 재생산의 진정한 위기를 의미한다. 이 영역은 당신이 말했듯이 가장 전투적인 파업과 반격들이 나타나는 곳이다. … 1930년대의 경제 위기에서, 전투적인 반란의 중심은 산업 노동자, 즉 노동조합의 형성, 노동권을 위한 투쟁 등이었다. 오늘날 상황은 다르다. 부분적으로는 탈산업화와 제조업이 남반구로 재배치되었기 때문이다. 이제 사회적 재생산이 중심이다.[21]

오늘날 이런 투쟁을 중심으로 계급투쟁의 새로운 재구성을 주장하는 사회주의 페미니스트들은 반자본주의적이면서 반인종주의, 반제국주의적, 생태주의적인 '99%의 페미니즘'을 주장하고 있다.[22] 우리는 이런 문제의식과 이론적 혁신을 적극적으로 받아들일 필요가 있다. 그러면서 여성과 다인종 노동자들의 새로운 투쟁 물결에 적극적으로 개입해야 한다.

프랑스의 '노란 조끼'Gilets Jaunes 투쟁, 미국의 '흑인의 생명도 소중하다'Black Lives Matter 운동 등 근래의 국제적 투쟁들에서 또 한 가지 나타나는 특징은 그것에 참가하는 노동계급과 사회적 소수자들, 청년들이 기존의 전통적인 노조나 정당들의 밖

---

21. Nancy Fraser, "The Feminism of the 1 Percent Has Associated Our Cause With Elitism", *Jacobin*, 2019년 8월 21일 입력, 2021년 2월 8일 접속, https://bit.ly/3a0AgyW.
22. 낸시 프레이저 외, 『99% 페미니즘 선언』, 박지니 옮김, 움직씨, 2020.

에서 혹은 심지어 그것에 맞서서 일어나 행동을 취하고 있다는 것이다. 한국에서도 2016년 촛불 항쟁이나 2019년 검찰개혁 촛불은 기존의 전통적 정당이나 좌파가 주도한 것이 아니었다. 댄 라 보츠Dan La Botz는 "많은 경우에 그렇듯이, 좌파 정당들과 노조 관료들이 이러한 운동을 통제하려고 시도했을 때, 노동자들은 스스로 그러한 기관들을 우회하거나 혹은 그들이 행동하도록 강제하고, 현재의 지도자들을 밀어내며 조직의 정책을 바꾸려고 노력해왔다"고 지적한다.[23]

항상 그렇듯이 새롭게 급진화하는 대중은 정치적 탐색을 하면서 그들의 의지에 걸맞은 정치적 대안을 찾게 된다. 그것은 서로 다르거나 경합하는 입장들을 견줘보면서 검증하는 시간을 필요로 한다. 낡은 질서에 맞서오면서 관성을 발전시켜 온 기존의 전통적인 조직과 리더들이 이 과정에서 뒤로 밀려나는 것은 자연스럽다. 그래서 우리는 독일, 프랑스, 이탈리아 등에서 기존의 전통적인 사회민주주의 정당(또는 중도개혁 정당)들이 위기를 겪고 축소, 분열되는 것을 목격해 왔다.

문제는 사회주의적 급진좌파로 눈을 돌려도 상황은 크게 다르지 않다는 것이다. 그런 급진좌파들은 대부분의 나라에서 작고 고립된 집단들로 정체하고 있을 뿐 아니라, 터져 나오는 대

23. Dan La Botz, "The World Up in Arms Against Austerity and Authoritarianism", *New Politics*, 2019년 10월 26일 입력, 2021년 2월 8일 접속, https://bit.ly/3jvaDZS.

중투쟁들에도 별다른 영향을 끼치지 못하고 있다. 이것은 전통적 사회민주주의 정당들 못지않게 많은 급진좌파 또한 과거의 낡은 모델에 집착해 왔기 때문이다. 그것은 바로 내가 이 책에서 재평가하면서 검토한 '레닌주의' 모델이다. 데이비드 맥낼리는 이미 오래전에 이것을 "'초소형 정당'micro-party식 접근법"이라고 불렀었다. 이 접근법은 '작은 혁명적 그룹을 만드는 것이 곧 혁명적 당을 만드는 것의 시작'이라고 믿는다. 그리고 '혁명적 당 없이는 사회주의 혁명이 있을 수 없고, 우리가 그런 혁명적 당의 맹아이고, 따라서 우리가 있어야 사회주의 혁명이 성공할 수 있다'는 단순한 삼단논법을 갖고 있다. 따라서 어떻게 노동계급 대중투쟁의 조직, 문화가 재건될 것인가라는 역사적인 과제들은 단지 소그룹을 건설해서 더 많은 회원을 모집하고, 더 많은 신문을 판매하는 문제로 치환된다. 이것은 대중적 기반으로부터 유리된 채 자신을 '국제적 프롤레타리아 혁명의 대표자'라고 자처하는 소그룹들의 과대망상, 왜곡된 자기 이해, 경직된 내부 문화와 제도를 낳는다는 것이다.

> 그 결과는 예측 가능하다. 그람시가 말한 '설득자들의 군대'보다, 우리는 작은 떠버리들의 부대를 얻게 된다. 그리고 이 모든 것은 실제 러시아 경험의 완전히 조잡하고 단순화한 풍자만화에 근거하여 정당화된다. 트로츠키주의 단체들이 어떻게 그렇게 쉽게, 혁명적 당은 근본적으로 작고 용감한 외골수들로 만

들어진다는 우화를 재활용할 수 있는지 놀라운 일이다.[24]

그나마 지난 10년 동안에 우리에게 가능성을 보여 준 것은 미국의 버니 샌더스와 영국의 제레미 코빈이 보여 준 모델이다. 두 경우 모두에서 나타난 것은 신자유주의와 긴축 정책에 단호하게 반대하면서, 이제는 전통적 사회민주당(또는 중도개혁 정당)들이 거리를 두는 급진적 정책들을 다시 제시하고 '민주적 사회주의'Democratic Socialism를 지향하는 것이었다. 그러면서 미국에서는 '사회주의'를 지지한다는 수백만 명의 사람들이 나타났고 〈미국 민주적 사회주의자들〉Democratic Socialists of America은 순식간에 열 배 가까이 급성장했다. 영국에서는 제레미 코빈이 당 대표로 선출되면서 20만 명이 넘는 새로운 당원들이 노동당에 밀려들었다.

두 경우 모두 변화된 현실에서 새롭게 급진화되는 노동자, 청년, 사회적 소수자들을 조직하는 데 성공할 수 있었다. 그러나 이러한 희망과 기대는 오래가지 못했다. 제레미 코빈의 노동당은 2019년 연말에 총선에서 크게 패배했고 이어서 코빈은 노동당 대표에서 물러났다. 버니 샌더스는 5년 전에 이어서 지난해 미국 대선을 앞두고 벌어진 민주당 내부 경선에서 조 바이든

24. David Mcnally, "THE PERIOD, THE PARTY AND THE NEXT LEFT", *socialistworker*, 2019년 3월 22일 입력, 2021년 2월 8일 접속, https://bit.ly/3jvb0DK.

에게 다시금 패배하면서 많은 사람에게 좌절감을 안겼다. 사회주의적 좌파 부활의 기대를 품었던 많은 이들이, 이 실패를 돌아보면서 다시 고민을 이어가고 있다.

사회민주주의도, '레닌주의'도 아닌

물론 '거봐라 내가 뭐라고 했냐, 자본가 정당인 민주당이나 개량주의 정당인 노동당에서 변화를 시도한 것부터 틀려먹었다. 애초에 기대나 시도를 말았어야 한다'라는 식의 반응도 일부에서 볼 수 있다. 그것은 고립된 소규모 좌파의 자기만족에나 도움이 될 뿐, 현실에 발을 딛고서 많은 사람과 함께 변화를 만드는 데는 의미가 없을 것이다. 그보다는 이 과정에 기대를 걸었다가 실망한 사람들의 진지한 돌아보기와 깊이 있는 고민에 함께해야 마땅하다. 이런 고민은 이미 전개되어 왔는데, 러시아 혁명과 '레닌주의'에 대한 재평가와도 관련된 정치적 논쟁과 함께 진행되었다. 한편에서 에릭 블랑은 "레닌의 주장을 따라, 레닌주의자들은 수십 년 동안 의회제 국가 전체를 전복시키고 모든 권력을 노동자 평의회의 수중에 넣기 위한 봉기의 필요성에 그들의 전략을 의존해왔다"고 비판했다. 좌파를 주변화시킬 수밖에 없는 그런 방향이 아니라, 버니 샌더스로 대표되는 새로운 급진화와 선거 캠페인 등에 깊숙이 개입하며 대중적 사회주의 운동을 재건하기 위해 노력해야 한다는 것이었다.[25]

반면 찰리 포스트는 버니 샌더스의 선거 캠페인에 많은 사람들이 매력을 느낀 것은 사실이지만 "어떤 급진적 잠재력이 있든 간에 그 반란이 민주당 내에 남아 있는 한 그것은 소멸할 것이다. … 중장기적으로 우리의 조직할 수 있는 능력은 엄청나게 저하될 것"이라고 경고하며 '레닌주의' 노선을 방어한다.[26] 그런데, 이 논쟁에 개입하면서 라스 리Lars T. Lih는 '이제는 더 이상 볼셰비키처럼 봉기를 통해서 선출된 권력을 무너뜨리고 권력을 잡을 수는 없다'는 주장도, '선거와 의회에 매달리지 않았던 볼셰비키에서 배워야 한다'는 주장도 정확하지 않다고 지적했다. 오히려, 실제 역사에서 볼셰비키는 선거를 통해 다수의 지지를 얻어서 권력을 잡았고 정당성을 얻었다는 것이다.

> 볼셰비키파는 1917년에 국민들의 정서에 맞는 메시지(반합의주의)를 바탕으로 한 선거운동을 통해 — 힘겨운 캠페인의 결과로서 주요 소비에트 조직의 과반수를 얻음으로써 — 선거에서 승리하면서 권력을 얻었다. 사실, 10월에 세워진 소비에트 정부는 1917년에 선거에서의 실질적인 정당성을 가진 유일한 정부였다.[27]

---

25. Eric Blanc, "Why Kautsky Was Right (and Why You Should Care)", *Jacobin*, 2019년 4월 2일 입력, 2021년 2월 8일 접속, https://bit.ly/3cQAL01.
26. Eric Blanc · Charlie Post, "Which Way to Socialism? — A CONVERSATION WITH ERIC BLANC CHARLIE POST", *Jacobin*, 2019년 7월 21일, 2021년 2월 8일 접속, https://bit.ly/3jxmI0L.
27. Lars T. Lih, "Karl Kautsky as Architect of the October Revolution", *Jaco-*

그러면서 라스 리는 러시아에서 1917년 전체에 걸쳐 실제로 벌어진 일에 대한 정확한 이해가 아니라, 10월 봉기에만 초점을 맞추는 "과민 반응적 초점"(그는 이것을 10월에 대한 "물신숭배"라고도 부른다)이 진짜 논점을 가린다고 지적한다. '선거나 의회를 거부할 것인가'나 '봉기에만 의존할 것인가'가 핵심 문제가 아니라는 것이다. 그가 말하는 더 중요한 논점은 그렇게 다수의 지지를 얻어서 정당성과 권력을 얻은 볼셰비키가 이후에 "빠르고 완전하게 정치적 자유의 파괴"로 나아가게 된 과정과 그것이 낳은 비극적 결과, 그 교훈이다. 이것은 내가 앞서 이 책에서 다룬 러시아 혁명과 '레닌주의'에 대한 재평가의 문제의식과 다시 연결된다. 우리는 이러한 재평가와 이론적 혁신을 통해서 전통적인 사회민주주의도 '레닌주의'도 아닌 좌파의 정치적 대안을 재구성해야 한다. 이것은 신자유주의의 반세기 동안 이어져 온 복지국가의 해체, 노동운동의 침체, 노동의 탈 조직화 끝에 우리가 직면한 코로나19 팬데믹 위기 속에서도 아직 대안으로 떠오르지 못하고 있는 급진좌파에게 더욱 절실한 과제이다.

이것이 더욱 중요한 이유는 오늘날 갈수록 커지고 있는 극우파와 파시즘의 위험 때문이다. 민족주의, 인종주의, 여성 혐오, 호모포비아, 제노포비아를 부추기는 극우익들이 세계 곳곳에서 성장하고 있고 이들은 대중의 불만과 분노를 이용해서 소

---

bin, 2019년 6월 29일 입력, 2021년 2월 8일 접속, https://bit.ly/3oSQBd6.

수민족과 인종, 이주민, 소수자, 무슬림 등에 대한 증오를 부추기려 애쓰고 있다. 한국에서도 '태극기 부대'가 극우 복음주의와 연결되어 수년간 매주 거리 시위를 하더니 2019년 10월 광화문에서는 상당한 규모로 등장해 우리를 놀라게 했다. 더구나 낙인과 혐오의 문제는 코로나19 팬데믹 속에서 더욱더 우리의 피부에 와 닿는 문제가 되었다. 코로나 초기부터 중국인, 우한 귀국 교민, 대구경북 사람, 신천지 교인, 이태원 클럽 출입한 성소수자로 이어지면서 바이러스에 감염된 피해자를 바이러스 확산의 가해자로 낙인찍고 매도하는 일이 반복되었다. 팬데믹 속에서 언제든 나도 낙인과 혐오의 대상이 되어서 집단적 공격의 대상이 될 수 있다는 걱정과 공포가 사람들 속에 번져 갔다. 이런 낙인과 차별이야말로 사람들을 더 아프게 했다.

> 질병 때문에 사회가 위험해지는 게 아니라 낙인과 차별 때문에 사회가 위험해지는 것임을 분명히 해야 한다. … 아픈 몸들은 질병이 주는 생물학적 통증 때문이 아니라, 질병 이미지와 낙인 때문에 치료제도 없는 고통을 겪는다.[28]

누가 '슈퍼전파자' 구실을 했는지 '색출'하려고 하는 이런 분위기 속에서 팬데믹이 낳은 계급적, 인종적, 젠더적으로 차별적

28. 조한진희, 『아파도 미안하지 않습니다』, 동녘, 2019.

이고 불평등한 결과는 충분히 주목받지 않았다. 왜 요양병원, 장애인 시설, 콜센터 같은 곳에서 마치 공장식 축산에서 밀집 사육당하는 동물처럼 사람들이 다닥다닥 붙어서 힘겹게 생활하고 노동해야 했는지, 거기서 과연 인간이 우선이었는지 이윤과 효율성이 우선이었는지는 별로 질문하지 않았다. 물론 한국 사회의 극우파는 아직 미국이나 유럽처럼 인종주의나 이슬람 포비아를 핵심 무기로 사용하고 있다고 보기 어렵다. 한국에서 극우파의 낙인찍기와 혐오의 중심에는 여전히 이 책에서 앞서 내가 분석했던 종북몰이 마녀사냥이 핵심으로 자리 잡고 있다. 종북몰이는 이제 반중국 혐오와도 결합하고 있고, 종북 혐오는 동성애와 무슬림에 대한 새로운 혐오와도 연결되고 있다.

혐오의 시대, 끝없는 혁신과 갱신

그리고 진보당 경선 부정 사태와 내란음모 조작, 강제해산을 분석하면서 내가 앞서 지적한 기득권 우파의 공격 수법, 검찰과 언론의 유착과 협공, 민주당의 타협과 굴복, 진보진영의 혼란과 분열은 그 이후에도 지속하고 있다. 유사한 패턴을 찾아볼 수 있는 것은 2019년 검찰대란 국면(소위 '조국 사태')이나 2020년 윤미향 의원에 대한 마녀사냥 등이다. 여기서도 표적이 된 사람(의 가족과 주변인들)은 파렴치한 위선자와 사기꾼, 범죄자의 멍에를 쓰고 광장의 십자가에 매달려서 수많은 돌팔매

질을 당했다. 그리고 검찰(그들과 유착한 언론, 우파)은 자신들이 문제 삼았던 핵심 부분들에서 꼬투리를 잡아내지 못하면, 곁가지에서 흠을 찾아내거나 억지로 만들어냈다. 신형철은 이것을 '간첩 만들기보다 더 중요해진 위선자 만들기'라고 했다.

> 가면인 줄 알고 벗기려 했는데 가면이 아니라 피부라면, 그 피부라도 벗겨내서 피 흐르는 피부를 가면이라고 우겼다. 역사는 그것을 공작工作이라 부른다. 유구한 역사를 갖는 '간첩 만들기'보다 근래 더 중요해진 공작은 비위를 털어 도덕성 훼손을 시도하는 '위선자 만들기'다. 가끔 일부 검사와 일부 기자가 그 일을 하청받는다.[29]

피부를 가면이라고 우기면서 벗겨내는 과정. 이것을 지켜보는 심정도 참담하고 고통스러운데, 그 당사자들과 그들을 사랑하는 사람들의 심정은 어떠할지 상상하기 어려웠다. 하지만 그러한 불편함을 제기하면 간단하게 '위선자의 편'이 되어버린다. 누군가에게 낙인이 찍히면 그를 편들거나, 심지어 그 이름만 입에 올려도 그 사람도 낙인이 찍히는 메커니즘이 존재하기 때문이다. 공격 메커니즘은 항상 비슷하다. 먼저 어디선가 의혹이 제기

---

29. 신형철, 「연민의 인간, 공포의 인간」, 『경향신문』, 2020년 4월 29일 입력, 2021년 2월 8일 접속, https://bit.ly/3q1KAMn.

되고 조중동을 필두로 비난과 저주의 기사들이 쏟아진다. 그러면 다른 언론사들도 슬금슬금 따라간다. 이런 기사들은 포털에 탑으로 올라가고 휴대폰, 컴퓨터, SNS에서 누구나 자연스럽게 많이 접하게 된다.

이어서 우파 정치인이나 지식인들로부터 독기 서린 말들이 나온다. "위안부 할머니들의 피를 빨아먹는 흡혈 좌파의 기괴함"(국힘당 허은아), "할머니를 앵벌이를 시켜서 국회의원까지 되었다", "할머니를 우려먹고 있다."(서민, 진중권) 언론사들은 이 발언들을 따옴표 쳐서 또 기사들을 양산한다. 그 기사들에는 차마 입에 담기도 어려운 온갖 막말, 욕설, 혐오의 댓글들이 달리기 시작했고, 표적이 된 사람은 영혼이 만신창이가 되도록 너덜너덜해진다. 검찰의 수사와 기소가 이어진다.

감정은 쉽게 전염된다. 마녀사냥은 그 표적이 된 사람을 혐오하는 감정을 사회에 퍼트린다. 사회와 기성 언론이 계속 표적을 바꿔가면서 한목소리로 누군가를 증오하고 저주하면 많은 사람이 거기에 동조하게 된다. 그러면 그것에 동의하지 않는 사람들은 입을 떼기가 어려워진다. 그럴수록 증오의 목소리는 더욱 커지고, 그 사람을 비난하는 말들은 더 신뢰를 얻게 된다. 그 사람의 문제점과 실수, 잘못에 대한 정보만 더욱더 많이 자주 노출되고, 그럴수록 낙인과 편견은 더욱 강화된다. 그러면 이제 그 사람이 비인간적 취급을 당해도 사람들은 '그러려니'하고 둔감해진다. 언론(그리고 검찰)의 표적이 된 사람과 그 가족과 지인들까지 그야말로 탈탈 털리는 과정을 몇 번 목격한 사람들의 마음에는 알 수 없는 두려움이 스며들고, 표적인 된 사람과는 거리를 두게 된다. 민주당과 개혁언론들에서 또 '선을 긋고 잘라내서 우리에게 불똥이 튀지 않게 하자'는 정치 공학적 주장들이 힘을 얻는다. 앞으로도 피부를 가면이라고 믿는 일과 그 피부 벗겨내는 과정을 환호하고 응원하며 지켜보는 일은 계속될 것이다. 이러한 혐오, 낙인찍기, 마녀사냥의 뿌리와 작동 방식에 대한 분석을 더 심화시켜야 할 이유는 여기에 있다.

이처럼 오늘날 사회주의적 좌파의 눈앞에는 수많은 중요한 과제들이 놓여 있다. 우리는 위기와 절망 속에서도 희망을 찾고 행동하려는 수많은 사람과 함께 어떻게 대안 사회를 창조할 수 있을지 성찰하고 고민해야 한다. 급진적 상상력을 가지고 지금까지는 불가능하다고 여겨졌던 대담한 해결책들을 설득력 있게 제시해야 한다. 이를 위해서는 함께 조직하고, 나란히 싸우면서도 이견이 드러나는 것을 두려워하지 않고, 우호적이면서 생산적인 토론을 더 개방적으로 전개해나가야 한다. 이 속에서, 기존의 '정통'과 '정답'에 얽매이지 않는 날카롭고 대담한 이론적 혁신을 지속할 때, 끝없이 변화하는 현실을 제대로 해석하고 변혁할 수 있는 이론과 실천을 찾을 수 있을 것이다.

그것은 투쟁과 쟁점의 분리, 단절이 아니라 그것의 연속과 교차를 추구하는 방향이어야 한다. 민주주의적 과제와 사회주의적 과제를 연속적으로 수행해 나가는 과정일 뿐 아니라, 착취와 억압과 소외로부터의 해방을 교차시키며 해결해나가는 과정으로서 사회변혁을 구상해야 한다. 이것은 '정통'에 대한 집착과 고수가 아니라 모든 경계를 넘어서는 '이단'적 상상력과 접근방식을 필요로 한다. 이것이 내가 이 책에서 계속 고민하고 발전시키려고 한 문제의식이다. 그것은 70여 년 전에 러시아 혁명의 변질과 파시즘의 등장 앞에서도 포기하지 않았던 빅토르 세르주의 문제의식과 연결된다.

> 사회주의 이데올로기는 지난 50년과 역사적 경험에 대한 과학적인 학습을 가능하게 하면서 엄격한 자기비판과 이론의 재검토를 요구한다. '마르크스주의는 하나의 방법이지 도그마가 아니다.' 이러한 지적 작업은 가능한 한 빨리 시작되어야 하며, 기존의 조직들에 의해 체계적으로 추구되고 장려되어야 한다. 사회주의적 의식은 지난 사반세기 동안의 투쟁과 패배로 흐려져 왔다. 이론은 경제, 사회학, 심리학에서의 지난 몇 년 동안의 지식에 뒤처져 왔다. 교조적 속류화에 바탕을 둔 선전은 점점 약해졌다. 사회주의의 지적 갱신을 위한 싸움은 우리의 고려사항의 최선두에 있어야 한다.[30]

---

30. Victor Serge, "A New International", *Marxists Internet Archive*, 2015년 4월 24일 입력, 2022년 3월 16일 접속, https://bit.ly/37mULGX.

:: 참고문헌

권성현 외, 『우리들의 소박한 꿈을 응원해 줘』, 후마니타스, 2008.

김경근, 「구조조정 이후 현대자동차 작업장 체제의 변화에 대한 고찰」, 『현장에서 미래를』 125호, 2006.

김문성, 「선거 패배의 흔적을 지우려는 박근혜의 도발」, 『노동자연대』 128호, 2014.

김복순, 「사업체 규모별 임금 및 근로조건 비교」, 『월간 노동리뷰』 2월호, 2015.

김상하, 「자동차 산업의 '빅뱅'이 다가온다」, 『프레시안』, 2018년 10월 30일 입력, 2021년 2월 8일 접속, https://bit.ly/2Ltbdeb.

김세균, 「신자유주의 국가의 대안을 찾아서」, 『21세기 한국정치의 발전방향』, 이정복 엮음, 서울대학교 출판부, 2009.

김유선, 「비정규직 규모와 실태」, 한국노동사회연구소, 2012.

_____, 『한국의 노동 2007』, 한국노동사회연구소, 2007.

김인성 블로그, 「통합진보당 재선거 사태에 대하여」, 2012년 6월 28일.

_____, 『통합진보당 비례대표경선 온라인 조사 보고서』, 2012.

김장호, 「노동조합 임금 효과의 변화: 1988~2007」, 『노동경제논집』 제31권, 2008.

김철식, 『대기업의 성장과 노동의 불안정화』, 백산서당, 2011.

김하영, 「박근혜의 사악한 이간질은 노동계급 전체를 향하고 있다」, 『노동자연대』 145호, 2015.

김현우, 「생태사회 전환과 적녹보라 패러다임 – 기후 위기와 코로나 위기의 인식과 대응의 경우」, 적녹보라 포럼 2020, 2회 발표문.

노동자연대 낙인찍기에 대처하기 위한 TF, 「노동자연대를 마치 강간범 비호 단체인 양 고의로 비쳐지게 만드는 짓을 중단하라」, 『노동자연대』 139호, 2014.

닐, 조너선, 「사회재생산 이론이 여성 억압을 잘 설명하는가?」, 『다른세상을향한연대』, 2015년 3월 9일 입력, 2021년 2월 8일 접속, https://bit.ly/36Vqrjz.

_____, 『두 개의 미국』, 문현아 옮김, 책갈피, 2008.

_____, 『기후변화와 자본주의』, 김종환 옮김, 책갈피, 2011.

데이비스, 마이크, 『미국의 꿈에 갇힌 사람들』, 김영희·한기욱 옮김, 창작과 비평사, 1994.

데이비슨, 닐, 「신자유주의의 역사적 전개와 오늘날의 전망」, 『다른세상을향한연대』, 2014년 10월 27일 입력, 2021년 2월 5일 접속, https://bit.ly/3juPVJT.

뒤메닐, 제라드·도미니크 레비, 『자본의 반격』, 이강국·장시복 옮김, 필맥, 2006.
라비노비치, 알렉산더, 『혁명의 시간』, 류한수 옮김, 교양인, 2008.
레닌, 『공산주의에서의 "좌익" 소아병』, 김남섭 옮김, 돌베개, 1992,
_____, 『민주주의 혁명에서의 사회민주주의의 두 가지 전술』, 이채욱·이용재 옮김, 돌베개, 1992.
_____, 『프롤레타리아 독재에 대하여』, 편집부 옮김, 앎과 함, 1989.
뢰비, 미셸, 『연속혁명 전략의 이론과 실제』, 이성복 옮김, 신평론, 1990.
루카치, 게오르크, 『역사와 계급의식』, 박정호·조만영 옮김, 거름, 2005.
룩셈부르크, 로자, 「대중파업론」, 『룩셈부르크주의』, 편집부 옮김, 풀무질, 2002.
_____, 「독일공산당 창당대회 연설」, 『패배한 혁명』, 임성윤 옮김, 풀무질, 2007.
_____, 『대중파업론』, 최규진 옮김, 풀무질, 1995.
류호성, 「눈길 끌다 눈총 받는 진보의 활로 찾기」, 『한국일보』, 2013년 10월 25일 입력, 2021년 2월 8일 접속, https://bit.ly/3rK0ETN.
리, 라스, 「"모든 권력을 소비에트로" 구호의 일대기」, 『다른세상을향한연대』, 2017년 11월 4일 입력, 2021년 2월 5일 접속, https://bit.ly/39YycY1.
_____, 「마르크스주의와 역사의 멜로드라마 : 라스 리 인터뷰」, 『다른세상을향한연대』, 2016년 2월 5일 입력, 2021년 2월 7일 접속, https://bit.ly/3p5a1eR.
_____, 「볼셰비즘과 혁명적 사회민주주의」, 『다른세상을향한연대』, 2016년 9월 26일 입력, 2021년 2월 5일 접속, https://bit.ly/3cVemPe.
리델, 존, 「코민테른 초기의 당내 민주주의와 오늘날」, 『다른세상을향한연대』, 2017년 3월 22일 입력, 2021년 2월 7일 접속, https://bit.ly/3cQXw49.
리브만, 마르셀, 『레닌의 혁명적 사회주의』, 정민규 옮김, 풀무질, 2007.
리즈, 존, 『새로운 제국주의와 저항』, 김용민·김용욱 옮김, 책갈피, 2008.
마로, 존 에릭, 「트로츠키와 좌익반대파 — 신화와 진실2」, 『다른세상을향한연대』, 2017년 4월 25일 입력, 2021년 2월 7일 접속, https://bit.ly/39ZRVGW.
마르크스, 칼, 『자본론』 1권(상), 김수행 옮김, 비봉출판사, 2012.
_____, 『자본론』 1권(하), 김수행 옮김, 비봉출판사, 2012.
_____, 『자본론』 3권(하), 김수행 옮김, 비봉출판사, 2012.
_____, 『자본론』 3권(상), 김수행 옮김, 비봉, 2006.
_____, 『자본론』 1권(상), 김수행 옮김, 비봉, 1991.
_____, 『자본론』 1권(하), 김수행 옮김, 비봉, 1995.
맑스, 칼·프리드리히 엥겔스, 「독일 이데올로기」, 『칼 맑스 프리드리히 엥겔스 저작선집 1권』, 김세균 감수, 박종철출판사.
_____, 「임금, 가격, 이윤」, 『칼 맑스 프리드리히 엥겔스 저작선집 3권』, 김세균 감수, 박종

철출판사, 2004.
맥낼리, 데이비드, 『글로벌 슬럼프』, 강수돌·김낙중 옮김, 그린비, 2011,
맥빈, 샤니스, 「억압과 착취, 마르크스주의와 '상호교차성'」, 『다른세상을향한연대』 2015년 2월 17일 입력, 2021년 2월 8일 접속, https://bit.ly/2N6YiPN.
무어, 제이슨, 「제이슨 W. 무어 : 인터뷰 — 세계생태론 : 어떤 지구적 대화」, 〈사물의 풍경〉, 김효진 옮김, 2020년 5월 19일 입력, 2021년 2월 4일 접속, https://bit.ly/3aIdESO.
_____, 『생명의 그물 속 자본주의』, 김효진 옮김, 갈무리, 2020.
박래군, 「국정원의 다음 타깃은 '나', 누가 말려줄 텐가」, 『오마이뉴스』, 2013년 9월 19일 입력, 2021년 2월 7일 접속, https://bit.ly/3rzo3Hp.
박장현, 「정보자본주의 시대의 노동, 노동자」, 『레디앙』, 2019년 4월 17일 입력, 2021년 2월 8일 접속, https://bit.ly/3p654mc.
박종서, 「남녀의 경제활동 특성별 가사노동시간의 차이」, 『보건복지 Issue & Focus』 156호, 한국보건사회연구원, 2012.
박창식, 「'박근혜 1년'과 문화 연구 필요성」, 『한겨레』, 2014년 2월 20일 입력, 2021년 2월 8일 접속, https://bit.ly/3aGJ3VP.
박태주, 『현대자동차에는 한국 노사관계가 있다』, 매일노동뉴스, 2014.
배규식 외, 『87년 이후 노동조합과 노동운동』, 한국노동연구원, 2008.
버철, 이언, 「코민테른 3차 대회 — 미지의 영역에서 길 찾기」, 『다른세상을향한연대』, 2018년 1월 29일 입력, 2021년 2월 7일 접속, https://bit.ly/36VqPim.
뿌리, 「다시 일어서는 노동자들 — 어디로 어떻게 나아갈 것인가?」, 2014년 6월 26일 입력, 2021년 2월 5일 접속, https://bit.ly/3rBJrfa.
사이토 코헤이, 「마르크스 에콜로지의 새로운 전개 — 물질대사의 균열과 비데카르트적 이원론」, 『마르크스주의 연구』 2017년 제14권 제4호.
_____, 「전 지구적 생태 위기의 시대에 마르크스의 물질대사 이론」, 『마르크스주의 연구』, 2020년 제17권 제2호.
서르닉, 닉, 『플랫폼 자본주의』, 심성보 옮김, 킹콩북, 2020.
세르주, 빅토르, 『한 혁명가의 회고록』, 정병선 옮김, 오월의 봄, 2014.
스미스, 샤론, 「맑스주의, 페미니즘 그리고 여성해방」, 『다른세상을향한연대』, 2014년 11월 29일 입력, 2021년 2월 8일 접속, https://bit.ly/3cViUVK.
스미스, 스티브, 『러시아 혁명 : 1917년에서 네프까지』, 류한수 옮김, 박종철출판사, 2007.
신형철, 「연민의 인간, 공포의 인간」, 『경향신문』, 2020년 4월 29일 입력, 2021년 2월 8일 접속, https://bit.ly/3q1KAMn.
실버, 비버리 J., 『노동의 힘』, 백승욱 등 옮김, 그린비, 2005.
심상정, 「"민주당 왼쪽 방으로는 진보 정치 어렵다"」, 『프레시안』, 2012년 8월 17일 입력,

2021년 2월 8일 접속, https://bit.ly/2N6PGIE.
앨린슨, 이언, 「노동현장의 분노, 자신감, 두려움, 희망」, 『다른세상을향한연대』, 2015년 3월 16일 입력, 2021년 2월 5일 접속, https://bit.ly/2Ly09fT.
_____, 「미국 노동운동에서 배우기1 : 동원이냐, 조직이냐」, 『다른세상을향한연대』, 2015년 2월 10일 입력, 2021년 2월 5일 접속, https://bit.ly/3q77B0z.
_____, 「미국 노동운동에서 배우기3 : 침체에서 회복으로」, 『다른세상을향한연대』, 2015년 2월 12일 입력, 2021년 2월 5일 접속, https://bit.ly/3q39oE3.
_____, 「자본주의의 변화와 계급투쟁」, 『다른세상을향한연대』, 2014년 5월 20일 입력, 2021년 2월 5일 접속, https://bit.ly/3q4MWdF.
앵거스, 이안, 「이안 앵거스 : 인터뷰 — 인류세를 설명하기」, 〈사물의 풍경〉, 김효진 옮김, 2016년 7월 13일 입력, 2021년 2월 4일 접속. https://bit.ly/3cQTCZ3.
엥겔스, 프리드리히, 『가족, 사유재산, 국가의 기원』, 김대웅 옮김, 두레, 2012.
_____, 『반듀링론』, 김민석 옮김, 새길, 1987.
윤애림, 「노동자가 가입할 수 있는 노동조합 만들기」, 『매일노동뉴스』, 2016년 4월 21일.
윤자영, 「사회재생산과 신자유주의적 세계화」, 『마르크스주의 연구』 제9권 제3호, 2012.
이갑용, 『길은 복잡하지 않다』, 철수와영희, 2009.
이대근, 「변하는 이명박, 변함없는 민주당」, 『경향신문』, 2009년 9월 2일.
이상규, 「'이석기 사태와 진보'에 답한다①」, 『오마이뉴스』, 2013년 10월 9일 입력, 2021년 2월 8일 접속, https://bit.ly/3p3nljQ.
이정원, 「철도노조 중앙지도부는 8월 중순 파업을 실질적 파업이 되도록 해야 한다」, 『노동자연대』 130호, 2014.
이진, 『마르크스 가치론으로 본 소련 자본주의 논쟁』, 경상대학교 대학원, 2011.
이창곤, 「무급돌봄노동 가치, GDP 대비 최대 3%」, 『한겨레』, 2021년 1월 10일 입력, 2021년 2월 8일 접속, https://bit.ly/36RN2xG.
이현주, 「마르크스주의는 여성 차별을 어떻게 설명하는가?」, 『노동자연대』 143호, 2015.
장여진, 「노동포럼, 대선과 노동정치 방향 토론, 노동세력들의 공감대와 이견들 확인」, 『레디앙』, 2012년 8월 25일 입력, 2021년 2월 8일 접속, https://bit.ly/3tF55kf.
_____, 「정당해산 청구에 모두 비판, 통진당과의 연대는 소극적, 왜?」, 『레디앙』, 2013년 11월 7일 입력, 2021년 2월 8일 접속, https://bit.ly/3jrbJpA.
장하준, 「코로나19 이후의 경제 및 사회 개혁」, 『민중의 소리』, 2020년 7월 3일 입력, 2021년 2월 8일 접속, https://bit.ly/36V7pd8.
장홍배, 「규제 완화, 플랫폼 경제의 공공성을 사유화하기」, 『프레시안』, 2018년 8월 18일 입력, 2021년 2월 8일 접속, https://bit.ly/3jpCTgI.
_____, 「플랫폼노동, 현황과 전망」, 정치경제연구소 대안, Alternative Working Paper, No.

13. 2019년 8월 14일 입력, 2021년 2월 8일 접속, https://bit.ly/2YUCpWp.
저먼, 린지, 『여성과 마르크스주의』, 이나라 옮김, 책갈피, 2007.
전혜원·천관율, 「'김치녀'은 어떻게 탄생하게 되었을까」, 『시사IN』 392호, 2015년 3월 24일 발행.
정성진, 「가사노동 논쟁의 재발견」, 『마르크스주의 연구』 제10권 제1호, 2013.
_____, 「레닌의 사회주의론 재검토」, 『혁명과 이행』, 한울, 2017.
정성진, 「스탈린주의 소련 경제 : 마르크스주의적 분석」, 『대안적 경제체제의 이론과 역사』, 한울아카데미, 2007.
정이환, 『한국 고용체제론』, 후마니타스, 정이환, 2013.
정혜규, 「이정희 "편한 길 보였지만 거짓말하면서 갈 수 없었다"」, 『민중의 소리』, 2012년 11월 12일 입력, 2021년 2월 8일 접속, https://bit.ly/3tMEFNM.
조돈문, 『노동계급 형성과 민주노조 운동의 사회학』, 후마니타스, 2011.
_____, 『비정규직 주체형성과 전략적 선택』, 매일노동뉴스, 2012.
조한진희, 『아파도 미안하지 않습니다』, 동녘, 2019.
조효래, 『노동조합 민주주의』, 후마니타스, 2010.
지주형, 『한국 신자유주의의 기원과 형성』, 책세상, 2011.
진숙경, 『노동조합 내부 민주주의와 현장조직』, 한국노동연구원, 2008.
_____, 「우리 모두가 불안정 노동자다」, 『다른세상을향한연대』, 2015년 5월 24일 입력, 2021년 2월 5일 접속, https://bit.ly/2Z0c6OI.
최미진, 「한 성추문 사건에 대한 이서영 동지의 글을 읽고」, 『2014년 노동자연대다함께 대의원 협의회 자료집3』, 2014.
최일붕, 「'성폭력' 용어와 마르크스주의 언어관」, 『노동자연대』 140호, 2014.
_____, 「민주노총 4·24 총파업을 돌아보며 내다봐야 할 점들」, 『노동자연대』 145호, 2015.
최장집, 『민주주의의 민주화 — 한국 민주주의의 변형과 헤게모니』, 후마니타스, 2006.
_____, 『민주화 이후의 민주주의 — 한국 민주주의의 보수적 기원과 위기』, 후마니타스, 2010.
_____, 『한국 민주주의의 이론』, 한길사, 1994.
최지현, 「진보당 정책당대회 "통합과 연대 변함없는 전략 방침"」, 『민중의 소리』, 2013년 6월 29일 입력, 2021년 2월 8일 접속, https://bit.ly/39YX7ut.
추나라, 조셉, 「신자유주의는 노동자 계급에 어떤 영향을 끼쳤는가?」, 『노동자연대』 144호, 2015.
커밍스, 브루스, 『브루스 커밍스의 한국 현대사』, 한기욱 외 옮김, 창비, 2001.
캘리니코스, 알렉스, 「급진좌파의 성장과 모순, 혁명가들이 가져야 할 덕목」, 『노동자연대』 131호, 2014.

콜론타이, 알렉산드라, 「날개달린 에로스의 길을 열자: 젊은 노동자들에게 보내는 편지」, 『사회진보연대』, 여성위(준) 옮김, 2003.7-8.37호, https://bit.ly/3tr8oLJ.
쿠퍼, 루크, 「레닌주의를 넘어서」, 『다른세상을향한연대』, 2017년 1월 27일 입력, 2021년 2월 7일 접속, https://bit.ly/3p0hADv.
클라인, 나오미, 『이것이 모든 것을 바꾼다』, 이순희 옮김, 열린책들, 2016.
클라인먼, 아서, 『케어』, 노지양 옮김, 시공사, 2020.
클리프, 토니, 『당 건설을 향하여: 레닌 1893~1914』, 최일붕 옮김, 북막스, 2004.
_____, 『레닌 평전2 — 모든 권력을 소비에트로』, 이수현 옮김, 책갈피, 2009.
_____, 『소련은 과연 사회주의였는가』, 정성진 옮김, 책갈피, 2011.
트로츠키, 레온, 『10월의 교훈 및 이행기 강령』, 김성훈 옮김, 풀무질, 1996.
_____, 『연속혁명 — 평가와 전망』, 정성진 옮김, 책갈피, 2003,
_____, 『테러리즘과 공산주의』, 노승영 옮김, 프레시안북, 2009.
파텔, 라즈·제이슨 무어, 『저렴한 것들의 세계사』, 백우진·이경숙 옮김, 북돋움, 2020.
페데리치, 실비아, 「마르크스를 넘어 — 페미니즘, 마르크스주의와 재생산 문제」, 『참세상』, 2018년 6월 25일, https://bit.ly/3oUTMkl.
포스터, 존 벨라미, 「존 벨라미 포스터: 인터뷰 — 생태적 마르크스주의를 옹호하며」, 〈사물의 풍경〉, 김효진 옮김, 2016년 6월 13일 입력, 2021년 2월 4일 접속, https://bit.ly/2YXg9eH.
_____, 『생태계의 파괴자 자본주의』, 추선영 옮김, 책갈피, 2007.
_____, 『생태혁명』, 박종일 옮김, 인간사랑, 2010.
포스트, 찰리, 「레닌주의 논쟁 — 신화를 벗겨내고 남은 유산」, 『다른세상을향한연대』, 2015년 11월 17일 입력, 2021년 2월 7일 접속, https://bit.ly/2YWo9MX.
프레이저, 낸시 외, 『99% 페미니즘 선언』, 박지니 옮김, 움직씨, 2020.
피라니, 사이먼, 「노동자들과 소비에트 국가: 1920년대의 교훈」, 『다른세상을향한연대』, 2019년 5월 6일 입력, 2021년 2월 7일 접속, https://bit.ly/2Z176sV.
하먼, 크리스, 「신자유주의의 진정한 성격」, 『21세기 대공황과 마르크스주의』, 정성진 엮음, 책갈피, 2009.
_____, 「이윤율은 장기적으로 하락하고 있다」, 『21세기 대공황과 마르크스주의』, 정성진 엮음, 책갈피, 2009.
_____, 『민중의 세계사』, 천경록 옮김, 책갈피, 2004.
_____, 『세계를 뒤흔든 1968』, 이수현 옮김, 책갈피, 2004.
_____, 『세계화와 노동계급』, 최용찬 등 옮김, 책갈피, 2010.
_____, 『여성해방과 맑스주의』, 최일붕 옮김, 다함께, 2007.
_____, 『좀비 자본주의』, 이정구·최용찬 옮김, 책갈피, 2012.

하비, 데이비드,『반란의 도시』, 한상연 옮김, 에이도스, 2014.
_____,『신자유주의 – 간략한 역사』, 최병두 옮김, 한울, 2007.
_____,『신제국주의』, 최병두 옮김, 한울, 2005.
_____,『자본의 17가지 모순』, 황성원 옮김, 동녘, 2014.
_____,『자본이라는 수수께끼』, 이강국 옮김, 창비, 2012.
홍석만,「디지털 전환과 노동의 미래」,『참세상』, 2017년 10월 13일 입력, 2021년 2월 8일 접속, https://bit.ly/3oXfMva.

「노동조합, 정치적·사회적 지지 확대 위해 노력해야」,『매일노동뉴스』, 2011년 5월 30일.
「문화정책 자료 – 제1부 문화정책 개발 방향」, 현대자동차 노동조합, 2005.
「서울중앙지방법원 제35형사부 판결문 2013고합274」
「진보당 당권파, 정말 不正 없었으면 自請해 수사받으라」,『조선일보』, 2012년 5월 7일.
구은회,「'15만 금속노조' 실제 조합원 수는 몇 명?」,『매일노동뉴스』, 2012년 1월 18일.
_____,「파업노동자 대상 손해배상 청구액 10년 새 9배 증가」,『매일노동뉴스』, 2014년 12월 2일.
김대중,「[김대중 칼럼] '진보당 사태' 잘 터졌다」,『조선일보』, 2012년 5월 29일.
김소연,「'노조파괴 전문' 창조컨설팅, 7년간 14개 노조 깼다」,『한겨레』, 2012년 9월 24일.
김학태,「돈·기술만 빼 가는 완성차 외국자본 '어쩌나'」,『매일노동뉴스』, 2013년 7월 3일.
백기철,「월 1만 원 당비로 진보의 재구성을」,『한겨레』, 2012년 5월 22일.
석진환·조혜정,「유시민 "이정희는 이석기보다 100배 소중했다"」,『한겨레』, 2012년 5월 31일.
유성열·남경현,「"이석기, 통신–철도–가스시설 파괴 모의"」,『동아일보』, 2013년 8월 29일.
윤완준·이남희,「이석기–김재연 출당 착수… 당권파 "숙청" 두시간 회의 방해」,『동아일보』, 2012년 5월 26일.
정진우·이동우,「청년고용 절벽, "20만 프로젝트로 살아날까」,『머니투데이』, 2015년 7월 27일 입력, 2021년 2월 5일 접속, https://bit.ly/3pLgNrj.
조현호,「한국 기자 "분위기에 맞게 녹취록 요약… 총기 준비 발언은 없어"」,『미디어오늘』, 2013년 8월 30일 입력, 2021년 2월 7일 접속, https://bit.ly/3oVGFzt.
조혜정·석진환,「심상정 "진보정당내 눈에 보이지 않는 지하 권력 존재한다"」,『한겨레』, 2012년 6월 4일.
천관율,「통진당 당권파, '승자의 저주' 걸렸나」,『시사IN』 245호, 2012년 5월 29일.
홍용덕,「국정원 말만 찰떡같이 믿는 세상, 백색테러 공포 실감」,『한겨레』, 2013년 11월 2일.

Aguiar, João & Paul Burkett, "Capital and Nature : An Interview with Paul Burkett", *mronline*, 2007년 4월 24일 입력, 2021년 2월 4일 접속, https://bit.ly/3oOsIn1.

Angus, Ian, "climate change and the summit smokescreen", *Socialist Worker*, 2015년 12월 2일 입력, 2021년 2월 4일 접속, https://bit.ly/2Mx4lNu.

_____, "Ecosocialism or barbarism : an interview with Ian Angus", *ROAPE*, 2020년 3월 24일 입력, 2021년 2월 8일 접속, https://bit.ly/3q06W0Y.

Arruzza, Cinzia, "From Women's Strikes to a New Class Movement : The Third Feminist Wave", *Viewpoint Magazine*, 2018년 12월 3일 입력, 2021년 2월 8일 접속, https://bit.ly/2N3qGlF.

_____, "How Women Are Leading the Class Struggle", *Splinter*, 2019년 5월 13일, 2021년 2월 8일 접속, https://bit.ly/3q1Josq.

Bhattacharya, Tithi, "What is social reproduction theory?", 2013년 9월 10일 입력, 2012년 2월 4일 접속, https://bit.ly/3cB4bPP.

Blanc, Eric, "Why Kautsky Was Right (and Why You Should Care)", *Jacobin*, 2019년 4월 2일 입력, 2021년 2월 8일 접속, https://bit.ly/3cQAL01.

Blanc, Eric & Charlie Post, "Which Way to Socialism? — A CONVERSATION WITH ERIC BLANC CHARLIE POST", *Jacobin*, 2019년 7월 21일, 2021년 2월 8일 접속, https://bit.ly/3jxmI0L.

Burkett, Paul, *Marx and Nature : A Red and Green Perspective*, St. Martin's Press. 1999.

Du Bois, W.E.B., *Black Reconstruction in America 1860~1880*, New York, 1969.

Faulkner, Neil, "History's Greatest Crisis Has Begun", *Mutiny*, 2020년 6월 26일 입력, 2021년 2월 8일 접속, https://bit.ly/3p0M9sT.

Foster, John Bellamy, "Marx and the Earth : Why we wrote an 'anti-critique' ", *CLIMATE & CAPITALISM*, 2016년 8월 22일 입력, 2021년 2월 4일 접속, https://bit.ly/3oOfg2g.

_____, "We need a resistance movement for the planet", *CLIMATE & CAPITALISM*, April 11, 2017년 4월 11일 입력, 2021년 2월 4일 접속, https://bit.ly/3rmurl3.

Fraser, Nancy, "The Feminism of the 1 Percent Has Associated Our Cause With Elitism", *Jacobin*, 2019년 8월 21일 입력, 2021년 2월 8일 접속, https://bit.ly/3a0AgyW.

Gramsci, Antonio, *Selections from the Prison Notebook*, London, 1971.

Green Left, "For an egalitarian, cooperative road to ecosocialism!", *Green Left*, 2020년 9월 24일 입력, 2021년 2월 4일 접속, https://bit.ly/3oOxe4G.

Klein, Naomi, "Naomi Klein on How to Rebuild From the Disaster of Neoliberalism", *Jacobin*, 2020년 10월 2일 입력, 2021년 2월 8일 접속, https://bit.ly/3oXRroT.

La Botz, Dan, "The World Up in Arms Against Austerity and Authoritarianism", *New Politics*, 2019년 10월 26일 입력, 2021년 2월 8일 접속, https://bit.ly/3jvaDZS.

Lih, Lars T., "Karl Kautsky as Architect of the October Revolution", *Jacobin*, 2019년 6월 29일 입력, 2021년 2월 8일 접속, https://bit.ly/3oSQBd6.

M., Ray, 「자본은 무엇을 얻었고, 우리는 어떻게 되찾을까」, 『다른세상을향한연대』, 2015년 3월 6일 입력, 2021년 2월 5일 접속, https://bit.ly/3p3HHcS.

Marx, Karl, "Results of the Immediate Process of Production". *Capital*, vol. 1. Harmondsworth. 1976.

_____, *Theories of Surplus Value,* vol. 1, Progress Publisher, Moscow, 1963.

Mcnally, David, "THE PERIOD, THE PARTY AND THE NEXT LEFT", *Socialist Worker*, 2019년 3월 22일 입력, 2021년 2월 8일 접속, https://bit.ly/3jvb0DK.

Nadi, Selim, "Between Sartre and Cliff : Ian Birchall, a heterodox Marxist's trajectory", *RS21*, 2019년 5월 29일 입력, 2021년 2월 7일 접속, https://bit.ly/3aGjYdA.

Neale, Jonathan, "class struggle and neoliberalism". *RS21*, 2013년 11월 7일 입력, 2021년 2월 4일 접속. https://bit.ly/3tss0PV.

_____, "Social collapse and climate breakdown". *Ecologist*, 2019년 5월 8일 입력, 2021년 2월 4일 접속, https://bit.ly/3oNuiWe.

O'Connor, James, "Capitalism, Nature, Socialism : A theoretical introduction", *CNS* 1, Fall. (1988)

Serge, Victor, "A New International", *Marxists Internet Archive*, 2015년 4월 24일 입력, 2022년 3월 16일 접속, https://bit.ly/37mULGX.

THE MARXIST FEMINIST COLLECTIVE, "On Social Reproduction and the Covid-19 Pandemic — SEVEN THESES", *SPECTRE*, April 3, 2020년 4월 3일 입력, 2021년 2월 8일 접속, https://bit.ly/3q0IcFT.

:: 인명 찾아보기

ㅌ

ㅍ

ㅎ

:: 용어 찾아보기

ㅇ

ㅈ

ㅊ

ㅋ

ㅌ

ㅍ

ㅎ